재건축 아파트 반값이면 된다

서민들의 애환서린 부동산 사기에서 얻은 교훈

재건축 아파트 반값이면 된다

백남영 지음

BG 북갤러리

발간에 앞서

이 책은 재건축과 관련한 우리 사회의 병폐를 상황 전개식으로 서술했다.

여기의 내용은 서울 어느 지역에서 필자가 겪은 생생한 일들이라는 사실을 미리 밝혀둔다.

연립주택에 사는 서민들.

그들의 작은 소망이라면 지금 살고 있는 곳에 새 아파트를 지어 행복하게 살아보겠다는 것이 하나의 꿈이다. 그러나 최근 들어 이러한 서민들의 작은 소망을 송두리째 빼앗아가버린 일부 부동산 업자들의 사기행각, 그리고 폭력배를 동원한 건축 업자들의 비현실적인 사기 계약 등 알토란 같은 재산을 농락 당하는 우리 이웃들의 모습을 심심찮게 볼 수 있다. 그러한 서민들의 억울함은 이제 남의 일이라고만 치부하기에는 이미 우리들 앞에 무섭게 다가와 있다. 그 불공정하고 납득하기 어려운 사실들을 이 책에 고스란히 담았다.

물론 이것이 모든 재건축조합들이라고는 할 수 없지만 자칫하면 재건축을 가장한 부동산 사기에 휘말려 자신의 집을 탈취 당하는 일이 발생할 수도 있다는 뜻이다. 게다가 재건축이 원만히 진행되었다고 해도 새 아파트를 구입하는 것보다 많은 돈을 지불하고도 저 품질의 아파트에 할 수 없이 입주하는 경우도 많으니 이를 대책 없이 바라볼 수만은 없는 일이다.

따라서 이 책을 통해 재건축을 하려는 사람한테는 이런 일이 일어날 수도 있으니 조심해야 한다는 경각심을, 재건축을 하는 사람한테는 이러한 곳에서 비리가 발생할 수 있다는 사례들을, 관련이 없는 사람들에게는 세상에 이렇게 어처구니없는 일들이 일어나고 있다는 사실을 타산지석(他山之石)으로 삼기를 바란다.

엄연한 사실을 공연(公然)하면 처벌을 받고 범법행위는 법의 보호(?)를 받는다. 그래서 조그만 일에 증인을 서 달라고 해도 거절을 당하고 정의로운 사람을 찾아보기 어려운데, 이러한 엉터리 수사 기법과 재판과정을 속속들이 파헤쳐 서민들이 받고 있는 부당함을 우리 사회에 고발하고자 하는 것이다.

이 책은,
1997년 재건축을 가장한 부동산 사기의 서막(序幕),
2001년 조합원들의 도장을 수십 개나 위조한 부동산 사기,
2002년 소유권이전등기를 위한 명도소송에서의 조합원 패소,
2003년 고등법원에서 화해조서 작성,
2004년 화해조서를 무시한 재건축 조합장의 파렴치한 횡포,
그리고 수시로 이어지는 재건축 조합장의 고소와 폭력, 수사 기관과 법원이 연대한 사기 동조(?) 등을 기술했다.

그리고 맨 뒤 제5장에는 이러한 부당한 재건축사업의 병폐를 없애고 이상적인 재건축사업을 진행하여 서민들의 부담을 줄이고 좋은 품질의 아파트를 건설하기 위한 방안들을 설명해 놓았다.

이 책이 재건축·재개발을 추진하는 사람들에게 주거환경 개선과 개발 이익에 많은 도움이 되기를 바란다.

재건축이란 우리들에게 피할 수 없는 하나의 숙명이다. 인간이 건설한 모

든 건축물은 노후되면 재시공을 해야 하기 때문이다.

개인주택은 소유자의 경제 여력에 따라 재시공이 가능하지만 집합건물의 경우에는 거주민들의 의견 수렴 등의 많은 문제가 따른다. 또 이러한 과정에서 한몫을 챙기려는 대표자가 건설업자와 결탁하여 주민들을 헤어날 수 없는 늪으로 몰아넣는 경우도 발생한다. 이것은 조합원과의 마찰로 이어지고 준공 예정기간을 예측할 수 없어 과다한 재건축 공사비 산출을 요하게 한다. 그로 인해 조합원들은 입주를 포기하는 경우가 많다. 이러한 현상을 일컬어 조합은 생활환경이 업그레이드되었다고 하고, 조합원은 살던 집을 빼앗겨 쫓겨났다고 말한다.

이러한 폐단을 없애려고 자금력이 있는 회사에서는 아예 주민들의 땅을 매입하여 재건축을 진행하기도 한다.

모두가 비싼 분양가를 부담하기는 마찬가지지만 그래도 후자는 품질만은 보장되나, 전자의 경우는 가격과 품질이 모두 보장되지 못하는 경우가 많다.

과거에는 재건축의 복잡한 업무를 지원해주는 사업자가 조합과 공동으로 재건축사업을 시행하는 것이 일반적이었다. 이를 시행사라 부른다.

그런데 문제의 발단은 지분을 소유한 조합원들이 무관심하게 있는 동안 자금을 지원하는 시행사가 엄청난 공사 차액을 노리고 인·허가 과정에서부터 대표자를 매수하고 필요한 모든 문서를 은밀하게 조작한다는 사실이다.

오래 전 대권에 도전한 재벌 총수께서 선거공약으로 제시한 바 있다.

"내가 대통령이 된다면 아파트 값을 반으로 줄여주겠다."

당시에는 말도 안 되는 소리라고 일축했었지만 필자가 몇 년 동안 재건축과 관련한 재판을 하면서 알아보니 그분의 말씀이 사실임을 알게 되었다.

해법은 재건축·재개발사업을 어떻게 진행하느냐에 달려있다는 것이다.

재건축·재개발은 사유재산권 행사이므로 정부의 개입은 한계가 있다.

재건축과 재개발의 다른 점은 자치단체에서 구획을 정하고 정비사업을 유도하는 곳이 재개발이고, 거주민들이 정비구획을 정하여 허가를 받는 곳이 재건축이라 할 것이다.

따라서 재개발지역은 넓고, 재건축지역은 좁다. 재건축지역은 구획정리에서부터 가능한 한 많은 사람이 뭉쳐야 불이익을 방지할 수 있다.

'건설 경기가 살아야 나라가 산다'는 말이 있다.

이는 그만큼 건설업에 많은 돈이 숨어있다는 사실을 단적으로 표현한 말이다.

또 최근 들어 분양원가를 공개하라는 말도 있고 공직자가 재건축사업과 관련하여 불미스러운 일로 사회에 물의를 일으키기도 했다.

돈은 버는 것이 중요하지만 쓰는 것도 그에 못지 않게 중요하다. 재건축처럼 한꺼번에 많은 돈을 지출할 때는 더욱 조심해야 한다.

사법부만이라도 국민을 보호하는 공정한 판결을 기대했다. 그런데 정당한 조합 운영을 요구하는 조합원들에게 재건축사업을 반대하여 많은 대가를 요구한다고 치부하는 일부 법관들의 선입견이 안타깝기만 할뿐이다.

이것은 좋게 표현하면 다수를 위해서라고도 할 수 있겠지만, 실제는 조합장을 비롯한 몇몇이 많은 조합원들의 희생을 강요하고 있다는 사실을 쉽게 알 수 있다. 즉 빈대 잡겠다고 초가삼간을 태우는 듯한 법원의 어설픈 판결이라고 필자는 표현하고자 한다. 이와 함께 공직자들 또한 막강한 돈 앞에는 별수 없다는 조합원들의 볼멘소리가 꼬리에 꼬리를 물고 있는 실정이다.

재건축조합과 조합원 사이의 분쟁을 유형별로 나누어보면,
- 조합장을 비롯한 집행부의 인·허가 서류 조작
- 재건축사업 승인 후 분담금 상향 조정
- 조합원 이주 후 추가 분담금 요청

등이다.

모두가 시공회사 단독으로는 불가하며 조합에서 해당 서류들을 은폐하려

는 곳에서 분쟁이 시작된다. 그리고 그 피해는 고스란히 조합원들에게 돌아가게끔 되어 있다. 또 문제가 법정으로까지 비화되면 조합에서 승소(勝訴)하고 조합원들이 패소(敗訴)하는 것이 일반적인 추세다. 그 이유는 조합원을 대표해야 할 조합장을 비롯한 집행부가 건설회사를 대변하고 있기 때문이다. 그래서 입주할 때면 원래의 조합원이 아닌 외부 사람들로 동네 환경이 바뀐다.

경제적으로 취약하고 순진한 조합원들은 법률 전문가의 도움도 제대로 받지 못하고 조합의 행패를 뻔히 알면서도 당하고 있다.

시간을 끌면 끌수록 조합원은 힘이 약해지고 조합은 더욱 강해진다. 즉 순진하고 돈 없는 서민들은 막대한 건설 차액을 노린 시행사의 큰 힘에 주민들만 희생되고 있는 것이다.

이 책에 소개한 여러 사건들은 부패와 협잡으로 얼룩진 우리 사회의 축소된 일면을 대변하고 있다.

일반인이 비교적 가까이에서 접할 수 있는 인·허가 기관인 행정 기관은 주민들의 복지향상에 얼마나 기여하고 있는지, 사회의 질서 유지를 목적으로 하는 경찰·검찰은 본연의 업무에 얼마나 충실하고 있는지, 사회생활의 공정성을 판단한다는 법원에서는 공명정대한 판결로 국민들의 억울함을 달래주는 역할을 제대로 하고 있는지 그 사례를 정리해 본다.

'난세(亂世)에 영웅 난다'고 한다.

필자의 이러한 뼈저린 체험이 서민들의 아픔을 대변할 수 있을지, 아니면 미꾸라지가 되어 땅바닥에 내동댕이쳐질지는 예측할 수 없다.

그러면서도 법을 생계로 하는 사람들에 대한 양심선언이라 엄청난 불이익이 돌아올 가능성이 많다는 생각이 지배적이다.

법이란 윤리와 도덕을 기초로 인간이 만들어낸 하나의 사회규범이다. 그런데 인륜과 도덕을 무시하고 사기와 협잡에 편승한다면 사회규범으로서의 가치를 이미 상실한 것이다. 언제부터인가 우리 사회는 돈이면 안 되는 일이 없게 되어버렸다. 이는 법과 관련해서도 마찬가지다.

이러한 필자의 말을 듣고 어떤 사람은 이렇게 빈정거리기도 했다.

"수사비만 넉넉하게 주면 피해자와 가해자가 바뀌는 세상인데 여기에 비하면 당신은 아무것도 아니여!"

엄청난 공사 차익에 공직자까지 매수된다면 공권력도 부정과 비리에 얼룩질 수밖에 없는 게 현실이란다.

이 책에서 소개하는 내용은 법원에 관한 사항이 특히 많은데, 그것은 법원만큼은 물구나무 서 있는 자세로 세상을 보지 말았으면 하는 마음에서다.

해당 조합은 150여 조합원들 중에서 40여 개나 되는 조합원 도장을 위조한 범법행위로 구청의 인·허가를 받았다. 조합원들이 문제가 있다며 한 목소리로 확인을 요구하자 행정 기관의 담당 부서에서는 사실 여부를 확인할 의무가 없다고 했다. 그리고 경찰은 지문을 대조해달라고 요구하자 지문이 나오는 손·발가락을 모두 찍어놓고 가면 대조해주겠다고 대답했다. 검찰의 경우는 엄연한 사실을 공연하면 처벌한다는 원론적인 답변뿐이었다.

법원은 사법부다. 그런데 이러한 경우 이 사법을 한자로 표기하면,

司法(?),

私法(?),

詐法(?),

死法(?)

중에서 무엇이 맞는지 알쏭달쏭하기만 하다.

첫 번째 것부터 보면 맡을 사(司), 개인 사(私), 거짓 사(詐), 죽을 사(死) 자이다.

누가 뭐래도 사법은 알쏭달쏭한 고무줄 잣대로 길이를 재는 둘째, 셋째,

넷째의 사자(字)만은 아니었어야 했다.
 이러한 부패와 비리, 의혹의 현장으로 독자 여러분을 초대한다.

2005년

필자가

머리말

오늘도 꼬박 밤을 새워가며 집필을 계속하고 있다.

처음에 아무것도 모르고 사기사건에 휘말린 나는 너무나 혹독한 법률횡포를 몸으로 체험하여 너무 많은 대가를 지불하고 인생교육을 받았다. 아내는 스트레스성 뇌경색과 대인기피현상에서 헤어날 수 있을지 의문이다.

악몽에 시달리는지 아내의 거친 숨소리와 잠꼬대가 들려온다. 겨울인데도 이불을 차내고 잠을 자면서 앓고 있는 아내의 다리를 만져보니 차갑게 식어 있다. 언제부터인가 아내의 몸은 발이 시릴 정도로 차가워졌다. 아내의 몸과 다리를 한참 주무르고 이불을 덮어주었다.

얼마 전에도 아내는 담당 검사와 다투었다.

2003년 9월 20일.

범법행위의 보호에 힘을 얻은 조합장은 고등법원의 화해조항을 이행해 달라는 아내에게 집단 폭행을 가했다. 그로 인해 2개월 간 장기 입원을 하면서 아내는 고소를 했고 지금도 치료 중에 있다.

그러나 아내는 조서만 꾸몄을 뿐 경찰서와 검찰청을 배회하기만 했다. 가까스로 2004년 5월 20일에서야 검찰에 불려가 대질신문을 받았다.

피의자인 조합장 일행은 검찰 수사관에게 당당하게 반문했다.

"사건 번호도 틀리고 담당 검사는 누가 바꾸었느냐"고.

검사는 아내 혼자 찾아가 폭행 당한 사실을 입증할만한 자료가 없어 혐의가 없다고 했다.

"사건 현장인 조합장 사무실에서 경찰관이 병원에 후송했고 엑스레이(X-Ray) 결과도 있는데 입증된 것이 아니냐?"고 묻자 이번에는 정식 고소장이 접수되지 않아서라고 말을 바꾸었다.

이러한 사실로 미루어 검찰이 조합장 등에게 매수되지 않았다고 누가 확신하겠는가?

폭행을 당하고 수백만 원의 치료비와 입원비를 들여 고소를 했는데 지금까지 조사를 늦추다가 증거가 불충분하고, 정식 고소장이 접수되지 않아서 혐의가 없다는 궁색한 변명만을 늘어놓다니….

검찰의 공소부제기이유고지서 발부를 요청하니 검사의 의무가 아니라고 거절당했다. 너무도 답답하여 경찰관에게 물어보니 기소의 의견으로 검찰에 송치했다고 했다.

검찰청에서 공소부제기이유고지서와 진술서 등을 복사하여 검토해보니 조서에 서명을 받은 뒤 이를 수정하고 관련된 검사가 한두 명도 아닌데 자기가 모두 뒤집어쓰는 것 같다고 말했다.

재건축과 재개발의 비리는 이미 잘 알려진 사실들이다.

수사 기관이 건설업자들한테 매수되어 서민생활에까지 영향을 미친다면 도저히 용납할 수 없는 일이다.

경찰과 검찰에서 재조사를 회피하려는 상황을 알아차리고 신경을 곤두세웠는지 저 체온증으로 지난 삼복더위에도 아내는 마냥 춥다고만 했다. 이때마다 아내의 몸을 주물러 풀어주어야 한다.

옹고집쟁이를 만난 죄로 4년 전부터 치료를 받고 있으며 남아있는 생명의 불씨가 언제 꺼질지는 알 수 없다고 전문의들은 말했다.

끝없는 병마에 시달리는 아내를 보고 있자니 당장 사생결단을 내고 싶다. 하지만 이 책이 출간되어 공론화될 때까지만 기다려달라고 아내에게 간절히 바란다.

재건축주택조합 사건을 발단과 전개, 그리고 소송 사건을 각 10여 개의 민·형사사건을 가능한대로 사건별로 시일에 따라 배열했다.

나름대로 일관성 있게 서술하려고 했지만 표현이 부족한 부분이 있다면 촌부의 하소연이라고 생각했으면 한다. 그러나 이것은 부동산 업자의 위조 서류에 의한 사기에 대응하다가 법률의 횡포에 겁을 먹고 막대한 재산상의 손해를 감수하고 쫓겨난 무지몽매한 일반서민들의 애환이라고 자부한다.

처음부터 '말썽부리는 자'들이라고 서민들을 매도했던 재판장의 불합리한 판결이나 강제집행, 남의 판단에 따르겠다는 판결의 강제집행은 법조인에게 물어도 믿으려하지 않는다.

지친 서민들은 자진 해산되었고 소송말기에는 전에 제출한 모든 서류들은 무효였다고 조합측 변호사가 자인하기도 했다.

그러나 그때는 소수라는 명분으로 조합원 패소로 막을 내린 이 소송은 치밀하게 계획된 부동산 업자의 사기와 힘없는 서민들의 억울함을 단적으로 보여준 결과라 할 것이다.

전문가들의 말에 의하면 조합원이 패소한 처음 두 개의 사건은 조합에서 무효를 자인한 허위 판결이고 이 판결을 허위가 아니라고 인정한다면 나머지는 조합원들이 승소했어야 옳다. 그러나 나머지도 결국은 조합측의 손을 들어준 것은 처음의 오판을 부정하고 조합원 80% 이상의 동의만으로 재건축 결의를 인정했다는 것이다.

필자의 개인적인 일로 치부하고 민사소송의 모순된 법률적용은 인정하려고도 했다. 하지만 너무 황당하여 이 업무에 관련된 전문인들의 미비한 법률 보강과 인륜과 도덕을 기본으로 만든 사회규범이 이 분야에서 생활하고 연구하는 사람들의 생계수단이 아니라는 사실을 알려주고, 우리 사회의 암적인 부정과 비리를 축출하는 견인차가 되기를 진심으로 기원한다.

문제는 형사사건이다.

억울하여 몸부림치는 시민의 재판받는 태도가 범죄로 인정되는 것이 판사들의 고유권한이었던가. 기독교 신자인 법원 등기과장의 말이 생각난다.

"선생님, 종교를 한번 가져보시지요."

종교가 다른 나는 무슨 뜻인지를 몰라 일주일 이상을 생각해 보았다.

결론은 모든 사회악을 용서하고 사랑하라는 말이라 생각한다.

선거 때만 되면 우리는 학연, 지연, 혈연 등이 국가발전을 저해한다고 한다. 그러나 필자에게 묻는다면 이것들은 조족지혈(鳥足之血)이다. 진짜로 사회발전을 저해하는 가장 큰 원인은 직업연(職業緣)일 것이다. 특히 공직자들의 직업연은 너무나 끈끈하게 얽혀있어 밝혀진다해도 '솜방망이 처벌'로 무마하고 있다.

모두에게 평등하게 적용되어야 할 법률은 복지사회건설을 위한 질서유지에 보탬이 되어야 하는데 사기 수단이나 생계 수단으로 이용되고 있으니 한심한 일이다.

판사라도 진실을 밝혀주어야 할 의무가 있다.

법원에서 가장 많이 들었던 말은 진실을 밝혀야 한다는 말인데, 그 사람을 세 번만 만나면 사기재판이라고 욕설을 해대는 게 현실이다.

이 말이 거짓말 같다면 민사법정 복도에 나가서 확인해 보라!!

법관이 신권(神權)으로 치부되는 법정은 하루빨리 개선되어야 한다. 더군다나 판단을 흐리게 하는 수사 기관은 말할 가치도 없는 것이다.

경찰은 수사권이 없고 검사가 시키는 대로만 하니 할 말이 있으면 검사한테 하라고 했다. 또 검사가 재조사를 요구하면 알아서 기는 수밖에 없다고 한다. 그렇다면 경찰은 검찰의 범죄 조작 하수인이란 말인가. 사건의 진실을 밝혀줄 곳은 과연 어디일까? 그것은 오직 재판에서 같은 사시 출신인 검사와의 직업연을 무시하고 양심적으로 판단하는 것만이 유일한 해결방법이 아닌가 생각한다.

처음 출판사에 원고를 넘겼을 때 출판사 담당자는 필자에게 이렇게 말했다.

"아주 비싼 인생의 대가를 치르고 책을 내는데, 이렇듯 '한풀이식'으로 원고를 써서야 되겠습니까? 그 귀중한 경험을 국민에게 도움이 되는 쪽으로 바꿔보시는 게 좋지 않겠습니까?"

그래서 몇 개월 늦게 이 책을 펴내게 되었다.

말이 막힌다. 그리고 숨이 막힌다.

끝으로 전문인이 아닌 필자에게 조언을 아끼지 않은 건설업계, 법조계, 경찰관, 행정 기관 등의 관계자들에게 감사드리며, 필자를 만나면 항상 억울하다는 조합원들에게도 행운이 함께 하길 기원한다.

더불어 관계 기관장은 처음부터 이 사건을 재조사하여 비리 연류자를 처벌하고 내 인생을 변상하라!

2005년

필자가

차 | 레

발간에 앞서 … 4
머리말 … 11

제1장 야! 우리도 아파트에 살 수 있단다
1. 서민들의 부푼 기대 … 19
2. 드러나는 부동산 사기 … 34
3. 임시총회 청구와 개최 … 63

제2장 우리나라 법률은 고무줄 잣대인가?
1. 사기 재판의 시작과 변호인 … 79
2. 민원신청과 조합 규약 … 82
3. 법보다 주먹이 가깝다는 것을 보여줘야 돼! … 85
4. 외부 사람들을 동원한 협박 … 95
5. 그래도 양심은 있었구먼! … 106
6. 조합장의 사기 증언과 재판진행 … 109
7. 재건축 전문단체와 변호사 선임 … 110
8. 조합원 총회와 폭력배 동원 … 114
9. 원심 패소 후 … 115

제3장 고무줄 잣대로 재는 민사재판의 실례
1. 소유권이전등기를 위한 명도소송 … 133
2. 총회결의무효소송 … 187

3. 고등법원의 명도소송 항소 ··· 190
4. 화해조서 작성 후 ··· 195

제4장 사실은 처벌, 사기는 보호라!
1. 주택조합 규약과 폭행 ··· 205
2. 사실을 해명해달라는 것이 명예훼손이란 말이요? ··· 213
3. 저 사람이 레슬링 선수인가요? ··· 226
4. 확실히 어디서 맞았어요? ··· 237
5. 조합장 대신에 했다고 진술했습니다 ··· 243
6. 내가 그랬습니까? ··· 248
7. 지문 나오는 손·발가락을 다 찍으면 대조하지 ··· 262
8. 누가 담당 검사를 바꿨어요? ··· 283
9. 내가 다 뒤집어쓰는 것 같은데! ··· 297

제5장 재건축·재개발 아파트 반값이면 된다
1. 재건축사업의 실태 ··· 301
2. 조합원에게 이상적인 재건축 절차 안내 ··· 310
3. 우리 재판의 성격과 제도개선 ··· 323
4. 재건축에 참여하려는 사람들에게 ··· 330

제1장
야! 우리도 아파트에서 살 수 있단다

1. 서민들의 부푼 기대

1997년 초여름이다.
회사에서 퇴근하여 샤워를 하고 있는데 아내가 부른다.
"무슨 일인데."
"우리가 만약 아파트에서 살 수 있다면 어떻다고 생각하세요?"
"글쎄. 갑자기 무슨 이야기야?"
"지금 동네에서는 재건축을 한다고 야단인데요."
"그렇게 될 수 있다면 좋겠지만 가능한 일일까?"
"며칠 후 연립주택을 허물고 아파트를 짓는다고 회의를 한대요."

"당신이 나가 보지 그래. 나는 아는 게 있어야지. 그 대신 보고들은 말은 그림을 그려가면서 알기 쉽게 설명해야 돼요."

나는 집안 살림에 별 관심이 없었던 터라 일단 아내에게 미루었다.

하지만 회의가 열리는 당일 회사에서부터 마음이 설레어 모임에 나가보려고 일찍 퇴근했다.

(1) 1차 총회(1997년 7월 10일)

동네 사람들이 많이 나와 있었고 한쪽에 아내도 보였다.

어떤 중년신사가 앞으로 나가더니 우리가 사는 연립주택을 허물고 그 자리에 아파트를 지어서 살아보자고 열변을 토한다.

방법은 주민들의 땅을 건설회사에 출자하고 그 자리에 아파트를 지으면 주민들이 들어와 살 수 있다고 한다.

그러자 사람들은 "와!" 하고 환호성을 질렀고 아파트가 생긴 듯 여기저기에서 질문하는 소리들이 쏟아졌다.

중년 신사의 말이 끝나자 건장한 젊은이가 '재건축을 하려면 조직이 필요하니 이틀 후 다시 모입시다' 라며 끝을 맺었다.

* 재건축조합 총회(1차)라 위조하여 법원에 제출.

(2) 2차 총회(1997년 7월 12일)

조직이 필요하다고 했던 젊은이가 종이를 둘둘 말아들고 회의 장소인 교회에 들어오는 사람들 순서대로 질서를 유지하라며 자리정리를 하고 있었다.

많은 동네 주민들이 웅성거리며 자리에 앉자 젊은이는,

"그저께 동네에서 말했듯이 연립주택을 허물고 새 아파트를 건설하는 재건축을 하려면 조합을 설립하고 조합장을 선출해야 합니다. 나는 이무기 씨를 조합장으로 추대하는데 어떻습니까?"

앉아있는 주민들은 웅성거리기만 할 뿐 대답이 없었다.

"이무기 씨를 조합장으로 추대하는데 찬성하시면 박수를 치세요!"

교회 강당에 모인 주민들은 박수로서 답을 했다.

조합장으로 추대된 나이든 신사가 앞으로 나오더니,

"저는 이무기입니다. 먼저 조합장으로 선출해주신 여러분께 감사드립니다. 일을 하려면 총무가 있어야 하는데, 조금 전에 사회를 본 이유기 씨가 어떻습니까? 찬성하시면 박수를 쳐주세요."

비웃는 사람도 있었지만 박수치는 사람이 훨씬 많았다.

이로써 조합장은 주민들에게 그 사람을 총무로 임명한다고 했다.

"여러분들이 돌아가실 때에는 시공사에서 나누어주는 안내문이 있으니 하나씩 가져가세요. 그럼 이만 회의를 마치겠습니다."

주민들은 입구에서 각대봉투를 하나씩 받아 가지고 돌아갔다.

집에 돌아와 봉투를 열어보니 대한주택의 소개와 시공품 및 조합원 분담금이 적혀 있었다.

"여보, 재건축하는데 추가로 돈을 더 내야 된다는데?"

"추가 분담금이 얼마나 돼요?"

"우리의 경우 31평은 약 4천6백여 만 원이라고 되어 있네!"

볼멘소리에 아내는 깔깔대고 웃는다.

"당신 말대로 재건축하는 곳에 조그만 연립 한 채 사 놓으면 아파트가 한 채씩 생길 테니까 다른 일 말고 집이나 사러 다닙시다."

내가 생각해도 아주 멍청한 착상이었다.

그래서 아내는 나를 가리켜 '세상물정 모르고 사회성이 결여된 남산골 샌님'이라고 부르나 보다.

* 재건축조합 총회(2차)라며 위조하여 법원에 제출.

(3) 3차 총회(1997년 7월 22일)

오늘도 재건축에 대한 설명을 듣기 위해 많은 주민들이 모였다.
저녁 바람은 시원했고 주민들의 얼굴은 환하게 보였다.
조합장이 앞으로 나와 설명을 하였다.
"여러 설계회사와 시공사를 알아보았지만 황토방 아파트로 유명한 대한주택이 분양가가 가장 낮고 성의를 보여 시공사로 결정했습니다. 그럼 대한주택의 영업부장을 소개하겠습니다."
"저는 대한주택의 영업부장 양수리입니다. 저희 회사 사장님의 경영방침은 주민을 먼저 생각하시는 분으로 저희가 이곳에 들어온 것은 이익이 많아서가 아니라 이곳에 터를 잡고 사업을 확장하려는데 뜻이 있다고 하겠습니다. 그러면 건축자재를 멀리까지 운반하지 않고 바로 일을 할 수 있으니까 원가가 그만큼 줄어든다는 것이지요. 여기에서 절감되는 돈은 여러분의 분담금을 줄일 것입니다. 아무쪼록 저희 회사를 밀어주신데 대하여 감사드리고 재건축사업이 하루빨리 진행되어 낡은 집을 허물고 좋은 집에 입주하시기를 기원합니다. 다음은 여러분들이 기다리는 슬라이드 상영이 있고 이것은 우주설계에서 제작한 것으로, 함께 보시도록 하겠습니다."
"저는 우주설계에서 슬라이드를 보여드리기 위해 나왔습니다. 아직 확정되지 않은 부분도 있지만 보시는 것과 같이 건설할 예정이오니 잘 보시고 성공적인 재건축사업이 되기를 바랍니다."
조합원들은 투영막에 비친 슬라이드 영상을 보고 넋이 빠졌다. 그곳에는 투시도만 있는 것이 아니고 대한주택 소개도 들어있었다.

슬라이드 상영이 끝나고 조합장이 앞으로 나와서 말했다.

"앞으로 우리가 입주할 아파트인데 잘 보셨습니까? 일을 하려면 주택조합이 인가되어야 하고 기존 건물의 안전진단도 받아야 합니다. 조합을 설립하려면 여러분들의 인감도장과 인감증명이 있어야하니 한 분도 빠짐없이 인감증명과 인감도장을 조합에 제출하시기 바랍니다."

동네 주민들의 왁자지껄한 분위기가 가라앉자 조합장이 이어서 말했다.

"이것으로 오늘 회의를 마치겠습니다. 빠른 재건축을 위하여 주민 여러분의 적극적인 협조를 부탁합니다."

* 재건축조합 총회(3차)라며 위조하여 법원에 제출.

어느 날 아주머니 한 분이 머뭇거리더니 어렵게 말을 건넨다.

"헌기 아버님! 우리 동의 조합 이사를 하시면 어떻겠어요?"

"예? 무슨 말씀을 하시는지…."

"우리 연립을 대표하여 조합 이사를 맡아주시면 고맙겠습니다."

"아주머니, 저는 건축에 대하여 아무것도 모릅니다. 회사만 다니는 제가 어떻게 업무를 감당하겠습니까? 잘 아시는 분을 추천해 보시지요."

그날 저녁 아내에게 조금 전에 있었던 일을 이야기했다.

"우리 동네는 일할 사람이 없나 보지. 나같이 무식쟁이를 조합 이사로 추천을 다 하고. 오늘 그 아주머니는 누구야?"

"글쎄요. 누군지 잘 모르겠는데요. 옷은 어떻게 입었어요?"

며칠 후 그 분을 또 만났는데, 말하는 모습이 아주 진지했다.

"헌기 아버님, 조합장한테 말씀드렸더니 대찬성을 했어요. 저희 동을 위하여 이사직을 수락해주시면 고맙겠어요."

"아주머니, 저는 콘크리트블록은 시멘트와 모래로 만들고 흙벽돌은 황토로 만든다는 것밖에 몰라요. 그런 제가 무슨 일을 하겠어요?"

"동네에서 몇 년 동안 같이 살면서 헌기 아빠 같은 분은 보지 못했어요. 술 마시거나 남들과 다투고, 목소리 높이는 것도…. 오로지 아침에 출근했다가 저녁에 퇴근하시는 항상 조용한 분이잖아요. 이런 분이 나서야 된다고 생각했지만 말붙이기가 어려워서 이제야 말씀드리니 승낙해주세요."

너무나 진지하게 부탁하는지라 거절을 못하고 승낙하고 말았다.

"말씀드렸다시피 저는 정직하게 살아야 된다는 것 외에 아무것도 모르니 많이 가르쳐주셔야 합니다."

"사실 저는 우리 동(棟)의 대의원이에요. 조합에 말하여 며칠 후 이사회에 참석하시도록 주선해 보겠어요."

이사직은 수락했지만 엉뚱한 말을 하여 망신당하지 않을까 걱정되어 잠이 오지 않았다.

아내가 저녁에 이사회가 있다고 했다.

아내는 외출할 때 즐겨 입는 모시옷을 잘 손질해주며 동네 사람들 앞에 처음 나가니 조심하라는 부탁도 잊지 않았다.

이사회 장소는 조합장 개인소유의 부동산중개 사무실이었다.

여러 사람들이 와있었고 조합장도 앞에 앉아있었다.

먼저 조합장이 모인 사람들에게 나를 소개했다.

모인 사람들은 조합 이사들이고 그 중에는 현직 공무원도 있었다. 공무원이 이사 중에 있다는 것이 무엇보다도 다행한 일이었다.

개인사무실을 사용하고 있어 회의 때마다 고맙고 미안하기도 했다. 조합장은 가장 시급한 것이 조합사무실을 마련하고 조합원들의 사업시행 동의서를 받아야 한다고 모일 때마다 강조했다.

동의서는 받고 있지만 조합측은 시공사와 공사계약을 맺어야 하니 빠른 진행을 위해서 먼저 계약을 추진하자고 했다. 또 계약서에 이사들이 서명하면 시공사에서 컨테이너 사무실을 제공하기로 했으니 총회에서 임원들의 승인을 받자고도 했다.

(4) 4차 총회(1997년 9월 7일)

오늘 총회의 안건은 조합원으부터 이사(理事) 승인이다.
장소는 우리 옆 동(棟) 앞마당.
시간이 되자 조합원들이 모여들고 희색이 만연했다.
조합장이 먼저 말문을 열었다.
"오늘 총회는 김촌장 이사가 사회를 보도록 하겠습니다."
그러자 조합장이 지정한 이사가 앞으로 나왔다.
"조합원 여러분 그동안 안녕하셨습니까? 여러분이 협조해주셔서 재건축은 잘 되고 있습니다. 오늘 임원들을 승인하여 시공사와 계약하여 조합사무실을 지원받고 또 조합 설립인가도 받아야 합니다. 조합원들은 하루빨리 재건축사업이 진행되도록 만듭시다. 먼저 이사님들을 호명할 테니 박수로서 승인해주시기 바랍니다."
사회자는 한 사람씩 호명하고 조합원들이 박수로서 승인했다.
이사들은 인사하는 장면을 촬영하였고 내가 인사하는 장면도 조합에서 보관하고 있었다.

* 재건축조합 총회(4차)라며 위조. 참석자 명부는 무인(無印)으로 위조.

이후 시공사측과 계약을 맺기 위한 이사회가 매주 계속해서 열렸다.
시공사 직원은 "계약이 되어야 조합비나 사무집기 지원이 되지 아무런 자료 없이 어떻게 회사 임원의 결재를 받을 수 있겠습니까?"라며 계약체결을 독촉했다.

너무나도 당연한 말이다. 그러나 조합장은 주택조합 설립인가가 되지 않아 정식계약은 할 수 없어 가계약으로 대신하고 가계약은 본 계약과 동일한 효력을 발생한다고 했다.

이사회에서는 조금이라도 우리에게 유리하도록 계약내용을 수정했지만 가계약서는 한번도 소송 중에 공개되지 않았다.

(5) 시공사와 가계약체결(1997년 10월 2일)

계약체결을 위하여 조합장과 이사들이 시공사에 갔다.
가계약내용은 조합장 사무실에서 검토하여 수정한 내용들이다.
계약이란 발주자인 조합의 지시에 따라 시공사 대표가 계약서를 작성하여 조합에 제출하고 조합은 이를 검토하고 날인하여 한 부는 보관하고 한 부는 시공사에 돌려주는 것인데, 조합에서 왜 시공사로 찾아가 도장을 받아야 하는지 의아했다.

이상하다는 생각도 있었지만 절차를 모르는 서생들이라 덮어두기로 하자.
오랫동안 기다려 이사들이 서명날인을 했고 영업부장한테서 저녁식사 대접을 받고 집으로 돌아왔다.

가계약체결은 조합사무실의 설치, 규약의 제정, 조합 통장개설과 도장제작, 조합 운영비 지원 등 재건축사업 추진에 많은 변화를 가져왔다.

얼마 후 시공사는 컨테이너 사무실을 설치했고, 조합회의는 이곳으로 이동하여 열리게 되니 참으로 다행한 일이었다.

조합장은 이제부터 해야 할 일은 조합 설립인가와 주택조합 규약을 제정하는 일, 재건축에 반대하는 조합원들을 설득하는 일들이 남아있으니 이사들이 적극 협조해 달라고 부탁했다.

당시 조합장은 이렇게 말했다.

"먼저 시작한 만월조합보다 우리 조합이 빠르게 진행된다고 시공사에서 말하는데, 이것은 이사들과 조합원들의 적극적인 협조 때문입니다. 조합 설립인가가 나지 않는 것은 폐도 문제 때문인데, 이 길과 관계없는 사람이 민원을 제기하여 답답하기만 합니다."

"사돈이 논 사면 배 아프다더니 괜히 심술을 부리는 것입니다."

이사들은 서로 우스갯소리를 하기도 했다.

폐도란 사업지역의 연립주택 사이에 있는 도로(道路)를 말한다.

조합의 입장은 이 도로에 아파트를 지어야 하고, 구청은 근처에 사는 주민들의 민원 때문에 폐도매입 허가를 못해주겠다는 입장이었다.

주택조합 규약은 시공사에 의뢰하여 옆에 있는 재건축조합 규약을 입수하여 우리에게 맞도록 수정하기 위해 매주 이사회가 열리다시피했다.

수차에 걸친 수정이 끝나고 새로 정리한 규약을 최종적으로 검토하자고 한 뒤로 조합 규약이란 말은 사라져버렸다.

이유는 시공사의 경제 사정과 조합장의 비리 때문이다.

1) 1997년 겨울

내가 좋아하는 공무원 이사한테서 전화가 걸려왔다.

"이사님, 큰일 났습니다."

"무슨 일인데 그러십니까?"

"전화로 말씀드리기에 복잡하니 만나서 말씀드리겠습니다."

동네 앞 생맥주 집에서 사건의 전말을 들을 수 있었다.

"조합장이 시공사에서 돈을 받았는데, 그 돈을 비밀리에 착복했다가 총무한테 들켰다고 합니다. 총무는 이를 여러 사람에게 공개하겠다며 조합장을 협박하여 조합 통장과 도장을 빼앗고 시공사에 전화하여 자기 개인 통장으로 돈을 입금시키라고 했답니다. 제가 총무를 만나 시정을 요구했더니 펄쩍 뛰며 싸우려하는데, 어찌하면 좋겠습니까?"

"대한주택에서 받은 돈은 얼마나 된다고 합니까?"

"얼마 되지 않은 것 같습니다."

"박이사님, 조합장한테 말씀드리지요."

"저도 여러 사람이 아는 게 좋지 않아 조합장님께 말을 했어요. 그런데 조합장이 대답을 안 하여 백이사님께 말씀드리는 것입니다."

"박이사님 혼자서 고민하지 말고 다음 이사회에서 상의합시다"

"제가 말했다는 말씀은 절대로 하지 마십시오."

우리는 다음 이사회에서 이 일을 거론키로 하고 헤어졌다.

며칠 뒤 이사회가 있어 조합사무실에 나가보니 미리 온 임원들이 갑론을박을 하고 있었고, 조합장과 총무는 고개를 숙이고 아무 말 없이 앉아있었다.

시치미를 떼고 조합장에게 이사회 진행을 요구했다.

조합장이 개회를 선언했지만, 임원들은 여전히 웅성거리기만 했다.

무슨 일인지 물으니 대의원이 며칠 전과 같은 말을 했다.

나는 조합장에게 어찌된 영문인지 물었다.

조합장은 고개를 숙이고 앉아있고 총무가 자리에서 일어나서 말했다.

"지금 우리 조합은 대한주택에서 사무실은 지원해주었지만, 돈이 없어 난방도 못하고 복사비가 없어 복사도 못하며 전화비도 연체되어 있습니다. 여기에 계신 여러분 중에서 누구 한 사람이라도 관심을 가지고 협조해주신 분이 있습니까?

"맞습니다. 지금 전화비도 밀려있고 난로도 피우지 못해요. 여기 오는 사람들한테 커피 한잔 대접하려고 해도 커피도 없습니다."

"지금 말씀하시는 분은 누구시죠?"

말투가 영 서툴러서 물어보았다.

"나요? 나는 감사요."

"아, 그렇습니까? 몰라봐서 죄송합니다. 오늘 회의는 감사께서 나설 자리가 아닌 것 같습니다. 앞으로 이사회에 나오셔서 이러시면 안 됩니다. 기왕에 나오셨으니 회의는 방해하지 마시고 조용히 앉아 계세요. 제 말이 틀렸습니까? 조합장님!"

모두가 고개를 끄덕이며 말이 없었다.

앞으로 이 부동산 사기사건에서 조합원의 배우자인 이 장애인 감사의 역할을 주시해 보라.

대의원 한 사람이 화가 난 어조로 말했다.

"조합에 돈이 없으면 이사회에 상정해야지 시공사에서 돈을 받아쓰다니 이래도 됩니까? 또 통장으로 돈이 왔으면 지출 내용을 기록하고 이사회에 보고해야 되는 것 아닙니까? 지출기록을 보여 주십시오."

금방이라도 싸울 태세다.

"제가 말씀드리겠습니다. 시공사에서 들어온 돈은….'

며칠 전 사건의 전말을 들었던 터라 총무의 말을 막았다.

"총무! 누가 총무 말을 듣자는 겁니까? 총무는 조합장님이 시키는 대로만 하면 되니까 아무 말 말고 조합장님께서 대답해주십시오."

조합장이 어색하게 입을 열었다.

"여러분. 미안합니다. 제가 잘못 했습니다. 한번만 용서해주십시오."

"이 문제는 사과로 끝날 일이 아닙니다. 지출명세는 정리하셨습니까?"

그러자 공무원인 박이사가 웃으면서 거들었다.

"시공사에서 들어온 돈은 조합원들의 분담금에 포함되고 승인도 받아야 합니다. 조합원들이 승인하지 않으면 어떻게 하겠습니까?"

"지금 조합원들은 조합에서 돈 먹었다고 말들이 많습니다. 내가 임원이라는 것이 창피해서 고개를 들고 다닐 수가 없습니다."

"조합장님께서 책임져야 하는 것이 당연하지 않습니까?"

임원들이 한마디씩 한다. 조합장은 말이 없고 총무가 거든다.

"시공사에서 들어온 돈은 여기에 정리했습니다. 자! 보십시오."

메모한 A4용지를 펼쳐 보인다. 그것을 본 대의원이 한마디했다.

"무엇인가 했더니 이것이었구먼. 이걸 정리라고 보여주는 거요? 언제 얼마가 들어왔고 어떻게 썼는지 조합장님이 확인해 보셨습니까?"

언뜻 쳐다봐도 그야말로 메모 쪽지다.

출납부 기재요령은 전혀 듣거나 보지도 못한 모양이었다.

"총무! 여기에서 총무의 대답을 바라는 사람은 아무도 없소. 아까도 말했지만 조합회의는 조합장님이 주제하고 책임도 져야 되는 것이오. 그러니 총무는 나서지 말고 조합장님이 말씀하세요."

그러자 임원들은 고개를 끄덕이고 조합장이 입을 열었다.

"그동안 제가 조합 일에 소홀했습니다. 앞으로는 적극적으로 조합 일을 하겠습니다."

"조합장님! 통장과 도장을 총무가 가지고 있다는데 사실입니까?"

"……."

"총무! 조합 통장과 도장을 총무가 가지고 있습니까?"

"……."

"통장과 도장을 조합장님께 돌려주세요. 그리고 총무는 조합장님한테 발언권을 얻고 말씀하세요."

"예, 알겠습니다."

"여러분, 사정을 들으니 우리들이 너무 무관심했었다는 생각도 듭니다. 추운 날씨에 난방도 못하고 전화비도 없다니 이사의 한 사람으로서 부끄럽기도 합니다. 다행히 시공사에서 입금된 돈으로 밀린 공과금을 처리할 수 있다니 마무리하도록 하고 임원 여러분께서는 이러한 일이 발생하지 않도록 좀 더 적극적으로 대처하는 것이 어떻겠습니까?"

임원들 모두가 찬성했다.

"조합장님! 임원들께서 용서해주신다니 다행입니다. 그러나 이 일을 거울 삼아 조합이 해야 할 일은 꼭 지켜 주십시오. 총무한테 빼앗긴 통장과 도장도 찾으시고요. 그리고 총무는 총무가 해야 할 일만 합시다. 사정이 어렵다니 종이는 제가 조금 가져다드리겠습니다."

대한주택에서 입금된 돈으로 지출 비용을 처리하고 조합원들의 뜬소문을 무마하자며 이사회를 마쳤다.

이튿날 회사에서 인쇄용지를 재단하여 승용차 트렁크로 한 차 분을 가져다주었고 이후에도 이사회는 몇 차례 더 열렸다.

이러한 사건 등으로 규약 검토는 하다말고 해를 넘겼다.

2) 1998년

자치단체장 선거의 해인 어느 날 이사회에서 조합장이 말했다.

"현재의 구청장은 폐도 승인을 않는데, 출마하는 후보 한 분이 선거공약으로 폐도 승인을 약속했습니다. 그리고 국회의원도 우리 재건축사업에 지대한 관심을 가지고 대한주택이나 구청장 후보에게 특별히 부탁했다니 모두가 선거운동에 적극 협조합시다."

고마운 일이었다.

조합장과 총무는 어깨띠를 두르고 선거운동을 했고 지지한 후보가 당선되었다.

당선 후 신임 구청장이 취임연설을 한다기에 동사무소로 나갔다.

국회의원과 구청장 그리고 동장 등 10여 명의 인사들이 동사무소 회의실 앞에 있는 의자에 앉았고 구청장이 조합원들에게 말했다.

"후원해주셔서 감사합니다. 구청장 ○○입니다. 선거 전 약속대로 여러분의 재건축사업지역 내의 폐도를 해결해 줄 테니 지역발전과 여러분들의 이익을 위하여 재건축사업을 추진하시기 바랍니다."

국회의원도 격려를 했다.

"조합장의 말을 들으니 폐도가 재건축사업에 문제 된다하여 구청장께 특별히 부탁했으니 재건축사업을 성공적으로 이룩하기를 기원합니다."

자치단체장과 국회의원의 격려에도 불구하고 재건축사업은 시들해졌고 대한주택이 1차 부도를 냈다. 무리한 사업 확장이 그 원인이라고 했다.

아내의 사업장이 조합장 사무실 옆에 있어 가끔 조합장에게 진행사항을 물으면 시공사가 약속을 지키지 않는다는 말만 되풀이했다.

어느 날 이사회에서 폐도를 경계로 한쪽은 조합장이 한쪽은 총무가 재건축을 추진할 수밖에 없고 사업 승인이 나면 문제가 없다고 했다. 그러나 이것은 재건축 완공 후 300가구가 넘으면 서울시의 허가를 받아야 되고, 그 미만은 구청에서 처리를 할 수 있기에 하는 말이리라!

광역단체의 관할이 되면 인·허가 과정에서 힘이 더 들겠지만, 조합원들에게는 유리한 것임을 인지하기 바란다.

이후에는 이사회가 열리지 않고 한 해를 넘겼다.

1998년 12월 21일 폐도 심의가 완료되었다.

1999년 4월 26일에 주택조합 설립인가가 났다.

그러나 주택조합의 사업진행은 여전히 답보상태다.

(6) 5차 총회(1999년 12월 18일)

오랜만에 조합에서 총회를 개최하고 참석자 명단도 작성하였다. 그러나 회의 안건은 어렵게 폐도 문제가 해결되고 조합 설립인가가 되었다는 말이 전부였다. 이 시기는 건국 이래 제2의 국난이라는 IMF. 우리나라에 불어닥친 경제 한파로 재건축에 대한 여력(餘力)이 없었든지 재건축에 대한 질문도 별로 없고 조용히 회의를 마쳤다.

총회 중에서 가장 싱겁고 남의 일 같은 느낌마저 들었다.

* 재건축조합 총회(5차)라며 위조하여 법원에 제출. 참석자 명부는 제출되지 않음.

이후에도 가끔 조합장을 찾아가 사정을 물으면 어렵다는 말이나 대답을 회피할 뿐 이사회도 열리지 않았다.

(7) 재건축 사실을 잊어가는 아주 조용한 2000년

나도 재건축사업을 잊고 있었다.

10월 중순이었을까? 시공사인 대한주택을 정부에서 퇴출한다고 신문에 게재되고 매스컴에서 연일 보도하였다. 당시 법정관리를 신청했던 법원은 정부의 퇴출명령이 부당하다며 이의를 제기한다는 내용도 보도되었다.

정부의 퇴출 발표 후 조합장을 찾아갔다.

"조합장님, 정부에서 대한주택을 퇴출한다고 하는데 재건축사업에 지장이 없겠습니까?"

"조금만 기다려보시지요."

"재건축은 달동네 서민들의 전 재산이 걸려있는 문제입니다. 이에 대한 대책을 하루빨리 강구해야 되지 않을까요?"

"조금만 더 기다려 보자니까요."

조합장의 퉁명스런 대답에 할 말이 없었다.

2. 드러나는 부동산 사기

(1) 시행 · 시공사의 출현

2001년 2월 중순쯤이었다. 조합에서 이사회를 한다는 연락을 받았다.
몇 년 만의 회의인가!
시공사의 정부 퇴출명령에 대한 대책이라 생각하고 조합사무실로 나갔는데 건장하고 낯선 젊은이 여러 명이 사무실 안에 있었다.
어리둥절하여 쳐다보는 나에게 총무가 말했다.
"앞으로 우리 재건축의 시행과 시공할 회사 직원들입니다."
"조합장님! 몇 년 만의 이사회에 외부 인사들을 불러들이다니요. 퇴장을 요청하시고 이사회를 진행합시다."
다른 이사들도 동의하자 퇴장을 명하고 회의를 진행했다.
조합장은 대한주택의 불편함을 성토하고 총무와 감사가 거들었다.
"우리와 가계약을 맺은 대한주택은 사업계획서를 보내라고 해도 말이 없고 약속을 이행하지 않습니다. 어떻게 해야 될지…."
그러자 옆에 있던 장애인 감사가 거든다.
"나도 조합장과 대한주택을 찾아갔습니다. 지난 추석에도 지팡이로 책상 유리를 두 장이나 깨고 난리를 쳐 조합비를 겨우 받아냈어요. 나는 죽어도 그 회사와는 일을 못합니다."
조합장과 감사가 돈을 달라고 시공사를 찾아간 것이 처음이 아닌 것 같았고 후에 보니 조합비란 명목으로 여러 차례 돈을 받았다.
시공사에 대한 불평불만은 새 시행 · 시공사를 소개하기 위한 하나의 편법이었으리라!
"여보세요. 감사님, 이 회의는 감사님이 나설 자리가 아닙니다. 총무도 조합장님께 발언권을 얻어 말을 하시고!"

비리 사실 때문인지 조합장은 총무나 감사 앞에서 기를 펴지 못했다.

"조합장님, 총무한테서 통장과 도장은 돌려받았습니까?"

"……"

조합장의 이러한 행동으로 오랜만의 이사회는 상의도 못했다.

며칠 후 이사회가 또 열렸다. 조합장이 먼저 입을 열었다.

"대한주택에서 공사 금액을 변제해야 사업에서 손을 뗀다고 하는데 큰일입니다."

"조합장님! 시공사에서 무슨 돈을 변상해달라는 것입니까?"

"대한주택에서 투자한 돈을 변상해야 사업권을 넘긴다고 합니다."

"누가 사업권을 넘기라고 했습니까? 이사회 상의도 없고 조합원 동의도 받아야 하는데 무슨 말씀을 하시는 겁니까?"

"……"

"조합장님께서는 말못할 사정이 있는 것 같은데 무엇입니까? 총무는 조합장님께 통장과 도장을 돌려준다고 했는데 돌려드렸습니까?"

"이사회에서 결정하여 제가 보관하고 있습니다."

"총무! 나는 지금까지 이사회에 한번도 빠지지 않고 나왔는데 조합 통장과 도장을 총무가 보관하자고 의결한 기억은 없는데요."

"……"

언쟁만 하다가 이사회가 끝났다.

시행사의 사업권 포기란 조합원에게 좋은 결과보다는 불행한 일로, 조합의 뒷거래로 발생되는 일임을 유념하기 바란다.

사업 초기 대한주택에서 조합장이 돈을 받았던 일을 무마시켜 준 일이 후회스러웠다.

하루는 이사회에서 조합장이 힘없이 입을 열었다.

"시공사를 바꾸려고 해도 변상할 돈이 없어 태양종합건설에서 변상해 달라고 했습니다. 그리고 태양종합건설은…."

그러자 총무가 일어서면서 거들었다.

"재건축을 시행할 태양종합건설은 삼종건설보다 규모는 작지만 돈이 많아 삼종건설보다 재무구조도 좋고 은행 신용도도 나은 회사입니다. 그래서 어음을 사용하지 않고 현금만 쓰는 회사입니다."

"여기는 총무가 나설 자리가 아니오. 조합장께서 말씀하시죠."

"맞습니다. 삼종건설은 지난해 우리나라 건설업계에서 100위 안에 들지는 못했지만 근처에 있는 회사입니다. 태양종합건설은 시행만 하고 시공은 삼종건설에서 하고 분양도 삼종건설에서 합니다."

"조합장님! 우리가 시공사에 왜 변상해야 됩니까? 사업 중단으로 인한 조합원 피해를 생각해 보셨습니까? 그리고 변제 내용과 사업권 인수인계가 법적으로 하자는 없는지 확인해 보셨습니까? 사업 중인 회사가 있는데 다른 회사와의 계약은 이중 계약이 될 수 있고 사기 계약도 될 수 있습니다. 그래서 선행되어야 할 것은 조합원 동의입니다. 아시겠습니까? 또 얼마나 신용이 없으면 요즈음 같은 세상에 어음도 못 쓰고 현금결재만 한다는 말입니까? 그것은 자랑이 아닙니다. 만약 문제가 생긴다면 누가 책임지겠습니까? 먼저 조합원 총회를 통하여 시공사 퇴출을 의결한 후 차근차근 풀어가도록 합시다."

참석한 이사들이 당연하다고 하여 총회를 개최하기로 의결했다.

4월 초.

어느 날 조합사무실이 열려있어 들여다보니 총무 혼자 앉아있었다.

"총무! 무슨 일을 그렇게 열심히 하고 있습니까? 지난번 이사회에서 삼종건설에 보냈다는 서류를 보여줄 수 없겠습니까?"

처음에는 거절하다가 남에게 보여주지 말라며 팩스로 복사해주었다.

탁자에서 내용을 보고 있는데 부동산을 하는 윤중재 감사가 들어왔다.
서류를 보여달라기에 거절했다. 그러자 그는 총무한테 확인하더니 별것도 아닌 것을 가지고 보여주지 않는다며 어디론가 전화하자 곧 파출소장이 들어 왔다. 내가 서류를 보는 동안 파출소장은 나를 힐끔힐끔 쳐다보면서 감사와 얘기하며 무엇인가를 메모하고 있었다. 이로써 이 부동산 사기는 조합장과 총무 감사들이 벌이는 일이라는 것을 직감할 수 있었다.
추후 조합원들의 막도장을 다량으로 파서 행사한 서면 동의서의 필체가 거의 이들의 것임을 조합원들과 확인했다.

조합장이 만나자기에 부동산 사무실로 갔다(4. 23 오후).
"백이사님, 평소에 옳은 말을 거침없이 하시고 저의 입장을 대변해주어 감사드립니다. 현재의 사태를 상의할 사람은 이사님뿐이라고 생각하여 의논하려고 전화했습니다. 총무와 감사들은 시공사를 바꾸려고 합니다. 엊그제 조합사무실에서 있었던 일은 분명히 잘못되었고 조합원 분담금이 너무 많이 올랐습니다. 혹시 이사님께서 아시는 건설업체가 있으면 소개하시지요."
벌써 이들은 조합원 추가 분담금까지 결정하고 있었던 것이다.
"저는 건설과 전혀 관계없는 회사에 다니고 있습니다."
"백이사님! 말씀드린 대로 시행사의 선정을 막을 방법이 없을까요? 지금같이 하면 조합원들은 모두 쫓겨납니다."
조합장은 다급했고 무엇에 쫓기는지 무척 겁먹은 모습이었다.
"조합장님, 무엇 때문에 말을 못하는 것입니까? 초기에 있었던 대한주택과의 문제입니까? 그것이라면 당시에 처리하지 않았습니까? 또 다른 이유가 있습니까? 그리고 업체 선정은 입찰공고를 내면 간단히 해결될 텐데요."
그러자 조합장은 동향이라며 옆에 있던 대부건설 직원을 소개했다.
"이 회사에 견적 의뢰를 하면 어떻겠습니까?"

"왜 의심을 받으려고 개인적인 부탁을 하세요? 그것은 조합장님께서 판단하실 문제지요."

"저는 대부건설에 견적을 의뢰할 테니 이사님도 알아보세요. 분명히 시공사 선정은 잘못되었고 분담금이 너무 많이 올라 이대로 진행할 수 없어 고민하다가 이사님을 뵙자고 했으니까요."

"시공사 선정에 대하여 조합장님은 전혀 모른다는 말씀입니까?"

"자기들끼리 결정하고 따르라는 것입니다."

조합장은 한숨을 쉬었다.

"조합장님, 총무한테서 통장과 도장은 돌려받았습니까?"

"……"

"이사회에서 총무가 통장과 도장을 조합장님께 돌려드린다고 했는데 왜 돌려받지 못했습니까? 이에 대한 책임을 어떻게 지려고요."

동네 호프집에서 내일 있을 총회에서의 일을 상의하고 헤어졌다.

(2) 조합원 총회 개최(2001년 4월 24일)

어제 조합장과 약속한 대로 회의 시간보다 일찍 동사무소에 나가 자리를 정리하고 참석자를 확인하는 업무를 관장했다. 총회 시간이 다가오자 조합원들이 회의장으로 하나 둘 모여들었다. 시공사 직원들이 수건과 알람시계 하나씩을 참석하는 조합원들에게 나누어주었고, 회의장 안에는 환등기도 설치되어 있었다.

참석자 서명을 받고 있는데 우리 연립의 반장 남편이 들어왔다.

"헌기 아버지, 조합원은 아니지만 말은 들어봐도 되겠지요?"

"어서 오세요. 재건축사업에 이보다 더 좋은 일이 어디 있겠습니까?"

조합원 명단을 아무리 찾아봐도 이 사람의 이름은 보이지 않았다.

"우리는 조합원이 아니라 명단에 없을 것입니다."

"그럼 밑에 서명하시지요. 들어보시고 다같이 참여합시다."

같이 온 사람도 서명했고 총회가 시작되었다.

"조합장님! 조합원 총회에 외부 사람들이 있어서야 되겠습니까?"

내 말에 다른 조합원들도 합세했다.

"조합원이 아닌 분은 회의장에서 퇴장해주십시오."

조합장의 말에 시공사 직원들이 퇴장하자 개회를 선언했다.

"바쁜 일에도 불구하고 총회에 참석해주셔서 감사합니다. 우리 조합은 재건축을 위하여 결성된 후 빨리 진행되는 것 같았으나 조합 설립인가와 폐도 문제로 사업이 지연되었습니다. 지금 구청장님이 조합 설립인가와 폐도는 해결해주었는데 이제는 시공사의 퇴출명령으로 지연되고 있습니다. 그래서 시공사인 대한주택과 사업을 계속할 것인가 아니면 새로운 시공사를 찾아볼 것인가에 대하여 먼저 조합원 여러분의 의견을 들어보도록 하겠습니다."

그러자 조합원들은 한 목소리로 외쳤다.

"대한주택을 퇴출하고 다시 찾아봅시다."

"그럼 조합원 여러분! 손을 들어 결정합시다. 먼저 현재의 시공사인 대한주택을 퇴출하자는데 찬성한다는 분은 손을 드세요!"

조합원 대부분이 손을 들었다.

"대한주택과 계속해서 재건축을 하자는 분은 손들어보세요!"

손을 드는 조합원은 한 사람도 보이지 않는다.

"그럼 시공사인 대한주택을 퇴출하는 것으로 결정하겠습니다. 시공사를 퇴출했으니 다른 시공사를 선정해야 되겠지요?"

조합장의 갑작스런 말에 장내가 소란스러워졌다.

"아마 다른 의견이 있는 것 같은데 시간 관계상 두 분의 의견만 듣고 표결하도록 하겠습니다. 의견이 있으신 분은 손을 드세요."

어떤 조합원이 발언권을 얻었다.

"지금같이 퇴출 되는 부실한 회사는 선정하지 맙시다."

다음에 내가 발언권을 얻었다.

"조합장님, 그리고 조합원 여러분! 본인은 이사 백나명입니다. 먼저 계획했던 대로 원활한 재건축사업을 추진하지 못한 임원의 한 사람으로서 대단히 송구스럽게 생각합니다. 우리와 공사 계약을 맺은 대한주택의 정부 퇴출 명령은 우리들 모두에게 너무나 유감스러운 일입니다만 임원들이 부실한 회사를 일부러 선정했던 것은 아니니 용서해주시기 바랍니다. 조금 전 우리들은 시공사의 퇴출을 결의했습니다만 이것은 일방적인 결의이지 합의는 아닙니다. 계약된 시공사가 있는데 다시 선정한다는 것은 이중 계약이 될 수도 있습니다. 그러므로 대한주택과 원만한 사업 포기를 합의하고 조금 전 조합원의 말대로 재정이 튼튼하고 사회적 인지도가 높은 회사를 공정하게 선정해야 된다고 생각합니다."

"당연한 말씀입니다."

"맞는 말입니다."

회의장은 시끄러워졌다. 조합장이 장내를 정리한 다음 말을 이었다.

"그럼 시공사 선정 문제를 표결하고 다음 안건을 논의하겠습니다. 지금 시공사를 선정하자고 생각하시는 조합원은 손들어보세요."

그러자, 회의장 뒤쪽에서 "빨리 들어!" 하는 소리가 들렸고 이어서 조합장이 하나 둘… 여섯 하더니,

"시공사 선정을 미루는데 동의하시는 분은 손들어보세요"라고 했다.

웅성거리는 소리와 함께 참석한 조합원 거의가 손을 들었다.

"그럼 시공사 선정에 대한 안건은 다음으로 미루겠습니다."

"지금 선정해야 됩니다."

비명을 지르듯 총무가 단상으로 뛰어올라왔다.

그러자 조합장은 뒤쪽을 응시하며 어쩔 줄을 모르고 당황해 하면서 단상에서 내려오지 못하고 엉거주춤하게 서 있었다.

그러는 사이 총무가 단상에서 조합원들을 향해 소리쳤다.

"오늘 안건은 통과되었습니다! 위임장을 40장이나 받았습니다."

또 시공사를 인터넷으로 찾았다는 대의원이 거들고 나섰다.

"백이사님! 우리도 집 좀 집시다!"

뒤편에서 외치는 소리가 들렸다. 총무가 무슨 말을 하려고 했다.

"조합장! 총회는 누가 진행하는 거야. 조합장이야? 총무야?"

내가 외치는 말을 듣고 조합장이 말했다.

"조합원 여러분, 자리에 앉아주세요."

그러나 이미 회의장의 질서는 걷잡을 수 없이 무너지고 말았다.

"이런 회의가 어디 있어. 야! 가자."

"저 개 같은 놈들이 조합원한테 사기치려고 한다."

"조합장이 한번 선포했으면 되었지 무슨 말을 하려는 거야."

"내가 이래서 조합에 가입을 안 했어! 앞뒤가 맞아야지."

"조합사무실에 가면 저놈들이 쫓아내어 들어갈 수도 없어."

그때서야 나는 조합과 조합원들 사이에 깊은 골이 있음을 알았다. TV드라마 〈야인시대〉에서 보았던 3·15부정선거를 연상케 하는 장면이었다.

"조합원이 아닌 사람은 말할 자격이 없어요. 빨리 퇴장하세요."

조합장은 멍하니 서 있다. 이미 많은 사람들이 회의장을 나갔고 참석자 밑에 서명했던 비조합원 3명도 회의장을 나가고 있었다.

"에이! 개 같은 놈들!!"

재건축조합이란 자발적인 협동사업인데 사기와 협잡이 난무하는 모리배 집단 같았다.

잔뜩 놀란 조합장이 말했다.

"오늘 회의는 기왕 이렇게 되었으니 시공사에서 준비한 자료나 보고 갑시다. 장비를 가지고 온 시공사의 성의를 봐서 남아있는 조합원은 자리에 앉으세요. 슬라이드 상영을 하겠습니다."

얼마 남지 않은 조합원들과 슬라이드 상영이 끝나자 총무가 앞으로 나가더니 나머지 사람들이라도 투표를 하자고 한다.

남은 사람들의 투표결과는 찬성 16표, 반대 9표였다.

조합장의 웃기는 행동에 반대하는 사람들은 거의 퇴장했고 150여 명의 조합원 중에서 25명만이 투표한 셈이다. 조합장이 안건 부결을 선포하고 난 뒤에 무슨 투표란 말인가.

집으로 돌아와 시공사에서 배포한 봉투를 열어보니 조합원의 분담금이 조합원 1인당 3,700여 만 원씩 추가 부담하고, 지하주차장은 2층에서 1층으로 시공한다고 되어 있었다. 간단히 말해서 오늘의 이 협잡은 아주 치밀하게 진행되어왔고 160여 조합원의 분담금이 60억여 원, 주차장 시공과 일반분양 대금 인상으로 수십억 원대의 부동산 사기의 현장이었다.

아침(4. 25) 출근하려고 옷을 입는데 전화벨이 울린다. 이유를 물으니 조합을 불평하는 조합원이다. 조합에 대하여 그는 30~40분은 족히 전화로 불만을 토로했다.

퇴근 후 조합 게시판에 안내문이 게시되어 있었다. 조합원의 83.5%가 분담금 인상에 찬성하여 총회 안건이 성립되었고 참석 인원은 85명, 실제 참석은 42인, 위임장으로 대처한 사람이 43인이라고 되어 있었다.

다음날부터 아침이면 같은 내용의 전화가 수없이 걸려왔다.

다음날도, 또 그 다음날에도….

한마디로 살 수가 없을 정도로 전화가 걸려왔다.

26일 오후 조합장한테서 전화가 걸려왔다.

"백이사님, 우리 술이나 한잔합시다."

"술이라니요. 생각 없습니다. 다른 사람을 찾아보시지요."

"상의드릴 일이 있어서 그러니 한번 만납시다."

"내일이면 번복할 텐데. 그런 일을 인정하는 사람을 찾아보시지요."

"총회 때는 조합원들을 위해 어쩔 수 없었습니다."

정치인들이 자주 사용하는 '조국과 국민을 위해서'란 말은 조합장한테서 배웠나보다. 조합원을 위해서 사기를 치다니.

5월 어느 날 인쇄회사에서 아파트 분양 전단을 제작하고 있던 나는 건설회사 임원에게 우리 조합을 설명하고 해결책을 문의해보았다.

오래전부터 계속되어온 관행이라 조합원들이 흩어지면 힘들다고 한다.

조합사무실에서 조합장과 총무와 나는 친구가 소개한 건설회사 직원을 만났다. 명함을 보니 건설회사가 아니라 컨설팅회사의 직원이었다. 총무는 평면도(?)를 꺼내더니 연필로 무엇인가를 쓰면서 사업시방을 설명하고 그 직원은 고개를 끄덕이면서 메모를 하고 있었다.

조합장과 다른 말을 하고 있던 내가 먼저 말했다.

"수백억 원의 공사발주에 시방서 한 장 없어서야 되겠습니까?"

"다른 업체에 설명 할 때 시방서를 모두 사용해서 없습니다."

"이사들도 모르게 사업설명을 했다니요! 그렇다면 컴퓨터로 한 부만 더 뽑으면 되지 않겠습니까?"

"……"

이튿날 방문했던 회사원에게 전화로 물어보니 짐작했던 대로였다.

"이 사업은 조합의 실세들과 회사가 이미 결정되어 있어 어느 업체가 들어와도 불가능합니다. 그래서 저희 회사는 제안을 포기하겠습니다."
즉 수의계약으로 내정되어 있다는 말이었다.

이사회가 열리는 조합사무실.
조합원 총회에서 시행·시공사 선정 결의가 없었는데, 시행사의 담당 임원은 조합 이사회에 자주 참석했다. 그 날도 이사와 대의원들이 조합장의 부당한 일 처리에 갑론을박을 하고 있었다.
조합장한테 분양가에 대해 물으니 입을 다물고 있어 임원에게 물었다.
"전무님 우리 조합의 아파트 분양가와 공사비는 얼마나 됩니까?"
"(한참 머뭇거리다가) 예, 공사비는 평당 215만 원이고 분양가는 525만 원입니다."
"그렇게 말씀하시면 못 알아듣고 31평형 기준으로 얼마인가요?"
실제로 조합원들이 얼마씩 더 내야 되는지가 중요하기 때문이다.
"예, 일반분양은 1억 5천만 원이고 조합원은 1억 6천 5백만 원으로 생각하고 있습니다."
"조합원이 일반분양가보다 1천5백만 원이 비싸다는 말씀입니까?"
시행사의 임원은 말없이 앉아있고 조합장과 총무는 안타깝다는 표정을 짓자 시행사를 소개했다는 대의원이 말을 받았다.
"일반분양이나 마찬가지입니다. 조합원은 분양 받을 때 부가세와 분담금 이자를 계산하면 일반분양자와 거의 같은 가격입니다."
이 말이 맞는 말인지 모르겠지만 세상에 이런 계산법이 어디에 있단 말인가!
이후에도 두 차례의 이사회가 있었는데 조용할 때가 없었다.

어느 이사회에서 대의원이 복사용지를 가지고 총무와 다투고 있었다.
"조합장님! 지난 추석에 대한주택에서 돈을 받았다고요?"

"예, 총무가 300만 원을 받았다고 했는데 시공사에서는 500만 원을 주었다고 하더군요."

"그런데 왜 그런 말을 임원들에게 숨기는 겁니까?"

"내가 설명하지요. 대한주택에서 조합비를 주지 않아 조합장님을 모시고 쳐들어가 사무실 유리를 깨고 난리를 쳐서 그 돈이라도 받아냈습니다."

장애인 노가리 감사는 자기가 돈을 받았다고 자랑을 늘어놓았다.

"그 돈을 어떻게 썼으며 서류정리는 잘 하고 있습니까?"

"……"

"제가 어디에 돈을 썼는지 설명하겠습니다. 500만 원을 받아서 조합장님께 300만 원을 받았다고 보고 드리고 200만 원은 조합을 위해 애쓰신 조합장님 30만 원, 감사님 30만 원, 그리고…."

"총무! 지금 그걸 말이라고 해요! 조합장님이 계시는데 왜 총무가 돈을 받습니까? 또 돈을 받았으면 조합장님께 보고하고 돌려드려야지 왜 총무가 허위 보고하고 돈을 써요?"

"200만 원은 우리 조합을 위해서 일 하시는…."

"총무 이 사람! 말을 되게 못 알아듣네. 왜 조합장님한테 허위 보고했느냐는 것이 가장 큰 문제란 말이요. 이제 알아듣겠소!"

"내가 조용히 하라고 했는데 괜한 말을 해가지고 시끄럽게 난리야."

노가리 감사가 총무의 말을 거든다. 대포 값에 대한 보답이리라!

"감사가 무슨 말을 하는 겁니까? 조합장이 숨기려 해도 말려야 할 사람이 비리를 숨기지 않았다고요? 그것이 감사가 해야 하는 일이요?"

"나도 이제는 할 말을 해야겠어! 당신이 뭔데 이래라 저래라 하는 거야?"

갑자기 조합장이 감사한테 얼굴이 시뻘게지며 대들었다.

"그래서 내가 조합장한테 아무 말도 말랬잖아."

감사의 말씨가 갑자기 부드러워졌다.

"여보시오! 노감사! 대포 값 줘서 감사할 때 쓰는 감사(感謝)하고 조합의 감사(監事)하고 같은 감사로 아시오? 비리를 숨기지 않았다고 큰소릴 쳐! 같이 도둑질을 하자는 거야! 별 미친놈 다 보겠네."

화가 나 한마디하자 노가리 감사가 말했다.

"그래서 먹물 든 놈들하고는 말이 안 된다니까."

"뭐야! 이러니까 조합원들이 도둑놈들이라고 하는 거야."

사무실 문을 열고 나와버렸다. 뒤돌아보니 조합장이 나오고 뒤에 임원들이 따라 나오고 있었다.

이러한 이유로 이사회는 매번 파행의 연속이었다.

(3) 세상에 이런 반상회도 있습니까?

하루는 대의원 아주머니가 찾아왔다.

"우리는 집을 지어도 또 짓지 않아도 이사님과 같이 할 테니 반상회를 열어 조합 이야기나 한번 들려주시지요. 조합원들은 아무것도 모르고 사기 당한다고 동네가 온통 난리입니다."

허락하자 바로 안내문을 붙이고 반상회가 소집되었다.

"이사님! 날도 덥고 방도 좁은데 반상회를 마당에서 하지요. 우리 동 사람들만 해도 15명이나 되어 들어갈 방도 마땅찮아요."

"그거야 좋을 대로 하시지요. 아무려면 어떻습니까?"

마당에 자리를 펴고 시간이 되어 얘기할 메모 쪽지를 꺼내는데,

"이사님, 담배나 한대 태우세요. 사람들이 아직 덜 왔네!"

우리 동에 살지 않는 많은 사람들이 모여들었다.

나중에 알고 보니 총회 당시 발표한 이사가 누구냐고 동네 사람들이 대의원한테 물으니 거북할 정도로 자랑을 하고, 더구나 같은 연립에 사는 이사라

고 하니까 조합원들은 스스럼없이 우리 집에 전화했다고 한다.

"아주머니, 세상에 이런 반상회도 있습니까?"

아무튼 같은 처지라 모두가 친숙해졌고 그동안 조합에서 일어난 일들을 아는 대로 솔직하게 설명했다. 그 다음부터 동네에서 만나는 사람마다 붙들고 조합에 대해 물어봤다.

할 수 없이 조합에 대해 알고 싶은 사람들은 한꺼번에 들어보고 전화하지 말라며 동네에 안내문을 붙이라고 하였다. 10개 동의 동 대표들이 이미 결성되어 있었다. 이들은 대부분 반장들로 안내문을 붙이고 다녔다.

모임이 있는 날 아침 조합장에게 휴대전화를 했다.

"오늘 저녁 조합원들이 많이 모일 테니 조합장님께서 조합원들에게 양해를 구하세요. 그래도 조합원들이 항의한다면 힘닿는데까지 조합장님을 보호(保護)하겠습니다."

"고맙습니다. 지금 전남 화순에 있으니 시간 맞춰 올라가지요."

시간이 다가오는데 연락이 없어 다시 전화했다.

이번에는 서울인데 가능한대로 참석하겠다고 한다.

90명이 넘는 조합원들이 마냥 조합장을 기다렸다.

"지난날 조합에 대한 불만이 많았지요? 곧 오신다니까 조합장님의 말씀을 들어보세요. 조합장님은 전문적으로 재건축을 하는 분도 아니고 부동산 중개를 하는 분이니 약간의 실수도 있었을 것입니다. 용서하실 것은 용서하시고 협조하여 앞으로 잘 되도록 해주시면 감사하겠습니다."

나온 사람 중에는 조합장이 왜 오겠느냐고 비웃는 사람도 있었다. 회의 시간이 되어 다시 전화를 했다.

"조합장님, 지금 어디 계십니까? 시간이 되었는데…."

"내가 왜 갑니까? 욕먹을 필요 없어요. 전화 끊어요."

앙칼진 목소리가 들리더니 일방적으로 전화를 끊어버렸다.
"그러면 그렇지. 그 사람이 여기를 왜 오겠어!"
모여있는 조합원들이 조합장한테 욕설을 퍼부었다.
"조합원 여러분! 좋은 집을 지으려면 과학적인 설계와 성실한 시공과 엄격한 감리가 선행되어야 하겠지만, 그보다도 더 중요한 것은 집을 지으려는 주인의 집에 대한 애착이라고 생각합니다. 총회에서 조합원 여러분께 제가 해야 할 일을 못하여 죄송하다고 머리를 숙였습니다만, 저나 여러분이나 집에 대한 애착이 부족했기 때문에 오늘의 사태가 벌어졌습니다. 여러분들한테서 들은 말씀을 건의하고 시정해보도록 하겠습니다. 앞으로 조합원 편에서 살기 좋은 아파트가 건립될 수 있도록 최선을 다하겠습니다. 죄송합니다."
그러는 사이 총무가 그 자리에 나타났다. 조합원들이 그에게 욕을 하자 난처했는지 자리를 피했다. 추측컨대 조합장과 같이 있다가 여기를 염탐하러 온 것이리라!
조합원들의 불만을 몇 가지 나열한다면,
① 누가 조합원 분담금을 그렇게 많이 올렸는가?
② 왜 조합원들을 조합사무실에 들어오지도 못하게 하는가?
③ 시공사와 시행사는 들어보지도 못한 회사인데 누가 정했는가?
④ 조합에서 돈을 많이 썼다는데 사실인가?
⑤ 조합 서류는 왜 한번도 보여주지 않는가?
⑥ 조합장은 왜 거짓말만 하는가? 등이다.
짐작은 했었지만 이렇게까지 심한 줄은 몰랐다. 그리고 해결 방법이 없어 궁색한 변명으로 일관하고 모임을 마쳤다.

이제 되었구나 하고 생각했는데 이튿날도 전화통에 불이 났다.
이날의 모임을 마치고 곰곰이 생각해 보니 조합장 체면을 세워주려다가 오히려 망신만 당한 꼴이 되어버렸다.

조합 일로 처음으로 아내와 다투었다.

"가장이 일은 안하고 전화통만 붙들고 있으면 밥이 나와 돈이 나와! 그것도 하루 이틀이지. 이러다간 다니는 회사도 문제가 생겨. 동네 사람들이 우리를 먹여 살린다고 합니까?"

"모두가 나를 믿고 저러는데 보고 있을 수만 없지 않은가?"

우리는 전화번호를 바꾸러 전화국으로 갔다.
설치 당시의 전화번호는 상당히 힘들여 받은 699-6997이었다.
이튿날 전화번호가 나왔다. 번호는 694-4928.
며칠 동안 집안이 조용했다. 오랜만에 느껴보는 아늑함이다.
다니는 회사에서 드디어 말썽이 생겼다.
하루는 전무가 부르더니 회사생활에 충실하라고 경고했다. 사장의 마음에 들지 않으면 하루아침에 날아가는 장기판 졸과 같은 신세가 중소기업에서의 직책이다보니 어쩔 수 없는 일이다.

어느 일요일 아침.
뒤 곁의 상추와 오이 밭에 물을 주는데 장애인인 노가리 감사가 나타났다.
"백이사, 왜 집 짓는 일을 방해해. 여러 사람이 재건축을 하려면 법대로는 안 되는 거야. 적당히 해가면서 일을 해야지."
"감사님! 지금 무슨 말씀을 하시는 겁니까? 다른 사람이 그런 말을 해도 말려야하는 감사가 무슨 말씀을 하시는 겁니까?"
"이 사람 되게 답답하네. 무슨 말인지도 모르고. 물이 너무 맑으면 물고기가 못 사는 법이야."
제법 인생 상담을 하려했다.

"그런 말하려거든 가세요. 저런 사람이 감사라니…."

"뭐! 니가 감사를 시켰냐! 니가 뭔데. 이 자식아!"

아침부터 김이 확 샌다. 채소밭에 주던 물 호스를 정리하며 한마디했다.

"여보시오. 노감사! 당신 아들이 검사(檢事)라면서. 아들을 생각해서라도 검사 부친답게 처신(處身)하시오."

"야 이 새끼야! 니가 내 아들한테 밥을 줬냐? 떡을 줬냐?"

망신스러워 황급히 올라와 사무실로 나와버렸다.

이때부터 이 사람과의 악연(惡緣)이 시작되었다.

"나, 나명이야. 남부지역에 있는 현직 검사 중에서 노가리란 부친을 둔 현직 검사가 있는지 확인해서 전화 좀 해주게나."

얼마 되지 않아 전화가 왔다. 그런 사람이 없다고 한다. 그러나 경찰서, 검찰청, 법원의 사건처리 과정을 보면 무엇인가 작용하는 것 같았다.

(4) 전 시공사인 대한주택과 감시 카메라(2001년 5월)

조합의 일방적인 결정으로 입주 분담금이 너무 많이 상승되어 처음 가계약을 맺었던 시공사인 대한주택 임원에게 전화를 했다.

"안녕하십니까? 나는 만강조합의 백나명 이사입니다."

"안녕하십니까? 전에 우리 한번 본적이 있지요?"

"갑자기 왜 이렇게 일이 꼬이게 되었습니까?"

"말씀도 마십시오. 망신스러워서…."

"귀사에서 사업을 계속한다면 지금 같은 불상사는 없었을 텐데 포기한다 하여 여론이 좋지 않습니다. 지속하고 싶은 생각이 없으십니까?"

"왜요! 집 짓는 회사에서 집을 짓지 않겠다고 할 수야 없지요. 조합장에게 일을 계속하자고 여러 번 말씀드렸지요. 그러나 조합은 지금 바로 사업을 진행하자는 말에 저희들은 난감했습니다."

"대한에서 사업을 포기한다고 했다는데요? 저 같은 경우 4,600여 만 원의 분담금이 8,300여 만 원을 내야 된답니다."

"뭐라고요? 우리 회사에 절반이라도 올려준다고 했으면 바로 시작하지요. 그러나 조합은 무조건 싫다는 겁니다. 저도 직원들 앞에서 얼마나 망신을 당했든지 별 매력도 없고요."

"무슨 말씀이십니까?"

"조합에서 회사에 찾아와 책상에 걸터앉아 돈을 달라고 지팡이로 책상 유리를 부수는 행패에 아주 혼났습니다."

"조합 운영비는 귀사에서 지급하기로 되어 있지 않았습니까?"

"물론 그렇지요. 만강조합은 처음에는 아주 잘 나갔습니다. 그러나 조금 지나자 진전은 없고 돈만 달라는 겁니다. 제 말은 듣지도 않고 계약만 앞세우며 협조가 없어요. 사업을 하자는 건지 말자는 건지. 회사도 어렵고 부정선거 조사도 있었고 아무튼 혼이 났습니다."

"선거하고 재건축사업하고 무슨 관계가 있는 것이죠?"

"정말로 모르십니까?"

"서민들의 재건축을 하는데 선거가 무슨 연관이 있다고…."

"관광버스 몇 대를 가지고 어떻게…. 그만 둡시다. 이런저런 일들로 인해 별 매력이 없어졌습니다."

"그럼 귀사에서 과거에 계약했던 사업들이 정부의 퇴출명령 이후에 모두 중단되었습니까?"

"다른 곳은 계속합니다. 기왕에 이렇게 되었으니 잘 해보세요."

통화를 거절하는 시공사 임원의 말에서 국회의원, 구청장 선거 때 어깨띠를 두르고 선거운동을 한 것이 우리들의 재건축사업과 연관되었다는 사실을 알게 되었다.
 하루는 마당에서 위층에 사는 윤중재 감사를 보았다. 내가 이사해서 처음 안 사람이라 가깝게 지내는 사이였다.
 총회 이후 나를 모함한다는 말을 듣고 그를 경계하며 지내고 있었다.
 "C8! 누가 차를 긁었지?"
 감사가 처음 보는 자동차 주위를 돌면서 계속 중얼거린다. 자동차를 보니 새 차다. 새로 자동차를 구입했나보다.
 다음날 그 집에는 감시 카메라가 설치되었다.
 '자동차가 긁혔다고 감시 카메라를 설치하는 사람은 처음 보네. 별로 비싼 차도 아닌 것 같은데.'
 그런데 이 사람은 내가 듣는 곳에서는 자동차를 감시하기 위해서라 했지만, 조합원들한테는 우리 집에 드나드는 사람들을 감시하기 위해서라고 한단다. 자명한 사실은 카메라의 렌즈가 자동차를 향하지 않고 엉뚱한 곳을 향해 있었다. 그 카메라 렌즈로 앞 건물에 사는 아주머니가 옷 갈아입는 것을 엿보고 이것을 다른 사람들에게 말하여 이사했다는 말도 들렸다.
 이 사람은 재건축으로 15억 원을 벌면 이곳을 뜬다고 한다. 가전제품 등을 자주 사는 것을 보니 경기가 좋은 모양이다.
 감시 카메라가 설치된 뒤 우리 집을 찾는 사람들 중에는 돌아다니는 사례가 빈번했다.
 CCTV 설치 이후 초겨울 어느 날 마당 쪽이 시끄러워 내려가 보았다.
 앞 건물 1층에 법무사가 살고 있었다. 남편은 출근하고 아내만 있는데 카메라가 자기 집을 비치고 있다고 파출소에 신고하여 경찰관이 나왔다. 법무사 부인은 경찰관에게 카메라를 철수시켜줄 것을 강력하게 요구했다.
 "한 동네에서 서로 이해하고 살지 시끄럽게 해야 되겠습니까?"
 이러한 경우 경찰관은 당사자를 불러 조치해야 하는 것으로 알고 있다. 그러나 경찰관은 설치한 주인을 찾을 생각은 아예 하지 않았다.

경찰관과 법무사 부인이 어떻게 타협했는지 다음날 카메라 렌즈의 그 집 방향 쪽은 가려져 있었다.

조합의 인신공격은 날이 갈수록 심해졌고 집 전화통엔 불이 났다. 저녁에는 조합원들이 매일같이 찾아왔다.

참다못한 아내가 또다시 불만을 터뜨린다.

첫 모임 후 조합원들의 의문점은 더욱 많아졌으므로 시끄러워진 것은 당연한 일이나, 당하는 나는 괴로워서 살 수 없는 지경이었다. 고민 끝에 사태 수습에 대한 말을 들려주고 회사 일에 열중하자고 아내와 약속하며 생각해낸 것이 두 번째 모임이었다.

아내의 말처럼 조합 일은 평생직장이 아니지 않은가. 처음과 같이 동네에 매직으로 쓴 안내문을 붙이고 조합원들에게 의문점은 물어보라고 했다.

참석 인원은 60명이 조금 더 된다. 처음보다는 훨씬 적은 숫자였다.

이야기 도중 부동산 중개를 하는 윤중재 감사가 나타났다.

한 쪽에서 무슨 말을 하는지 조합원 상당수가 감사의 말을 듣고 있었다.

"조합장이 시공사에서 500만 원씩 대 여섯 번 받았는데 내가 입을 열면 그 사람은 죽어요. 그 사람은 중개인자격증 없이 부동산을 하고 있는 사람입니다. 같은 동네라 말은 않지만…."

공인중개사 자격 없이 영업한다는 감사의 말을 확인해보니 사실이었다.

감사의 이 말은 조합장이 돈을 먹었다고 확산되었다.

"우리 조합원들이 흩어지지 않는다면 조합은 의견을 수렴할 수밖에 없을 것입니다. 현재 조합은 대한주택에서 3억 8천여 만 원을 변상해달라고 요청했다지만 이것은 법정에서 가려봐야 할 일입니다. 분명하게 잘못된 것은 조합장이 마음대로 시공사를 선정하고 분담금을 터무니없이 올렸다는 것입니다. 또 이 안건은 이사회에서도 의결되지 않았고 이에 따른 모든 손해는 조합원들이 고스란히 감수할 수밖에 없는 것입니다. 그러나 총무는 조합 설립이나 사업 승인할 것 없이 모든 인·허가를 받아낸 사람입니다. 엄동설한에 난로 없이 조합사무실을 지켰고 삼복더위에 달아오른 컨테이너 속에서 조합업무를 보았습니다. 그들에게 조그만 잘못이 있으면 그동안의 공을 생각하여 너그러운 용서와 이해를 구하고 정상적인 조합 운영을 바랍니다. 저는 오늘을 마감으로 저의 회사 업무를 볼 것이니 앞으로는 여러분끼리 상의하십시오."

박수 소리와 함께 아래층에 사는 임이사가 마이크를 달라고 하더니,

"조합원 여러분! 우리 백이사님을 조합장으로 모시고 똘똘 뭉쳐 조합장과 임원들을 응징(膺懲)합시다."

어이가 없어 약속이 있다고 하고 아내와 함께 그 자리를 빠져나왔다.

무작정 헤매다가 조합원들이 해산했을 즈음 집으로 돌아왔다.

나중에 들으니 임이사는 조합원들로부터 많은 질타를 받았고 조합장은 이 장면을 찍은 사진 두 장을 컴퓨터로 합성하여 조합원 명도소송과 나를 위증으로 고소할 때 증거자료로 사용하였다.

(5) 조합원 서명과 폭행사건(2001년 6월 8일)

어느 날 대의원 아주머니와 법무사가 찾아왔다.

"이사님, 앞으로의 일이 걱정입니다. 조합은 수십억대의 이권이 걸려있어 총회를 하거나 정상적인 운영은 거부할 것 같습니다. 그러니 임원 퇴진에 대한 서명도 있지만 규약을 조합원들에게 배포하거나 설명한 사실이 없다는 서명도 받고 규약을 구해야 되겠습니다."

"조합 규약은 만들다가 그만 두었는데 어디서 구합니까?"

"조합 규약이 없다고요?"

"만들다가 조합장 비리 사건으로 중단하고 없습니다. 그리고 규약이 그렇게 중요합니까?"

"그럼요. 규약은 조합이 행하는 모든 행위의 근거가 되니 분명히 있어요."

"없는 규약을 어디서 구하지?"

"조합에서 가지고 있습니다. 규약은 저 사람들의 밥줄이니까 없다고 하겠지요. 만약 조합에서 구하지 못하면 조합 설립인가를 받을 때 구청에 제출했으므로 구청에서 복사해오면 됩니다."

양식을 만들어 며칠 만에 조합원 43인이 서명했다.

"여러분! 조합장에게 총회를 요구하고 구청 주택과에 민원을 제기하고 답을 찾아보도록 합시다."

자문을 구하려고 변호사 친구들을 찾아갔더니 모두가 만류했다.

"홍길동의 후손도 아닌데 그만 둬라. 어렵게 해서 조합원들에게 득이 된다 하더라도 너한테 고맙다고 하지 않는 것이 현실이다."

"법률! 그 동네 근처에서는 놀지도 마라. 그 옆에 있다간 다치게 되어 있다. 먹고살려고 이 짓은 하지만 우리나라 법률은 불합리한 점이 너무 많아."

"그렇지만 임원이라면서 조합원이 사기 당하는 것을 보고 그냥 있으란 말이냐! 나도 그들과 같이 사기치는 공범이 되라고!"

"그렇게도 양심에 걸린다면 집을 팔고 이사를 가거라. 후회할 일은 안 하는 게 좋아. 황금 같은 시간을 헛되이 보내지 말고."

중·고등학교 동기들의 말에 어떻게 하는 것이 좋을까 고민이 되었다.

사태는 점점 험악해져갔다.

그날(2001. 6. 8)도 여느 때처럼 회사에 나가는데 사무실 문이 열려있었다.

어쩐 일인가 싶어 사무실로 들어가 보았다.

며칠 전 대의원과 법무사의 말이 생각나 앉아있는 총무를 불렀다.

"총무님, 요즈음 어떻게 지내시오? 내가 사무실에 온 것은 주택조합 규약을 보려고 하는데 보여줄 수 있겠소?"

"조합 규약은 여기에 없습니다. 조합장한테 달라고 하세요. 규약은 조합장이 가져갔습니다."

이 사건은 '사실은 처벌 사기는 보호'에서 자세히 설명한다.

(6) 재건축을 빙자한 부동산 사기 교육

어느 날 대의원이 찾아왔다.

"이사님! 바로 옆에 있는 만월재건축조합은 우리와 거의 같은 시기에 대한주택과 가계약을 맺었대요. 그곳도 조합 비리에 골치를 앓다가 정부 퇴출명령으로 불안하여 조합원들이 은행에 알아보니 조합장이 이주비보다 많은 돈을 대출 받아 정해진 금액만 이주비로 주고 차액은 유용했답니다. 이로 인해 조합은 둘로 나누어져 한쪽은 재건축을 계속하고 한쪽은 취소했어요. 여기 사는 조합원들은 조합장이 유용한 이자를 내느라고 죽을 지경이랍니다. 한쪽은 총무가 조합을 인계 받았는데 이 사람이 법무사라 조합원들이 반발하면 어떻게 해서든지 고소하여 기를 꺾어놓는다고 합니다. 고소도 한두 번이지 여러 번 당하니까 죽을 지경이랍니다. 죄인 취급을 받으면서 경찰, 검찰로 불려 다니면서 시달리는 것은 당하지 않은 사람은 모를 거라고 합니다. 그 여자는 옛날에 통통했었는데 지금은 막대기처럼 말라 가지고…. 이사님께서도 조심하라고 당부합디다."

"그 분이 어떻게 저를 알고 그런 말씀을 했습니까?"

"처지가 우리와 비슷해서 물어보았지요."

"언제 그 분을 만나게 해주실 수 없겠습니까?"

"그렇잖아도 제가 부탁했어요. 그러나 자기네 조합장한테 들키면 죽는다고 말도 못 붙이게 해요. 그런데 우리 조합장과 총무가 그 곳을 매일같이 드나들고 있으니 조심하라고 말씀드립니다."

"감사합니다. 아주머니."

우리 조합도 이주비보다 많은 금액을 대출 받고 정해진 금액만을 내주었으며 조합원이 이 사실을 알고 항의하자 현금보관증을 써주며 입주할 때 해결해주겠다고 사건을 무마했다.

그러나 대부분의 조합원들은 이런 사실도 모르고 있다.

조합원 몇 사람이 나에게 전화하여 해결책을 물어보기도 했다.

다른 재건축조합도 은행 대출을 받을 때 이 부분을 조심해야 할 것이다.

(7) 내집지키기 추진위원회와 조합원 서명(2001년 6월 초)

하루는 법무사가 조합원들과 찾아와 나와 아내에게 주의하라고 이른다.

"지금 이사님께서 경찰이나 검찰에 불려 다니시면 조합원들은 누가 지키겠습니까? 모든 안내문은 조합원들의 의견이니 공동명의로 하시지요."

다른 조합원 모두가 그 말에 찬성했다.

여기서 탄생한 것이 '내집지키기 추진위원회'다.

"이사님, 저는 카메라에 잡히지 않으려고 멀리 돌아왔어요. 동네를 한바퀴 돌아왔더니 힘들어 죽겠네. 고기 좀 사세요."

모였던 조합원들은 모두가 "와"하고 웃었다. 그러자 어떤 사람이,

"고기를 왜 이사님이 사! 감시하는 감사한테 사라고 해야지."

오늘 회의의 주제는 임시총회 개최를 요구하는 내용증명이었다.

처음으로 내집지키기 추진위원회(앞으로 추진위라 칭함)란 이름으로 6월 12일 조합장에게 내용증명을 발송했다. 또 이를 토대로 통장은 구청장 면담

을 신청하고 진정서를 제출했다.

이 진정서는 당시 구청장에게 통장이 직접 전달한 것으로 구청의 민원 접수 기록에는 등재되어 있지 않았다고 한다.

재건축사업에 투입한 3억 8천여 만 원을 변상해야 한다는 조합측 안내문(2001. 6. 13)이 살포되고 이의를 제기하는 조합원들한테 변상을 시키겠다고 한다.

투입 내역을 살펴보니 총무한테서 직접 받은 서류와 약간 달랐다. 시공사에서 제공했다는 금액란의 3,300만 원이 둘로 나뉘어져 1,500만 원은 폐도 사전 추진비로, 나머지는 조합 운영비로 분류되었는데 이것은 조합에서 만들어 배포되었다는 말이리라. 또 현금 1,500만 원이 박카스 상자에 딱 맞더라는 말도 들리고 주택조합 결성도 되지 않은 1997년에 1,500만 원이나 구청에 썼다는 말은 담당 공무원에게 돈을 주었다는 말로 퍼져갔다.

추진위에서 안내문(2001. 6. 15)을 배포했다.

이사회에서 1억 8천만 원도 문제가 되었는데 3억 8천만 원은 거짓말이라고 하자 총무와 감사는 따라다니며 안내문을 수거했다. 그래서 대표들은 주로 밤에만 안내문을 배포하였다.

그 후 조합의 안내문(2001. 6. 18)이 배포되었다.

조합장이 시공사와 협상을 잘하여 1억 8천만 원으로 조정했고 이 말을 발설한 나를 사법처리하겠다고 한다.

조합원 총회를 개최해 달라는 94명의 서명에 대한 조합장의 대답은 총회 개최는 할 수 없다는 것이었다. 그 이유는 서명서는 원본이 아니고, 비조합원도 있으며, 조합원이 직접 작성하지 않은 사람도 있다는 것 등이다.

조합장에게 다시 내용증명을 보내고 임원들에게도 내용증명을 발송했다. 만약 이것도 받아들여지지 않는다면 법원에 총회 개최 요청을 하기로 했다. 그리고 구청 주택과에 민원을 제기하여 조합 서류를 열람하여 필요한 부분은 복사하고 조합장 2회, 감사 2인 각 1회 등으로 내용증명을 보냈다.

결과는 노가리 감사는 수취거부, 윤중재 감사는 답이 없다. 조그마한 양심이라도 있는 조합장이면 총회 개최를 받아들였어야 하는데 사문서 위조 등으로 나를 고소하기에 이른다.

어느 날 총무가 불러 통장이 따라갔더니 나한테,

"내가 다 해놓은 밥을 백이사가 빼앗으려고 합니다."

즉 재건축으로 자신의 이득을 챙기겠다는 의도를 토로했다.

"통장님! 조합장이 무슨 평생직장이라고 그런 생각을 하겠습니까? 조합원의 권리와 이익을 대변할 뿐이지 다른 생각은 해 본 적도 없습니다."

통장의 노력으로 구청장 면담이 성사되고 대표들이 구청을 방문했다.

그날 방배동에서 일을 하고 있는데 통장한테서 전화가 왔다.

"이사님, 사람이 이럴 수가 있습니까? 오늘 구청장님의 면담이 있다고 했는데 이사님은 왜 안 나오십니까?"

"제 대신 아내가 나갔지 않습니까? 저는 일이 있어서 외부에 있으니 아내와 상의해 보시지요."

"그런 말씀 마세요. 조합 일에 대하여 우리들은 아무것도 모르잖아요. 이사님이 안 오시면 우리들 모두 집에 갈래요."

할 수 없이 구청으로 달려갔다. 구청장 면담은 끝났고 도시개발 국장과 회의실에 가는 중이란다. 맞은편에는 조합장과 윤중재 감사, 총무가 앉아있고 내 옆에는 조합원들, 앞에는 구청 직원들이 회의를 진행했다. 여기에서도 감사는 조합원을 대변해야 할 텐데 조합장 옆에 있었다. 감사는 조합의 부정과 비리 방지보다 한두 푼 받는 것이 감사(感謝)해서 나왔나 보다.

조합 사태에 대한 물음에 총무가 설계에서 콘크리트 배합에까지 이르는 장황한 말들을 늘어놓자 국장이 제지시켰다.

"지금 말씀하시는 분의 직책은 무엇입니까?"

"예, 저는 주택조합 총무입니다."
"조합장님은 누구시죠? 조합장님께서 말씀하셔야지요."
"예, 저는 조합원들과 약속한대로 돈은 한푼도 받지 않았습니다."
"조합장님이 조합원들한테 돈을 받았으면 큰일나지요. 그건 당연한 일이고요. 조합장은 명예직이 아닙니까? 왜 조합원들이 불만이 많은지에 대하여 말씀하셔야 되는 것 아닙니까?"
"……"
조합장은 얼굴이 벌게지며 조합원들의 원성을 듣고 어찌할 줄을 모른다.
"조합장이 너무 잘못하는구먼! 조합원들을 위해서 일을 해야 하는 조합장이 이렇게 많은 원성을 사서야 되겠습니까? 조합원 한 사람이라도 반대하면 착공계는 내주지 않을 테니 잘 상의해서 불만이 없도록 잘 하세요."
구청의 입장을 듣고 조합원들은 돌아와 소주 파티를 하였다.
이틀 뒤 조합 안내문이 배포되었는데 읽어보니 한심하다.
도시개발국장은 지금까지 수고를 많이 했다고 치하하고 앞으로도 계속 열심히 사업을 추진하라며 격려했고 구청에 참석했던 조합원들을 공격했다.
여기에서 한 가지를 짚고 넘어가자.
조선시대 승정원과 지방관아에는 이방(吏房)이라는 관리가 있었다.
이방은 사또의 행동 대원으로 특별히 정한 녹봉이 없는 관리로 나라가 부패할수록 이들의 행패가 심했었다.
국장의 말에서 조합장은 명예직이요, 조합원한테 돈을 받았으면 큰일난다는 말은 조선시대의 이방처럼 시행사의 앞잡이로 눈치껏 해 먹으라는 말과 같은 맥락일 것이다. 내가 알기로는 이러한 무보수 봉사 규정은 어디에도 없고 있어서도 안 된다. 무보수 봉사를 강요하는 것은 더 큰 비리를 유발하고 발각되면 이에 대한 타당성을 주장하는 이유가 될 수 있기 때문이다. 즉 서민들을 수탈하는 이방을 사또 앞잡이로 생각하듯 조합원을 수탈하는 조합장을 시행사의 앞잡이로 전락시킬 수 있으므로 임원들의 보수를 조합 규약에 명문화시키는 것도 하나의 예방책이 될 것이다.

(8) 조합 서류의 입수와 부정(2001년 7월)

구청장과의 면담 후 조합 서류의 열람과 복사를 신청했다. 조합원들이 구청에 쫓아다니며 담당 직원과 수많은 언쟁 끝에 일부라도 복사할 수 있었는데 복사해온 대부분의 서류가 위조·날조되어 있었다.

1) 조합원 명부
2) 주택조합 규약
3) 6차 총회록(2001. 4. 24)과 서면 동의서(조합원 43인)
4) 새 시공사의 공사 계약서와 연대보증인
5) 외부 감사보고서(조합 설립 초부터 2000. 10. 21까지)

1) 조합원 명부
  가) 노가리 감사는 조합원의 배우자로 임원 자격이 없다(?).

2) 주택조합 규약
  가) 1998년 7월 20일 구청에 제출했다(법원 제출용은 1997. 9. 7).
  나) 임원들의 간인(間印)이 전혀 없다(법원 제출용은 있음).

3) 6차 총회록(2001. 4. 24)
  가) 내용은 사실과 전혀 다르다.
  나) 서면 동의서(위임장)의 조합원 목도장을 위조했다(43매).

다) 확인자 : 4인(조합장, 총무, 감사 2인).
라) 조합원 분담금 안건은 서면 동의서에만 있다.

4) 시행사의 공사계약서(2001. 5. 31)
 가) 태양종합건설과 계약(법원에는 비공개)
 나) 연대보증인(8인) : 8인(임원 일부), 회사(조합원과 관계없음)

대표들은 조합 설립인가 조건대로 회계감사 자료의 열람을 요청했다.
"아직까지 회계감사 자료는 한번도 제출한 적이 없습니다."
"지금까지 조합에서 회계감사 자료를 제출하지 않았다는 것은 주무부서의 직무유기가 아닌가요? 언제 제출하게 되어 있습니까?"
"사업 승인을 받고 나서 제출하는 것이 일반적입니다."
"우리 조합은 사업 승인이 났지 않습니까?"
"……."
"우리 아파트 설계도는 어디 있지요?"
"있었던 것 같은 데 아무리 찾아도 안 보이네."
 한 달 이상 걸려 조합은 감사보고서라는 것을 제출했고 대표들이 복사해 왔는데 공인회계사로 표시되어 있는 내용을 읽어보니 재무제표를 작성한 책임은 조합에 있고 회계사는 대필했다고 되어 있다. 과연 이것이 공인회계사의 외부 감사보고서란 말인가!
 위조한 서면 동의서가 알려지자 부동산 업자인 조합장과 감사는 이들의 부동산 매매에 혈안이 되고 밖으로 새어나가지 않도록 조합원들에게 전화하여 입단속을 하는 등의 친절을 베풀었다.

5) 외부 감사보고서(2001. 7. 20 작성)
 가) 시행사에서 장기차입(₩ 180,000,000)
 나) 손실금 발생(시공사에서 조합비를 받았으면서 손실처리)

3. 임시총회 청구와 개최

(1) 임시총회의 개최 청구(2001년 8월 21일)

법무사의 조언대로 법원에 임시총회 개최를 청구했다.

서류 제출이 끝나고 집에서 기다리는데 법원에서 또 들어오라고 한다. 수차에 걸쳐 서류를 보정하여 제출했는데 이번에는 조합원들의 사실 확인을 하라고 한다. 구청 주택과를 찾아갔다.

"법원에 임시총회를 청구하기 위해 조합원 명단을 법원에 제출할 수 있도록 해주십시오."

"총회를 조합에 요구하지 왜 법원까지 가는 고생을 사서 하십니까?"

"조합에 총회를 요청한다고요? 90명이 넘는 조합원 대부분이 총회를 요구해도 조합장은 피해 다니며 총회를 열 수 없다는 답을 해와 할 수 없이 법원의 힘을 빌리게 되었습니다. 조합원 확인이나 부탁드립니다."

"복사해 드릴 수 없습니다."

"법원에 제출할 조합원 명단인데 어째서 불가능하지요?"

"조합장 외에는 보여드릴 수 없습니다. 만강조합도 젊은 조합장한테만 조합 서류를 보여주지 아무나 보여주지 않았습니다."

"예? 젊은 조합장이라니요?"

"젊은 조합장이 자주 오는데 무슨 말씀을 하시는 겁니까?"

"조합장은 60이 넘었는데. 지금 말씀하시는 사람은 총무인가 본데 한번도 확인하지 않았다는 말씀입니까?"
"그럼, 젊은 사람이 조합장이 아니란 말씀인가요?"
조합원들이 조합장을 모르고 있는 직원에게 조합장에 대해 설명하자 그는 알 수 없다는 표정으로 말했다.
"그런 사람은 아직 한번도 못 보았는데요."
"어차피 조합장이 아닌 사람한테 조합원 명부를 공개했으니 부탁합니다."
"개인의 신상정보가 있어서 불가능합니다. 조합원들의 주소와 주민등록번호가 있으니 법원에서 구청에 문서로 협조 요청을 하라고 하세요."
"그러면 이 사람들만이라도 확인해주시면 법원에 제출해 보고 받아들여지지 않으면 다시 부탁할 수밖에 없겠네요."
담당 직원의 말대로 법원에 등록된 사람만 확인하여 제출했다.

조정 일자가 잡히고 조합은 강남에 있는 법무법인을 선임했다.
동네에서 조합 편에 있는 조합원이 내가 지나가면 뒤에서 비웃었다.
"저희들이 조합을 이길 수가 있어! 미친 짓을 하는구먼."
"변호사도 없이 무슨 일을 한다고!"
"재건축을 반대하는 사람들은 빚이 많아 떼를 쓴다면서!"
조합은 억지를 부리고 악선전을 하고 다니니 당연한 말일 것이다.

조정이 있는 날 법원에 간다는 사람은 10명도 못 되었고 상대는 이름 있는 법무법인이라 하니 더욱 위축되었다.
그러나 조정하는 날 법원에 도착해보니 40명이 넘는 조합원들이 나왔다.
"여러분! 조정실이 비좁아 시끄러우면 판사의 기분을 상하게 할 수 있으니 질서를 지킵시다. 만약 소란스러우면 우리들의 의견이 무시될 수 있으니 다

같이 정숙 합시다."
　시간이 되어 판사가 앉았고 조합 변호사와 자리를 마주했다.
　"조합원은 임시총회를 요구하고, 조합은 거부하는데 그 이유를 말씀해 보시지요. 먼저 조합원부터…."
　"(그간의 내용을 설명하고) 조합장에게 임시총회 개최를 요구했으나 이를 거절하고 조합원들을 피해 다니며 계속해서 협박을 일삼고 있어 법원의 힘을 빌려 임시총회를 개최하려합니다."
　뒤에서 맞는다며 한마디씩 한다. 이어서 조합측 변호인이 말했다.
　"총회의 주목적은 조합장과 임원들의 불신임에 관한 사항입니다. 이것은 조합 규약에 나와 있지 않은 사항으로 조합이 재건축을 완료하고 해체될 때까지 계속 되어야 합니다. 그러므로 규약에 나와 있지 않은 조합원 총회 개최 요구는 기각되어야 할 것입니다."
　"조합원의 협조와 이해로 운영해야 하는 조합에서 조합원 대부분이 임시총회를 요구했고 총회를 열었으면 번거롭게 여기까지 올 필요도 없었습니다. 그러나 조합은 조합원의 도장을 수십 개나 위조하여 분담금을 개인당 수천만 원씩이나 올린 재건축을 가장한 부동산 사기를 일삼고 있습니다. 이런 일이 있을 수가 있습니까?"
　조합원들은 박수를 치고 변호인의 변론에 거짓말이라며 좋은 일을 하시라고 비꼬기도 했다.

2001년 11월 7일.
　드디어 법원에서 임시총회 허가 결정이 나왔다. 그러자 조합은 임시총회에 나가지 말라고 조합원들을 단속하고 다녔다. 나는 결정문을 가지고 경찰서에 찾아가 조합장이 고소한 조서를 검찰로 넘겨달라고 했고 구청에는 조합원의 열람을 거부하는 조합 서류들을 열람, 복사해 달라고 신청하였다. 이

때 얻은 것이 동네 가운데에 있는 폐도 구입금액이다. 이 금액은 현재(2001. 11) 개별 공시지가 확인서에 4억 원 정도였다. 그런데 조합은 이 금액이 사업설명에서는 5~6억 원이라 하고, 조합원들에게는 6억 8천여 만 원이라고 하였다.

그렇다! 이 사기집단은 돈이 들어가는 항목만 있으면 부풀렸다.

법원의 결정으로 추진위와 상의하여 규약에 정해진 대로 총회일(12. 2)을 정했다. 그리고 총회 소집을 알리는 내용을 등기우편으로 발송(11. 15)하고 조합에서 게시판 사용을 거부하여 현수막을 달았다. 발신인은 통장의 남편인 이무식, 장소는 동사무소, 안건은 조합장에게 보냈던 내용증명의 내용과 조합장이 선출될 때까지 회의를 진행할 임시조합장 선출도 포함되었다.

조합장 선출은 미루자고 하자 추진위원들은 반대했다. 총회에서 모든 안건이 가결될 경우 다음 총회에 대비하여 조합장을 선출해야 하고 이름을 모르기 때문에 내 이름을 올리자고 했다. 회사에 다녀야 한다는 생각에 거절했지만, 조합장이 선출될 때까지 임시조합장이라는 명칭으로 절충했다.

외부 사람들은 모두가 '총회를 한다는 통지 한번 없었는데 무슨 일이냐', '교통비를 주면 총회에 참석할 것이다', '이무식이란 놈은 어떤 놈이냐? 조합장하고 어떤 사이냐' 등의 항의로 통장은 발신인을 바꿔달라는 웃지 못할 항의도 받았다. 그러자 조합은 갑자기 총회를 개최한다는 안내문(11. 22)을 붙였다. 그것도 11월 15일에 게시되었다. 물론 이것은 외부에 통지도 없고 시간도 모자란다. 단지 목적은 임시총회를 방해하려는 것이다.

(2) 법원의 결정을 방해하는 총회(2001년 11월 22일)

추진위는 조합에서 개최하는 총회에 참석할 것인지를 물었다. 어떤 사람은 총회를 열지 못하도록 훼방을 놓자는 의견도 있었으나 나도 총회에 참석할 테니 나가자고 조합원들을 달래었다.

회의장에는 40여 명의 조합원들과 폭력배들이 섞여 있다. 정확한 참석인원은 조합원 37명인데 추진위측의 인원을 빼면 결국 20여 명. 회의를 감시하는 폭력배 8명과 건설회사 직원들, 나와 같이 참석한 추진위측 16명이 전체 인원이다. 추진위측의 조합원들은 나를 경호하기 위함이리라.

총회라는데 참석자 확인도 없이 조합장이 먼저 말문을 열었다.

"오늘은 시공사에서 사업설명을 하니 들어보시기 바랍니다."

조합장과 시행사의 말이 끝나고 내가 이의를 제기하고 일어서자 조합장은 마이크를 뽑고 뒤로 물러선다. 나는 앞으로 걸어나갔다. 조합장 앞에 서자 폭력배들이 나를 에워싸고 앞을 가로막았다. 조합원 총회에 폭력배들의 회의장 난입이 무슨 말인가! 내가 어깨들을 쏘아보자 조합장은 조합원들에게 소리를 지른다.

"회의가 끝났으니 빨리 빨리 집으로 돌아가세요!"

조합원들이 나가고 내가 나오자 추진위원들이 뒤를 따랐다. 밖에서는 시행사의 전무가 재건축을 도와달라면서 인사를 했다.

시행사의 전무와 추진위 사이에 고성이 오가고 어떤 할머니가 대들었다.

"누가 너희들한테 집을 지어달라고 했냐?"

싸움을 말리고 아내의 사업장으로 돌아와 집으로 들어가자고 하는데 두 사람의 반장(추진위)이 뒤따라 들어왔다.

"이사님이 이쪽으로 가시는 것을 보고 감시하고 있었어요. 동네 아주머니가 백이사 뒤에 깡패가 따라붙었다고 소리를 질러 바라보니 사실이잖아요. 그래서 저희들이 따라왔어요."

폭력배들은 이들이 따라오자 큰길까지 나를 따르다가 동네로 돌아갔고 지금 조합원들과 싸우고 있다고 한다. 들어오면서 동네 쪽을 바라보니 조합원들의 흥분한 고성들이 들려왔다. 집에 돌아와 아내에게 말했다.

"여보! 폭력배들이 설쳐 너무 위험하니까 당신 사업을 접는 것이 어떨까?"

아내에게 폐업할 것을 권유한 것이다.

이 일로 또 아내와 심하게 다투었다. 그리고 이튿날 합의이혼을 하자고 법원으로 나가 또 한바탕 다투었다. 아내는 먼저 입을 열었다.

"당신은 누구를 위해 이러는 거에요? 조합 일이 우리 사업보다 더 중요하단 말인가요? 조합 일로 사업을 접다니 정신이 있어요? 당신한테 무슨 득(得)이 있는지 말해 봐요. 변호사 친구들도 말했다시피 홍길동의 후손이라도 된단 말인가요?"

"당신 말이 맞아. 하지만 남의 재산을 갈취하려는 사기꾼들을 가만히 볼 수 없고 그 속에는 내 재산도 있소. 내가 정 싫다면 그만 둡시다. 나한테 이익이란 인생을 바르게 살았다는 정도를 보여주는 것밖에 없소."

아내는 울면서 법원을 나가버렸다.

이틀 후 전무한테 그날 밤의 사태에 유감의 말을 전했다. 그러자,

"시공사나 시행사의 조직을 이용해서 당신을 가만두지 않겠소!"

건설회사에서 폭력배를 동원한다고 협박을 하였다.

"여보시오. 김전무! 함부로 경거망동하지 마시오. 섣불리 굴었다가는 귀사를 공중분해시킬 테니까."

조합은 현재 조합원의 80% 이상이 신탁등기를 완료했고 신탁하지 않은 조합원은 사법처리 하겠다고 안내문을 배포(11. 28)했다.

그리고 소유권이전등기를 위한 명도소송의 소장이 처음 도착(12. 1)했고 임시총회 후에 상의하기로 했다.

(3) 법원에서 허락한 1차 임시총회(2001년 12월 2일)

시간이 다가오자 조합원들이 동사무소로 모여들었다. 만약의 사태에 대비하여 경찰서의 도움으로 회의장 밖에는 사복경찰관이 도와주고 있었다.

조합원들에게 모든 조합원들이 참석할 수 있도록 안내하라고 부탁하니 서로 난색(難色)을 표한다. 조합장이나 총무의 눈에 띠면 일명 '찍히니까 두렵다'고 한다. 할 수 없이 내가 조합장의 횡포와 부당하게 올린 조합원 분담금에 대한 상의를 하자고 동네를 돌면서 안내방송을 했다.

아니나 다를까! 총무가 어느 연립주택에서 조합원들이 회의에 나가지 못하도록 지키고 있었다. 내가 지나가자 욕설을 퍼부었다.

지금까지 어떤 총회보다도 많은 조합원들이 참석하여 추진위에 물어보니 아직도 의결정족수인 과반수가 되지 못했다고 한다. 그러니까 과거의 조합총회는 모두가 거짓말이다.

'그래서 그들은 도장을 수십 개나 위조해 의결정족수를 맞추었나보다.'

회의 시간 30여 분이나 지나도 과반수가 되지 못했다. 의결정족수 부족으로 임시총회가 무산되었다는 안타까운 말을 남기고 단상을 내려오고 말았다.

집으로 돌아와 맨 먼저 확인한 것은 참석자인데 의결정족수에 4인이 부족하다는 말에 추진위원들이 항의했다.

"조합장은 막도장을 수십 개나 위조하고 손도장, 발도장을 찍기도 하는데 왜 우리는 정상적인 도장만을 고집합니까?"

"위임장 몇 장만 있으면 되는데 추가로 받아냅시다."

"여러분! 여러분들의 말씀대로라면 조합장과 무엇이 다르겠습니까? 그렇게 하여 조합장 패거리와 법정 다툼을 벌인다면 내가 조합장이나 하려고 한다는 것밖에 안 될 것입니다. 제발 이러지들 마세요."

한마디로 일축해버렸다.

"오늘 일이 잘 되었으면 여러분께 조합을 넘기고 사업에 전념하려는 것이 제 마음입니다. 또, 통장님께 각서도 써드렸고요."

이혼하자고 법원에 다녀온 아내는 이제 말리지도 않는다. 아마 포기했다는 표현이 맞을 것이다.

조합원들과 총회의 실패 원인을 분석하여 대책을 강구했다. 규약을 자세히 보니 총회 소집을 한번 더 할 수 있게 되어 있었다.

그러자 조합은 추진위에서 아무리 발버둥쳐도 총회에 불참하겠다고 위임장을 해준 사람이 조합원의 반수 이상이라 의결정족수를 채우지 못할 것이라며 전단을 배포했다.

추진위는 2차 총회 소집일을 결정하고 이에 따른 준비를 했다.

(4) 법원에서 허락한 2차 임시총회(2001년 12월 16일)

첫 임시총회에서 정족수가 부족하자 위임장으로 대체하자는 추진위의 원망을 듣고 나는 회의 진행만 하고 나머지 업무는 조합원들이 분담했다.

총회 시간이 임박하자 이사 한 사람이 회의장 주위를 기웃거렸다. 그는 이 사회에서 회의를 했었기 때문에 서로 잘 아는 처지다.

"이이사님 오랜만입니다. 들어가시지요."

얼마 후 회의장에 들어가보니 이사가 조합원들과 다투고 있었다. 이유를 물어보니 '회의에 나왔으면 참석자 명단에 서명해야 한다'는 추진위와 '조합장이 허락하지 않은 임시총회를 인정할 수가 없어 서명을 거절한다'는 이사 사이의 입씨름이었다.

회의장으로 들어가 이사에게 그동안의 일을 설명하고 조합장이 임시총회를 거절하여 할 수 없이 법원의 협조를 받아 총회를 개최한다고 말했다. 그러나 이사는 사태가 진정되면 총회를 개최하겠다고 조합장이 말했으나 추진위에서 거부했다고 한다. 그러자 옆에 있던 추진위원들이 조합장의 말이 거짓이라며 보관하고 있는 서류철을 보라고 권했다. 그 사람은 서류를 보다가 고개를 갸우뚱하더니 한마디했다.

"백이사! 서로 이러지 맙시다."

그를 따라 나가면서 무슨 말인지를 물었다.

"백이사가 조합장을 하려한다고 조합장이 그러던 데 뭘!"

내가 그 정도밖에 보이지 않았다니 너무나 섭섭했다.

조합은 지난번보다 강도를 높여 감사, 총무 등이 모두 나서 조합원들의 참석을 방해하고 총회 시간이 되자 회의장으로 몰려와 참석자들과 다투었다.

총회 시간이 되자 조합장이 회의장 앞에서 서성거렸다.

"여러분! 조합장님이 오셨는데 말씀을 들어보면 어떨까요?"

조합원들이 출입문을 쳐다보자 조합장이 도망가려고 몸을 돌렸다. 그러나 추진위원들이 앞을 가로막고 회의실로 밀고 들어왔다. 처음에는 들어오지 않으려고 발버둥치던 조합장이 체념을 했는지 밀려들어와 입을 열었다.

"조합원 여러분! 이 회의는 무효입니다. 조합장인 저의 허락을 받지 않은 회의는 인정할 수가 없습니다. 조합은 그동안 여러 차례의 주의를 주고 신탁등기를 독촉했는데 조합원들이 거부하여 가처분을 단행하여 재건축을 강행하고 있습니다. 앞으로 조합은 법적으로 해결하려고 하니 하루빨리 신탁을 하고 재건축을 진행합시다."

이마에서 흐르는 땀을 연신 훔치고 말을 마치기가 무섭게 달아났다.

"조합장을 잡아라!"

누군가 소리쳐 추진위원들이 따라 나갔는데 놓치고 그냥 돌아왔다.

회의 시간이 넘어 다른 추진위원이 들어오기에 물어보았다.

"오시다가 조합장을 못 보았습니까?"

"조합장이요? 2층 여자화장실에서 나오던데요. 얼굴이 빨개져가지고 바삐 나가던데 무슨 일이 있었습니까?"

"조합장이 여기에서 도망가 조합원들이 쫓아가니까 여자화장실에 숨었다가 도망갔구먼 뭐!"

"그 자식을 꼭 잡아왔어야 하는 것인데."

"그 놈이 우리들한테 재판을 걸었어."

"그게 조합장인가! 사기꾼이지."

"그 새끼가 우리들 집을 모조리 가처분했어."

회의장에 모인 조합원들이 돌아가며 한마디씩 했다.

참석자를 점검하는 추진위원이 앞으로 나가며 말했다.

"이제 임시총회를 개최할 수 있는 의결정족수가 되었습니다. 참석자와 위임장을 제출한 조합원들의 숫자를 확인해 보겠습니다."

인원 점검이 끝나고 연단으로 나가 임시총회의 개회를 선포했다.

"내 집과 재산을 지키자는 조합원 여러분의 열화와 같은 성원에 법원은 임시총회 개최를 허가했습니다. 그동안 각 동 대표와 통반장님의 노력으로 구청에서 많은 자료를 입수했고 조합장과 그를 추종하는 몇 사람이 위조하여 구청의 인·허가를 받았다는 사실도 알았습니다. 또 추진위는 적법하게 재건축사업을 진행하자고 조합장에게 권유했지만 모두 거절당했고 도장을 수십 개나 위조하고 분담금을 수천만 원씩이나 올려 부동산에 가처분을 단행하고 소송도 제기했습니다. 그래서 추진위는 조합원을 무시하는 임원들을 용납할 수 없어 저를 비롯한 모든 임원들을 직위해제하고 조합원의 재산과 의견을 존중하는 새로운 조합장과 임원들을 선출하여 정상적인 조합을 운영하자고 뜻을 모았습니다. 조합원 여러분은 이 자리에서 임시총회 안건을 투표로서 결정할 것이니 참석하실 때 나누어드린 투표용지를 잘 보시고 기표하여 투표함에 넣어주시기 바랍니다."

조합원들은 차례대로 투표용지를 넣고 질서 있게 자리에 앉았다.

결과는 모든 임원을 해산하고 임시조합장은 나로 한다고 가결되었다.

"여러분들께서는 저를 임시조합장으로 선출하셨습니다. 그러나 그것은 여러분들이 조합원의 이름을 몰라 제 이름을 적었을 것입니다. 추진위와 상의하여 가까운 시일 내에 임시총회를 소집하여 여러분들 손으로 조합장을 선출해주시기 바랍니다. 그리고 선택하신 그 분에게 잘 협조하여 조합원 모두에게 유익하고 알찬 재건축사업을 이룩하시기를 기원합니다. 감사합니다."

총회를 마치고 조합원들의 박수를 받으며 밖으로 나오는데 조합장과 감사, 그리고 총무가 회의장 앞에서 어쩔 줄을 모른다.

"그럴 리가 없어 총회는 성립될 수가 없어!"

"우리가 못 나오게 했고 자격이 없는 사람도 있는 총회는 무효야!"

조합장과 감사 등은 펄펄 뛰고 있었다.

집에 와서 조합원들과 서류를 확인하고 있는데 황당한 일이 벌어졌다. 지난번과 마찬가지로 참석 인원이 또 부족하지 않은가.

"지난번과 같은 일이 생겼군요. 의결정족수에 미치지 못했으면 그것으로 끝날 일이지 왜 거짓말을 합니까? 내 재산은 내가 지켜야지 누가 지켜줍니까? 제가 조합장이나 하려고 이러는 줄 아십니까?"

"조합장은 목도장을 수십 개나 파고 회의록도 마음대로 만들었는데 그까짓 4~5명쯤 추가 위임장을 받는데 무슨 문제가 되겠습니까?"

처음에 들었던 말과 같은 말을 하는 것이다.

"여러분, 왜 이렇게 제 마음을 몰라주십니까? 조합장이 선출될 때까지만 회의를 진행하기로 여러분들과 약속했잖습니까? 앞으로 부동산 업자들이 우리들의 재산을 농락하는 일은 법률로서 가릴 수밖에 없을 것 같습니다. 너무나 황당하고 허무합니다."

조합원의 과반수가 모인다는 일이 이렇게 힘이 드는지 미처 몰랐다. 그래서 조합은 증거를 남기지 않으려고 구두로 일 처리를 했나보다. 그러나 일단 일은 벌어지고 수습은 해야 될 텐데. 어찌해야 좋을지 몰랐다.
다음날 조합장은 총회가 무산되었을 것이라는 전단을 배포했다.

(5) 아내의 사업장 폐쇄(2001년 12월 5일)와 집단가처분

어떤 조합원이 '제소명령 신청'이란 서류를 가지고 와서 물었다. 처음 보는 것이고 바쁘기도 하여 다른 조합원에게 부탁하고 대수롭지 않게 넘겼다. 나중에 알고 보니 이 서류는 조합장이 조합원들의 부동산을 집단가처분할 때 법원에서 당사자한테 통보해준 것이다. 이것은 모든 조합원에게 빠짐없이 통지해주었어야 했다. 자기 집의 권리행사가 중단되는데 우리처럼 위조 서류를 근거로 이러한 행위가 행해졌다면 법원에서 어떻게 책임질 것인가?
당시(11. 28)에는 등기소에 신탁이 종료된 조합원은 한 사람도 없었고 재판 중(2002. 3. 20까지)에 64인이 신탁을 했다고 되어 있었다.
추진위의 어떤 조합원이 70여 명의 집단가처분 된 집을 해결할 수 있는 방법을 알아보기 위해 무료 법률상담실을 찾아갔다.
자초지종을 말한 다음 그는 해결방법을 물었는데 상담원은,
"무엇을 근거로 법원에서 가처분을 결정했는지 알아보고 행정심판을 받으세요. 그러면 돈도 들지 않고 해결할 수 있습니다."
"조합원들의 도장을 임으로 새겨 위조 서류를 만들어 가처분을 했습니다."
"그럴 리가 있겠습니까?"
이 말을 듣고 그 조합원은 구청에 찾아가 법률상담실에서 알려준 대로 가처분에 사용했던 자료들을 요청했다. 그러나 구청 직원은 나에게 했던 대로 정보공개를 할 수 없다는 대답으로 거절했다. 이 말을 처음 듣는 조합원은 주민들의 민원을 해결하기 위하여 조합원 명단을 보여주는 것은 공무원으로서 당연하지 않느냐며 고개를 갸우뚱거렸다. 오히려 이러한 사태에 적극 협

조하는 게 자치단체 공직자의 사명이 아니냐며 따져 묻기도 했다.

다른 조합원한테도 12월 중순경부터 '소유권이전등기를 위한 명도소송'이란 법원의 소장(所長)이 계속해서 송달되었다.

(6) 시행사 임원과 점심식사(2002년 1월 4일)

오늘은 시행사의 담당 임원과 점심을 같이 하기로 약속한 날이다.

"지난 날(11. 22) 밤 우리 직원들이 이사님 뒤를 미행하여 조합원들의 거센 항의를 받았는데, 사과드립니다."

"귀사의 입장은 화도 나겠지만, 조합장의 부동산 사기에 유린당한 처지임을 양지해주셨으면 고맙겠습니다. 본의 아니게 조합과 관련된 귀사에 부담을 드리게 되어 미안하기도 합니다."

"조합에서는 이사님이 조합장을 탐낸다고 하던데 부조합장 제도를 신설하여 한 달에 100만 원씩이라도 받으시면 좋지 않겠습니까?"

"조합장이요! 그거야 자기를 합리화하려는 변명이 아니겠습니까? 또 조합장은 평생직장도 아니고 건축에 대한 지식이 없어 할 수도 없습니다. 조합장은 지금까지 총회 소집 통지 한번도 하지 않았고 규약 역시 부동산 사기에 동참하는 서너 명이 위조하여 구청에 제출했고 조합원들의 도장을 수십 개나 위조하여 분담금을 일방적으로 엄청나게 올렸습니다. 전무님, 귀사의 조합원 분담금도 너무 비싸잖아요? 그래서 합리적으로 시공사도 정하고 분담금도 모두가 수긍할 수 있도록 적절하게 결정하자는 말입니다."

"이사님! 저희 회사에서 제시한 금액은 결코 비싼 것이 아닙니다."

"조합장은 제일 싸다하더군요. 그것은 자기들만 아는 것이지 다른 사람들은 모르지 않습니까? 물론 값싸게 좋은 집을 지어주고 살라는데 반대할 사람이 누가 있겠습니까? 그런데 과연 그럴까요? 그게 사실이라면 조합장이 총회를 거부할 이유가 없지 않겠습니까?"

"이사님이 원하는 건설회사와 시공계약을 하지 않는 것에 대한 반발이라 하는데 사실인가요?"

"제 직업은 건설과 관계도 없고 제 친구가 모 건설회사의 임원으로 있어 우리 재건축사업에 대한 제안을 부탁한 일은 있습니다. 그러나 조합장과 총무의 시방서 설명에 참여했던 직원의 말을 빌리면 귀사와 조합이 너무나 단단하게 연결되어 제안서를 제출해도 필요 없다고 합니다. 이 말이 틀렸습니까?"

"이사님께서 말씀하시는 대기업은 공사 규모가 작아서 들어오지 않습니다."

"글쎄요. 서울에서 이렇게 입지 조건이 좋은 곳도 흔치않다고 하던데요. 지난해 봄 조합장이 조합원들 앞에서 그간의 사정을 설명하고 조합을 잘 이끌어 가시라고 전화도 했습니다. 그러나 조합장은 이를 무시하고 더욱 악랄한 방법으로 조합원들을 위협하고 있습니다. 미약하지만 내 재산도 조합에 속해있습니다. 내 재산을 갈취하려는데 보고만 있을 수는 없지 않겠습니까?"

"그렇지만 이사님, 실제로 손해 보는 것은 저희 회사입니다. 조합장과 합의할 생각은 없습니까?"

"조합장과 무슨 합의를 하겠습니까? 조합장이 조합원들의 이익을 대변하고 화합한다면 있는 힘을 다하여 조합장을 보좌할 것입니다. 그러나 전무님께서 말씀하시는 합의란 조합원을 농락하는 일일텐데 거절하겠습니다."

이런 저런 이야기를 하다보니 점심식사가 끝났다. 오늘 귀중한 시간을 내주어 고맙다고 하고 식대를 지불했다.

(7) 부동산 가격 조사와 각서 공증(2002년 2월 2일)

어느 날 추진위원들과 조합에 대처할 수 있는 방법을 논의하고 있었던 중 한 추진위원이 제안했다.

"조합에서 재판으로 조합원을 괴롭히면 시간이 흐를수록 조합원들이 흩어져 힘이 약해지니 흩어지지 말자는 뜻으로 각서를 쓰고 공증하여 조합의 부동산 사기에 대응하는 것이 어떻겠습니까?"

서로를 믿지 못하는 처지에 아주 적절한 방법이라고 모두가 찬성했다.

각서를 공증하는 이유는,

- 비밀리에 개인적으로 조합에 집을 팔면 나머지는 희생물이 된다,
- 백이사가 조합원들을 미끼로 집을 팔면 조합원들은 대책이 없다,
- 차액을 노리는 조합장 일행은 헐값으로 전매하고 있으니 집값을 보전하자

등이었다.

문안은 법무사가 작성했고 서명은 각 동(棟) 대표들이 분담했다. 참여한 인원은 54인이었으며 소송에 필요한 경비를 각자 갹출했다. 각서와 결의서를 분리, 작성하여 각 조합원의 부동산 가격을 정하고 각 조합원의 등기부등본과 인감증명도 첨부했다. 부동산 가격은 다른 부동산 업자와 건설회사의 협조를 얻어 사업 승인이 완료된 우리 지역의 합리적인 가격이라 일러준 것으로 결정했다. 공교롭게도 이때 책정한 부동산 가격은 법원의 조정이나 시행사와 합의한 가격과 불과 1천만 원의 오차도 생기지 않았다.

	조합 매매가격	공증가격	조정(합의)가격
A형	4,600만 원 ~ 4,800만 원	10,500만 원	11,500만 원
B형	5,600만 원 ~ 7,200만 원	11,500만 원	11,000만 원
C형	6,500만 원 ~ 9,200만 원	13,125만 원	13,800만 원
D형	8,000만 원 ~ 11,800만 원	16,800만 원	16,080만 원

"조합원 여러분! 조합에서 우리가 공증한 가격으로 집을 산다면 전체가 부동산을 매매하고 이사합시다. 너무 욕심을 부리면 신탁한 조합원들의 분담금이 많아질 테니까 더 이상은 요구하지 맙시다. 이의는 없겠지요?"

"이의 없습니다."

"그렇게 합시다."

조합원 대부분이 승낙했다. 그런데 조합장과 감사가 중개(仲介)한 가격은 수천여 만 원씩 싸게 부동산을 계약하여 전매했다. 차액을 합하면 그 돈은 수십억에 이를 것이다. 이것이 바로 수많은 민초(民草)들이 겪은 애환이자 재건축을 가장한 부동산 업자들의 부동산 사기가 아니고 무엇이란 말인가!

그 뿐만 아니라 그들은 중개료를 2배 이상 책정하고 잔금에서 아예 공제하고 지불했다. 이에 항의하는 사람에게는 중개료 차액을 내어주고 모르는 사람은 그냥 넘어가는 일들이 수없이 벌어졌다. 그것도 부족하여 조합에 부동산을 매매한 사람에게 전기, 수도세 등의 명목으로 많은 금액을 청구하고 미리 공제하는 수법도 사용했다.

등기부등본을 보면 이주비보다 많은 금액을 대출한 것을 알 수 있는데 범법(犯法)행위가 아닌지 처음부터 엄정한 재수사를 해야 할 것이다.

시행사에서 조합원들의 집을 매도하겠다는 안내문(2002. 2. 6)이 각 가정마다 전달되었다. 추진위원들은 코웃음쳤지만 일부는 이 안내문에 따라 집을 파는 사람도 있었는데 추진위에서 공증한 가격이나 시행사와 합의한 가격의 거의 절반 값으로 조합장과 감사는 조합원들의 부동산을 대량으로 사들였다.

제2장
우리나라 법률은 고무줄 잣대인가?

1. 사기 재판의 시작과 변호인

　서민들의 재판 상식이란 가끔 TV 드라마나 영화에서 보는 장면일텐데 실제 재판 진행의 모습은 이와 전혀 관계가 없다고 생각한다.
　송달된 출석 일자는 온 동네를 재판이란 공포의 도가니로 몰아넣었다. 어떻게 대처해야 되는지가 공동 관심사였고 매일같이 물어왔다. 가장 큰 문제는 10개의 연립주택을 따로따로 10개의 사건으로 분리해 조합원들이 변호사 선임료를 부담하기 때문에 너무나 많은 경제적 부담으로 인해 변호인의 도움을 받지 못한다는 점이다. 그래서 재판(裁判)을 재산(財産)이 있어야, 즉 돈(재산)이 판단의 기준이 된다하여 재판(財判)이라 하는가 보다. 나중에 보니 재산이 판나도록 만드는 것이 재판이 아닌가 싶다.

추진위는 맨 처음 진행되는 재판부에 변호인을 선임하고 나머지는 이를 참고하여 대처하고 갹출한 돈으로 복사비나 제작비 등에 충당했다. 법정에 제출되는 서류는 내가 작성하기로 했다. 변호사 친구들은 조합 사건에 변론하겠다고 나서는 변호사도 드물지만 조합원들의 배신에 대비하여 선임료를 먼저 확보하라고 주의를 주었다. 서류 제출 마감 일자가 임박하고 변호사를 선임하지 못해 첫 답변서는 법무사가 작성하여 제출했다.

변호사들에게 사건을 의뢰하면 대부분이 사건이 너무 밀려서라고 했지만 실제로는 너무 복잡하고 조합에 비하여 수수료가 적어서라고 한다. 천차만별인 변호인의 수임료는 별도로 정하여 변호사 사무실에 게시해야 한다고 생각한다.

친구의 소개로 가까스로 변호사를 선임하고 조합원 두 명과 찾아갔다.
"두 분이네요. 선임계를 작성하시고 변호사비는 얼마나 해야 할까요?"
변호사는 나를 쳐다보는데, 어떻게 대답해야 될지 막막했다.
"두 분이 선임계를 작성하셨는데, 서민들이 소송하는 것으로 보아 무료 봉사했으면 좋겠지만 약간의 수고비는 부담하셔야 되겠습니다. 두 분이서 각 100만 원씩 200만 원은 부담하시지요."
너무나 고마웠지만 마음속으로만 감사해야 될 것 같았다.
"한(韓)변호사님! 우리는 힘 없고 돈 없는 달동네의 서민들입니다. 이 소송에서 이기면 더할 나위 없겠지만 만약에 패소한다 해도 원망은 하지 않을 것이니 최선을 다해주시기 바랍니다. 감사합니다."
지금도 한변호사의 고마움은 잊지 않고 있다.
이 재판부가 바로 '합의부 결정을 보고 판결합시다' 이다.
재판은 시작도 되지 않았는데 서증이라는 것이 송달되었다.

조합장과 감사는 조합원의 부동산 전매에 혈안이 되어 전세입자에게 겁을 주고 집 주인에게 전화하도록 압박을 가했다.

"집이 헐리기 전에 이사해야겠으니 전세금을 돌려주세요."

세입자들의 전세금 반환 독촉에 현금을 가지고 있지 않은 주인은 어떻게 해야 할지 갈피를 못 잡고 대책을 묻는 사람도 많았다. 살고 있는 집을 금융기관에 담보설정이 되어 있지 않은 서민은 별로 없을 것이고 더구나 전세보증금을 현금으로 가지고 있는 사람이 얼마나 되겠는가!

세입자가 나가면 재건축을 하기 때문에 다시 세입자가 들어오지 않는다. 그래서 할 수 없이 신탁을 하여 조합에서 지불하는 이주비로 대체하고 집을 매매하기도 한다.

'신탁등기를 하지 않으면 손해배상을 청구하여 거지로 만들 테니까 빨리 빨리 이사를 가라' 며 조합원들의 집을 방문한 조합은 집을 팔라고 협박했다. 소장은 재건축을 해보자는 처음부터 위조, 변조, 날조로 시작했다. 부동산사기라는 사실을 안 이상 이들에게 신탁한다는 것은 고양이에게 생선토막을 던져주는 격이다.

그뿐이랴!

조합장과 감사는 근처의 부동산 업자들과 담합하여 조합원의 집은 중개하지 말라고 하고 집값을 하향 조정하여 자기들만 전매했다. 신탁하거나 세입자가 나가면 문을 뜯어버리고 '이주완료' 란 빨간 스티커를 커다랗게 붙이고 집합건물을 흉가로 만들어버렸다. 그래서 사람들이 살고 있는 연립에 스티커를 붙이고 창문을 부수어 마당에 유리조각, 가재도구들을 마구 버려지자 이래서 되겠느냐고 파출소에 신고도 했다.

"집주인들이 그렇게 한 걸 우리가 어떻게 막습니까?"

"집주인은 이 동네에 사는데 주인이 그랬는지 확인해 볼까요?"

"조합장은 전에 살던 주인이 그랬다고 하던데…."

"집을 판 사람이 미쳤다고 살던 집을 힘들여 폐허로 만들겠습니까?"

경찰관은 조합장 핑계를 대고 슬슬 자리를 피해버려 소용없었다.

시간이 지날수록 동네는 폐허로 변해가고 일부러 마당에다 깨뜨린 유리들로 인해 어린애들이 있는 가정은 위험천만이었다.

당시 필자는 건설회사의 아파트 분양 광고를 제작하고 있어 건설회사 직원에게 물어보았다. 조합은 전체 조합원 162명 중 비조합원 10명과 70여 명에 대한 명도소송을 10개의 사건으로 분리하여 소송을 제기했다고 하니까 재건축사업에서 조합원 반수에게 소송을 제기한다는 것은 도저히 있을 수 없는 일이라고 한다. 그러나 이것은 엄연한 사실이자 수도 서울에서 실제로 벌어지고 있는 일이었다.

조합에서 같은 사건을 10개로 분리한 의도는,

- 사건별로 변호인 수수료를 지불해야 되기 때문에 조합원들의 경제적 부담을 가중시켜 법조인의 도움을 차단하고,
- 가장 불리한 판결을 일괄 적용하려는 판결의 약점을 이용하려는 의도였을 것이다.

2. 민원신청과 조합 규약

(1) 구청에 민원접수

150여 조합원 중 10개 동의 조합원 61명의 서명을 받아 구청에 내용증명을 발송(2002. 3. 22)했다. 구청에서 허가한 재건축사업의 소송 진행을 알리고 모든 서류는 위조하여 인·허가를 받았으므로 이를 확인하여 바른 구정(區政)을 바란다는 내용이었다.

얼마 후 구청의 회신(4. 22)이 왔다. 구청은 조합에서 발생되는 일은 조합원끼리 해결하고 행정 기관에서 관여할 사항이 아니며, 규격에 맞는 서류가 접수되면 이에 따라 처리할 뿐이라며 조합원의 원만한 대화와 합의를 바란다는 내용이었다.

그동안 조합은 조작한 서류로 행정 기관의 확인 없이 허가만을 받아왔다. 그러나 주택조합 인가 조건에 나와있듯이 행정 기관에서 관리감독을 제대로 했다면 지금 같은 불상사는 일어나지 않았을 것이다. 구청 담당 부서에 현재의 재건축주택조합 민사소송 진행(2차)을 책으로 만들어 접수(7. 18)시켰다. 조합에서 만든 서류는 처음부터 허위임을 강조하고 법원에 제출했던 준비서면을 합하니 상당히 두꺼웠다. 150여 명의 조합원 중에서 94명이 진정서를 제출했어도 아무 대책이 없던 과거에 비추어 불필요한 일이라 생각했지만 알려주는 것이 순서일 것 같아서였다.

담당 부서에서는 제출한 서류의 진위 여부를 확인할 의무가 없다고 했지만, 이것은 공무원의 자세가 아닐 것이다. 위조 서류를 근거로 인·허가를 부당하다고 하는데 아무런 조치가 없어 답답하여 조합원들에게 말했다.

"저는 법률 전문가도 아니며 더구나 부동산 전문가도 아닙니다. 다만 정직하게 살아야 한다는 일반시민에 불과합니다. 재건축을 가장한 부동산 업자들의 사기사건에 대하여 법적인 투쟁을 한다는 것은 우리 조합원들에게 아주 위험한 일이라고 생각합니다. 저 혼자 법정에 서 있을 테니 여러분은 지난번 공증했던 대로 집을 조합에 인계하고 나가세요. 그동안 법정에서 보셨다시피 판사들은 부동산 사기를 인정하고 있습니다. 내 옆에 있다가 피해보지 말고 여러분에게 이익이 되는 길을 찾아보도록 하십시오. 우리들이 공증했던 가격은 헐값은 아닐 것입니다."

"그럼 이사님은 어떻게 하시려고요?"

"저는 여러분들이 제 곁을 모두 떠나면 맨 나중에 신탁을 하든가 집을 팔든가 상황을 보고 결정하겠습니다."

그러자 요즈음 조합의 행패가 더욱 심하다고 하소연하며 나와 뜻을 같이 하자는 사람과 집을 팔자는 사람으로 서로 의견들이 분분했다.

"〈매일경제신문〉(4. 4.)에 우리 지역의 아파트가 서울시에서 가장 큰 폭인 26.7%가 올랐다고 합니다. 그렇다고 하여 다른 지역보다 비싼 것이 아니고 어느 정도 평준화되어간다는 뜻입니다."

(2) 조합 규약의 배포(2002년 4월 24일)

조합원들에게 일반 우편물이 전달되었다. 봉투를 뜯어보니 그 속에는 주택조합 규약이 들어있었다.

지난 민사재판(3. 27)에서 조합원이 조합 규약은 수정 중에 재건축사업이 중단되어 배포하지도 않았다고 법정에서 증언하자, 그 후 조합은 재판 중에 규약을 조합원들에게 일반우편(4. 24)과 등기(4. 26)로 발송한 것이다. 조합원들이 모르는 규약을 준수하라는 법원의 민사판결은 문제가 많았다. 하지만 더욱 웃기는 것은 경찰에서부터 억지 조사로 얼룩진 이 사건을 법원의 항소까지 이어져 내려진 판결이 우리나라의 진정한 사법(司法)인지, 판사들의 사법(私法)이나 사법(詐法), 아니면 사법(死法)인지 의문스럽다는 것이다.

따라서 해당 공직자들은 냉철한 자기 비판과 함께 대중매체에 사과하고 사퇴해야 할 것이다.

3. 법보다 주먹이 가깝다는 것을 보여줘야 돼!

(1) '말썽부리는 자들'의 가집행(2002년 7월 8일)

법을 모르는 조합원들은 항소하면 재판이 끝날 때까지 아무런 일이 없을 줄 알았고 법원의 판결문이 도착하기만 기다렸다.

7월 8일(?) 아침 문 두드리는 소리가 요란하여 열어보았다.

"이사님 큰일 났어요! 깡패들이 짐을 끌어내고 있어요. 빨리 나오세요."

누군지 물어보기도 전에 계단을 내려가 마당으로 나가보니 동네는 아수라장으로 변해 있었다. 재판장이 '말썽부리는 자들'이라고 매도하고 패소(6.27)한 합의부 재판의 조합원들에게 강제집행을 단행하고 있었다. 처음 보는 광경이라 얼떨떨하여 주위를 둘러보니 건장하게 생긴 청년들이 조합원들의 집에서 짐을 끌어내고 동네 사람들은 발을 동동 구르면서 안타깝게 쳐다보고만 있었다. 강제집행을 당하는 아주머니들은 울면서 매달리고 남편들은 흉기를 들고 '죽여 버리겠다'고 난리다. 한쪽 편에는 폭력배들이 버티고 있고 조합장은 무엇이 좋은지 히죽거리고 돌아다닌다. 나는 책임자인 듯한 사람한테 다가가서 물었다.

"이게 무슨 일입니까? 그리고 당신들은 어디서 온 사람입니까?"

"우리는 법원에서 선고한 가집행을 단행하고 있습니다."

"조합원들은 지금 항소 중이고 부채가 있는 것도 아닌데 강제집행을 한다는 것입니까? 또 4명이 패소했는데 왜 3명만 당합니까?"

"법원의 가집행 정지 결정문이 있어야 가집행이 정지되고 누구를 집행하는지는 의뢰인의 마음입니다. 한 사람은 의뢰인과 무슨 밀약이 있었던 모양이지요. 저리 비키시오."

퉁명스런 대답에 물러설 수밖에 없었다. 그래서 조합원 내부에 말하기 곤

란한 문제가 있다는 것을 짐작하게 되었다. 좋게 말해 성사되지 못할 소송을 빨리 마무리하자는 뜻으로 받아들이자.

아침 6시에 시작된 강제집행은 한 시간쯤 뒤에 끝나고 조합원들의 집은 장애인들이 점거하고 집주인은 마당으로 쫓겨나왔다. 동네 사람들과 함께 마당에 천막을 치고 조합원들을 위로하며 커피와 음식을 나누면서 조합장을 탓했지만 문제가 해결되는 것은 아니었다.

집에서 쫓겨나온 한 사람의 얘기를 빌면 당시 상황을 짐작할 수 있다.

'집달리가 들이닥쳐 정신없이 뛰고 있는데 삽시간에 세간들이 밖으로 끌려나왔다. 젊은 사람들의 힘을 막을 장사가 없다. 개 끌리듯 밖으로 끌려나와 주위를 보니 동네 사람들이 있었지만 쳐다만 보고 있다. 같은 입장인데 쳐다보는 조합원들을 이렇게 원망해보기는 처음이다.'

강제집행을 당한 다른 조합원의 말이다.

'세간을 정리한 후에 친척집에서 잠을 자고 아침에 돌아와 보니 귀중품을 넣어두는 서랍이 열려있었다. 확인해보니 통장을 비롯한 패물이 모두 없어져 어떻게 살아야 될지 아득하다. 이웃들이 위로한다고 음식도 나누어 먹기도 했지만 우리를 비웃는다는 생각도 든다. 지금은 조합원이란 자체가 싫다. 재건축이란 서민생활에 아무런 도움이 되지 않기 때문이다.'

그날 저녁 쫓겨나온 사람들은 찾아가니 원망스럽게 쳐다보았다.

음식점에서 해장국을 먹으면서 소주도 곁들였다.

"이사님! 제가 조합원끼리도 서로를 믿을 수 없으니까 각서를 쓰고 공증을 하자고 했는데 그것을 돌려줘야겠어요. 패소 당하고 쫓겨났는데 무슨 필요가 있겠어요. 그걸 돌려주세요."

"곽형! 서류는 내가 가지고 있지도 않고 마음대로 할 수 없다는 것은 더 잘 알지 않습니까? 왜 그러시는데요?"

"내용을 한번 보고 싶어서이니 보여 주세요."
"그러면 지난번 ○○○ 씨한테 보낸 내용증명의 복사물을 보시면 안 될까요?"
"그것이라도 보여주시죠."
"유출되면 조합원들의 원성을 살 테니 곽형만 보고 돌려주세요."
"걱정 마세요. 저만 보고 돌려드릴 테니 안심하세요."

아침에 복사물을 주고 저녁에 돌려달라니까 없다고 했다.

다음날 다른 조합원이 복사 서류를 가져왔다. 곽씨는 그것을 조합에 보여 주고 복사한 다음 미안하니까 다른 조합원을 시켜 내게 보낸 것이다.

그 뿐이랴!

조합원들이 십시일반 갹출한 돈으로 항소(7. 19)해주었는데 말없이 송달료도 찾아갔다. 그 돈은 내 돈이 아니니 돌려달라고 하니까 돌려줄 수 없다니 어이가 없었다.

"곽형! 조합장한테 무슨 말을 들었기에 다른 사람처럼 행동합니까?"
"조합에서 항소를 취소하지 않으면 집을 사지 않는다 하여 어쩔 수 없이 항소를 포기했습니다. 정말 미안합니다."
"곽형은 나보다 나이도 많은데 왜 이렇게 솔직하지 못한 것이요?"
"……"

고개를 숙이고 말을 하지 못한다. 정말 할 말이 없었다.

조합장은 자기들 말을 듣지 않으면 이 사람들같이 혼내준다고 조합원들을 협박하며 의기양양하여 돌아다닌다.

공증 문서를 건네받은 조합은 타인을 시켜 우리 집에 전화를 하게 하여 집을 산 ○○○의 남편이라며 억센 남도 사투리로 갖은 욕설을 퍼부었다가 전화기에 녹음장치가 되었다는 말을 하자 다음부터 전화를 하지 않았다.

또 2004년 여름 어느 날 동네에서 곽씨를 만났다.

"백형 말대로 할 것인데 조합에 집만 빼앗겼습니다. 억울해 미치겠어요."
"지금 우리 조합 사건을 원천적으로 재조사한다는 말이 있으니 기다려보시지요. 만약 재조사를 한다면 그때 가서 항의하시고요."
"미안합니다. 백이사님."
모든 것을 체념한 것처럼 힘없이 대답했다.

(2) 첫 희생자가 발생한 가집행

합의부 결정을 보고 선고하자는 변호인이 선임된 재판부로 조합원 패소판결(7. 30)을 했고, 변호사 사무실로부터 판결문이 도착했다(8. 6)는 전갈을 받았다. 나는 사무실 팩스로 접수받아 미리 작성한 항소장과 가집행 정지 신청을 보완하여 바로 법원에 제출했다.
이틀 뒤인 가집행 정지 의견을 받아들여 담보제공 명령을 받았다. 공탁금으로 400만 원을 걸고 서류를 접수하는 날(8. 8) 법원 직원이 말했다.
"내일 일과가 시작 되는 대로 결정문을 받아가도록 하시지요."
"예, 잘 알았습니다."
조합원들과 집으로 돌아와 강제집행은 면했구나 하고 안심했는데….

2002년 8월 9일 새벽.
조합원이 세차게 두드리는 문소리에 창문을 열고 밖을 보니 한 달 전과 같이 두 노인들이 집에서 쫓겨나고 있었다. 어제 가집행 정지 명령에 공탁금까지 걸고 일과가 시작되면 결정문을 찾으면 되는데 집행관들이 잘못 알았나 싶어 아래로 내려갔다. 동네 조합원들은 나를 쳐다보고 있었다.
나는 책임자를 찾아 물었다.
"선생께서 강제집행을 지휘하고 계십니까?"

"그렇습니다만 누구신지요."

"나는 여기 사는 조합원입니다. 지금 강제집행을 당하는 사람들은 법원의 판결문 접수와 동시에 항소장과 가집행 정지 신청을 했고 어제 공탁금을 걸고 일과가 시작되면 결정문을 찾으러 오라는 말에 시간이 되기만 기다리고 있습니다. 그런데 조합원의 재산에 강제로 손을 대다니요. 이래도 됩니까?"

"그렇지 않아도 가집행 정지 공탁증서를 보여주기에 우리는 가집행 정지 결정문만 필요하고 공탁증서 같은 것은 필요 없다고 했습니다."

"그럼 법원에서 아무 필요 없는 공탁금만 받았다는 것입니까?"

"우리는 법원 직원이 아닙니다. 그것은 법원하고 말씀하시고 비키세요."
퉁명스럽게 대꾸했다.

그렇다!
법원에서 왜 불필요한 공탁증서를 해주고 돈을 받는 행위를 했을까?
법무사의 말에 따르면 법원의 판결문은 사건 당사자가 접수함과 동시에 효력이 발생하고 가집행을 하려는 사람은 바로 실행할 수 있다. 가집행을 당하는 사람은 가집행 정지 신청을 하고 이에 대한 의견을 받은 뒤 공탁금을 걸고 또다시 결정문을 받아야 하는 시간이 빨라도 3~4일이 걸린다. 바꾸어 말하면 정상적인 법률 절차에 따르면 피해를 당할 수밖에 없으니 다른 방법을 찾아야 된다는 것이다. 그리고 집행관들은 법원 직원이 아니라 급행료만 집어주면 언제든지 가능하여 강제집행을 당하는 쪽은 가해자 쪽에서 마음만 먹으면 방법이 없다. 한마디로 법을 지키면 손해 볼 수밖에 없는 것이 현실이다.

그렇다면 법원에서 가집행 정지 신청을 받아들였으면 유예시간을 부여하든가 아니면 공탁금까지 걸었으면 그 시점에서 효력이 발생되어야 할 것이다.

조합장이 무슨 서류를 들고 히죽히죽 웃으면서 내 옆에 나타났다.

"법보다 주먹이 가깝다는 걸 보여주어야 돼!!"

아마도 내가 들으라고 내 옆에서 하는 소리리라.

"저런 개 같은 놈!!"

"마른하늘에 날벼락 맞을 놈!!"

"염라대왕이 저런 놈을 안 데려가고 어떤 놈을 데려가…."

조합원들의 욕설이 양심에 걸렸던지 사무실 쪽으로 도망가버렸다.

"여보시요, 집행관! 세인들이 선망하는 직업을 찾아보시요."

"……."

전쟁터와 같은 현장을 뒤로하고 조합사무실 쪽으로 발길을 옮겼다. 조합장은 폭력배들과 어울려 히죽거리고 있었다.

"여보시요, 조합장! 미친놈이 많이 웃는다하여 치자다소(痴者多笑)라고 하는데 바로 너 같은 놈을 두고 하는 말이 아닌가 싶다. 동네 사람들한테 이게 무슨 행패냐! 개자식."

"이놈들! 무서운 맛을 보여주어야 해!!"

그러자 조합장은 내가 들고 있던 카메라를 손으로 쳐 땅에 떨어뜨려 망가졌다. 그래서 당시 강제집행 당하는 광경을 담은 사진은 한 장도 없다. 화가 난 내가 조합장에게 달려들려고 하자 폭력배들이 앞을 가로막았다. 재건축 사업을 하는 곳에 폭력배들이 이렇게 날뛰어야 되겠는가.

'조합장! 너는 이 사실을 사회에 알리고 난 후에 나하고 인생 결산을 꼭 해야 될 것이다. 잘 알아두어라. 이 개 같은 자식!'

"……."

조합원들이 있는 곳으로 돌아오니 사태가 어느 정도 진정되었다. 지난번과 같이 그 장애인들과 집주인이 바뀌었다. 쫓겨난 조합원들은 마당에 천막을 치고 동네 사람들은 이들과 음료와 식사를 나누어 먹으며 사기 재판에 대한 성토를 해댄다.

그 중에서 몇 마디만 소개하자면 다음과 같다.

"조합에서 판사한테 돈을 먹였다더니 그 말이 사실인가보다."

"조합원들이 총회를 하자고 할 때 조합장과 부동산을 하는 윤중재 감사가 국회의원 사무실에서 나오더니 구청장과 국회의원이 뒤를 봐주고 있어 말도 안 되는 패소를 당했다."

"남의 판결을 보고 선고하자는 판사가 진정한 판사인지 알아보자."

"조합장 그 놈을 때려 죽여 사회의 이목을 집중시키자."

"재개발은 셋방에 살아도 할 말을 하는데 내 집에서 쫓겨나는 경우는 무슨 경우냐!"

쫓겨난 조합원에게 장애인들이 전기를 사용하게 했다고 조합에서 항의했다. 그러자 장애인 회장이라는 영감이 화를 내었다.

"야, 이 놈들아! 너희들은 부모도 없냐! 코딱지만한 집에서 노인들을 쫓아내는 너희 같은 놈들도 사람이냐!"

오죽했으면 고용된 처지에 있는 사람들이 이런 말을 했을까?

이 말을 듣고 우리 집에서 전기를 연결해주었다.

아무튼 이 분들은 장마철에 한 달 가량 천막생활을 했다.

이 사건을 언론에 알리려고 힘을 써봐도 소수 또는 개인이라 하여 외면하고 정부 산하 기관에 민원도 제기해 보았으나, 모두가 외면해버렸다.

"민원을 취소해주십시오. 저희들은 국민들의 세금으로 운영되는 기관이므로 개인적인 일까지 처리해주기에는…."

여기는 한국 땅이 아닌지 이 말을 들은 조합원들의 말에 공감이 간다.

"공무원들이 먹을 게 있어야지 맨 입으로 부탁하면 일을 합니까?"

어느 날 이 분들의 자제들이 집을 팔겠다고 했다. 그러나 당사자들은 무슨 소리냐고 펄쩍 뛴다.

"이사님, 어떻게 하는 것이 좋겠습니까?"

하루는 두 분과 그분들의 자제들을 만났다. 집을 팔자는 자제들과 여기서 죽겠다는 당사자들을 진정시키고 조합원에게 먼저 물었다.

"두 분께서 알아보시니 조합에서 산다는 집값이 이곳에서 매매되는 부동산 시세와 비교해서 가격이 비쌉니까? 아니면 쌉니까?"

"조합에서 조합원들의 집을 강제로 빼앗는 것이지 사는 겁니까?"

"좋습니다. 그러면 다같이 신탁등기를 하시지요."

"백이사! 뭐라고요! 우리들한테 신탁등기를 하라는 거여!"

"어차피 어르신과 박선생님은 항소하셨기 때문에 신탁등기를 해도 재판을 할 수 있습니다. 지금 조합에서는 조합원들의 집을 헐값으로 사들이고 있으니 재판하시다가 적당한 기회에 집을 파세요. 그것이 어르신의 이익을 위하여 좋으리라 생각됩니다."

"뭐라고! 저놈들한테 신탁을 하라고! 그런 사기꾼한테 신탁을 하라고! 백이사! 우리하고 더 이상 얘기하지 맙시다. 나는 죽어도 신탁은 안 합니다."

"이 말은 변호사와 상의해서 드리는 말씀이니 속상해도 따라주십시오. 재산을 보전하려면 이 방법이 제일 좋을 것 같습니다."

강제집행을 당하고 말도 못하게 하는 조합원과 우리들은 '사기꾼보호법'도 법이냐는 개탄을 하면서 소주잔을 기울였다.

결국 이 분의 아들들이 서둘러 조합에 집을 팔고 항소를 취소했다.

집값은 9,000만 원에서 1억 원 미만으로 1~2개월 후 시행사와 합의한 금액과 비교하면 4천 만~5천 만 원이 싸다. 한 두 푼도 아닌 이 많은 금액을 조합원들의 막도장을 위조하여 조합장의 부동산 사기에 날려버렸다는 것을 정당한 법집행이라고 하는 판사들에 대한 판단은 독자들의 몫으로 돌리겠다.

조합은 폭력배들의 감시 하에 이루어진 총회(2002. 11. 5) 이전에 조합에서 행한 모든 사실은 무효였다고 자인했다.

그러면 이 조합원 패소는 사기재판이란 말이 아닌가!

물론 판사가 억울하면 항소하라면 할 말이 없겠지만 이것은 진정한 판사의 자세는 아니리라!

이들도 항소를 취소하지 않으면 잔금을 주지 않는다고 하여 어쩔 수 없이 항소를 취소했다.

이 분들은 9월에 정들었던 집을 떠나 이사했다.

강제집행을 당하고 장기간의 과로와 과도한 음주, 흡연 등으로 70세의 노인은 지병을 얻어 대학병원에서 치료를 받는다는 말이 들려왔다.

필자가 원심 패소판결을 받고 조합주택의 시공을 지연시키지 않으려고 이사(12. 20)한 얼마 뒤에 전화가 왔다.

"이사님! 나는 주○○이요. 이사했다는 말을 듣고 찾아뵙지 못해 미안합니다."

"별 말씀 다하시네요. 어르신의 건강이 좋지 않으시다 하던데 요즈음 어떻게 지내십니까?"

"그렇지 않아도 그것 때문에 전화했어요. 이사님! 우리들이 너무 했어요. 저는 1월 20일에 서울대학병원으로 수술 받으러가요. 이사님이 아무도 만나지 않겠다는 말을 듣고 우리들이 너무 했었다는 생각은 했지만 이것이 마지막일지 모른다는 생각이 들어요. 한번 만나주시면 안 되겠습니까?"

"제가 어떻게 조합원들을 보지 않겠습니까? 언제 어디로 갈까요?"

"아니요. 이사도 하셨는데 인사도 할 겸해서 1월 18일 아침에 박○○ 하고 우리가 가겠습니다. 꼭 만나주셔야 합니다."

박○○ 씨는 자신의 패소판결에 흥분한 조합원들을 법원 등나무 밑에서 이

해시키고 필자가 위증으로 조합장이 고소한 건으로 항소심 재판을 받을 때 울면서 증언해준 여자 조합원이다.

이날(2003. 1. 18)은 토요일이고 총회가 있는 날이다.
아침에 전화를 받고 집으로 이 분들을 모셨다. 먼저 주○○ 어르신의 말씀을 들었다. 너무나도 안타깝고 처량한 모습을 보고 듣고 있노라니 눈물이 앞을 가린다. 전에는 당당했는데 병색이 완연하고 무기력하게 보였다.
"집에서 쫓겨나 심한 스트레스와 과다한 음주, 흡연으로 병을 얻어 월요일 서울대학병원에서 수술을 받습니다. 자꾸만 이사님을 마지막으로 뵐 것 같은 느낌이 듭니다. 내가 왜 이런 생각을 하는지 모르겠어요. 이사님! 우리 서민들을 위해서 너무 많은 애를 쓰셨어요. 정말 고맙습니다."
더 이상 말을 잇지 못하고 노인은 울기 시작한다.
한 참 뒤 노인은 말을 이었다.
"지금은 이사님께서 복잡하고 손해도 많았지만 앞으로는 잘 풀릴 것입니다. 힘을 내십시오. 그리고 이사님! 저희들이 지난번 강제집행을 당할 때 법원에 공탁했던 공탁금을 아직 못 찾았어요. 요즈음 병원비도 없고 생활이 어려워 찾았으면 하는데 어떻게 찾지요?"
"글쎄요. 저희 생활도 말이 아닙니다. 법원에 영수증을 주고 반환해 달라면 되지 않겠습니까?"
"그렇지 않아요. 법원에 알아보니까 조합장한테 도장을 받아야 하고 납부 영수증 원본을 가지고 와야 내준다고 하는데 조합장은 찾아갈 때마다 자리를 피해 만날 수도 없고 영수증 원본도 분실하고 없어요. 강제집행을 당할 때 없어졌나본데 찾을 수가 있어야지요. 판사들은 사기 서류라고 조합원들이 수없이 항의해도 확인을 않더니만 원본이 아니라 돈을 내줄 수 없다니 말이나 되는 얘기입니까?"

같이 온 박씨 조합원 아주머니가 눈물을 훔치며 화제를 바꾸었다.

오후 2시부터 총회라 정오가 가까운 시간이라 해장국을 하나씩 시켰다. 땀을 흘리면서 맛있게 드시는 그 분들의 모습은 어쩌면 우리들 부모님의 상이 아닐까 싶다.

"2시부터 회의라 곧 출발해야 될 것 같습니다. 어디로 모실까요?"

처음에는 거절을 하다가 나중에는 내 말에 따랐다.

"아까도 말씀드렸지만 자꾸만 마지막 같은 생각이 들어 옛 동네의 양로원 친구들한테 인사나 하러 가겠습니다. 동사무소가 그쪽이니 양로원 앞에 내려주십시오."

노인을 양로원에 내려드리고 회의장으로 향했다. 이 분도 위증죄의 증인으로 증언을 하겠다고 벼르시더니 재판 하루 전(2004. 5. 14) 세상을 뜨고 말았다. 재건축조합 사건의 첫 희생자로 등록되어야 할 것이다. 누가 이렇게 순박한 분에게 병을 주었는가.

법보다 주먹이 가깝다는 걸 보여줘야 한다는 부동산 사기꾼들은 엄청난 법의 보호를 받고 순진하고 정직한 주민들은 법이라는 칼날에 내몰리고 희생되어야 하다니…

4. 외부 사람들을 동원한 협박

(1) 조직 폭력배와 녹취록

현재(2002. 9 초) 남아있는 조합원은 11명뿐으로 동네는 완전히 폐허로 변해버렸다.

컨테이너에는 폭력배들이 거주하고 마당에는 창문을 깨뜨린 유리 파편이

어지럽게 널려있고 뒤편에는 내다버린 가재도구들로 그 모습이 전쟁터를 방불케 한다. 어린아이들을 둔 아낙네들은 위험하다고 집을 비워 더욱 을씨년스럽게 느껴졌다.

집으로 오는데 아내의 다급한 전화소리가 귀를 울린다.

"여보! 무서워 죽겠어요. 당신 지금 어디 계세요?"

"집으로 가고 있는데 무슨 일이야. 5분 이내에 도착할 거야."

"지금 문 밖에 어떤 사람이 찾는데 투시경으로 보니까 어깨가 아주 두꺼워요. 누구냐고 물었더니 시공사에서 나왔다고 하는데 무서워 죽겠어요. 빨리 집으로 오세요."

아무리 폭력배가 왔다고는 하지만 아내가 이렇게 무서워서 쩔쩔매는 것은 처음이다. 항상 당당한 여자였기에 더욱 두려움이 앞섰다.

"알았어! 금방 도착하니까 침착하게 대처하도록 해. 당황해서는 안 돼! 정 불안하면 나와 통화하면서 문을 열어 줘."

"알았어요!"

집에 들어서니 방안에는 건장한 젊은이가 서 있었다.

"이 분이 당신이 조금 전에 말하던 분인가?"

"예, 시공사에서 오셨다고 하시는데…."

"아! 그렇습니까? 무슨 일로 저희 집을 찾으셨습니까?"

"저는 이○○라 합니다. 백이사님 말씀은 많이 들었습니다. 그래서 회사와 중재해 보려고 이렇게 찾아뵀습니다."

언뜻 봐도 이 사람은 정식 직원은 아닌 것 같았다.

"그럼 시공사에서 나오셨습니까?"

"(머뭇거리다가) 회사의 정식 직원은 아니고요. 실은 회사하고 중재할만한 위치에 있는데요."

젊은이를 찬찬히 쳐다보았다. 그는 주민등록증을 꺼내 보이면서 말했다.

"확인해 보십시오. 저는 사장님으로부터 오더(Order)를 받고 나왔습니다. 은평구에 회사에서 지은 고급빌라가 한 채 있는데 그 집을 이사님께 드리고 여기에 있는 집은 다른 사람들과 같이 회사에서 사드릴 테니 그곳으로 이사하시는 것이 어떠하신지요?"

주민등록증을 확인해보니, 이름은 이○○, 6810××-1520×××, 휴대폰 011)303-××××.

정식 직원이 아니며 이런 일을 한다는 솔직한 대답이 마음에 들었다.

"솔직한 소개에 감사합니다만, 의견에 동의하지 못할 것 같습니다. 처음부터 사업을 방해하거나 개인적인 이익을 위해서라고 생각했다면 잘못입니다. 아시다시피 온 동네는 쑥대밭이 되고 조합원들은 쫓겨났습니다. 적법한 절차에 따라 재건축사업을 했다면 이러한 불상사는 없었을 것입니다. 조합원들의 막도장을 수십 개나 위조하고 가구당 4,000여 만 원씩이나 분담금을 올리고 시행·시공사도 바꾸고 주차장을 지하 2층에서 1층으로 변경했습니다. 또 정당한 조합 운영을 요구하는 조합원들을 선별하여 가처분을 단행하고 소송을 제기하여 조합원들이 쫓겨나가고 있는데 가만히 있을 수는 없지요. 이것은 돈으로 환산하자면 백억이 넘는 부동산 사기입니다."

"이사님, 조합원 대부분이 신탁하거나 이사하고 이제 몇 사람만 남았습니다. 너무 그러지 마시고 은평구로 이사하세요. 허락하신다면 저희들이 쥐도 새도 모르게 40분 안에 이사를 완료해 놓겠습니다."

"나는 귀사와 아무런 유감이 없습니다. 조합장의 말대로 제일 싼값으로 좋은 집을 지어 준다는데 무슨 유감이 있겠습니까? 오히려 감사해야지요. 그리고 내가 은평구로 도망갈 이유도 없고요. 내가 자리를 뜬다면 사기꾼들은 나로 인해 공사가 지연되었다고 남아있는 조합원들에게 추가 분담금을 부과할 사람입니다. 그래서 이 동네를 떠날 수도 없습니다."

"이사님, 제가 중재할 수 있는 것은 이것 밖에 없습니다. 생각을 바꾸실 수 없겠습니까? 동네에 동생들이 여러 명 있는데 이사님의 신변을 보호해 드리라고 해놓겠습니다. 혹시라도 문제가 생기시면 연락을 주시지요. 그리고 다시 한번 생각하시고요."

"무슨 말을 하는지 알겠습니다. 오늘 이 말을 들은 자체만으로 고맙게 생각하고 나머지 조합원들에게 회사와 합의하도록 주선해 보겠습니다. 이것만은 약속해 드릴 수 있습니다."

"이사님, 저희가 공사할 수 있도록 도와주십시오. 부탁드립니다."

"돈이 오가는 일이니 귀사의 대표하고 이 일을 매듭짓도록 합시다. 그래야 나도 조합원들에게 설득력이 있을 테니까요."

"내일 사장님과 만나시도록 주선을 해보겠습니다."

이튿날 사장과 동네 커피숍에서 만나 어제와 같은 말을 나누었다. 그리고 아내에게 조합원들의 집을 공동으로 양도할 것을 주선하라고 일렀다.

며칠 후 아내가 시공사와 합의하고 가격은 평형별로 계산하여 650만원에서 700만원이라고 하여 조합원들을 불렀다.

"여러분! 시행사에서 조합원들과 합의하겠다고 합니다. 그러니 욕심부리지 말고 처분하여 이사합시다. 사업 승인을 받은 건물이라 약간의 프리미엄은 있으니 제 말대로 하시는 것이 좋을 것 같습니다. 여러분들의 의견은 어떻습니까?"

"그럼 이사님은 어떻게 하시려고요."

"나는 처음에 말했듯이 여러분과 같이 팔든가 신탁하겠습니다. 신탁한 조합원 중에서 들어와 달라는 분들이 상당히 많아요."

"이사님! 기왕이면 2억을 채워달라고 하면 어떻겠습니까?"

그 사람의 얼굴을 쳐다보고 웃었다.

그리고 사흘 뒤 조합원들의 등기권리증과 인감증명, 인감도장을 걷어 공동으로 집을 팔기로 했다.

"여보! 이상하게 그 사람하고 연락이 안 되네요. 휴대폰을 받지 않아 사장한테 전화해도 받지 않네요!"

아내의 말을 듣고 대표한테서 받은 명함을 찾아 전화해보니 받지 않는다.

"집에 왔던 사람이 메모한 걸 가지고 와요. 아무래도 이상한데!"

그 사람의 인적 사항을 조사해보니 전과 기록이 화려하고 당시에도 수배 중이라고 나왔다. 무엇인가 크게 잘못되고 있음을 직감했다. 조합원들한테 받은 서류를 돌려주고 잘못되고 있음을 말해주었다. 아내에게 물으니 당황하여 말을 못하고 흥분했다.

며칠 후 문 밖에 뭐가 떨어지는 소리가 나서 나가보니 각대봉투였다.

표지에 아내의 녹취록이라고 되어 있고 내용은 아내가 통화를 한 것인데 우리 집을 5억 5천만 원을 달라고 한다는 내용과 조합원들의 집은 평형 당 650만 원에서 700만 원을 달라고 하는 내용이다.

아내한테서 자초지종을 들었다.

'나한테 조합원들의 부동산 매매를 부탁 받고 밤늦게 우리 집에 왔던 젊은이를 만났다. 약속 시간에 나가보니 폭력배 5~6명이 아내를 중심으로 커피숍 이중문 밖에 둘러쌌고 젊은이와 얘기를 나누었다. 젊은이는 우리 부부를 추켜세우고 아내의 사업장 폐쇄와 조합의 폭행으로 치료받는 것도 위로했다. 그는 그동안 고생도 많았고 폐업했으니 손해도 많을 것이라며 우리 생활을 걱정해주었다. 그리고 회사는 이런 일을 가만히 보고 있는 것은 도리가 아니어 보상해준다고 한단다. 조합원들의 부동산 가격을 합의하고 별도로 보상을 해준다는 사탕발림 말에 감동했고 한편으로는 늦은 밤 폭력배들의 위협에서 벗어나려고 기분 상하지 않도록 대답하고 그 자리를 벗어나려 했다. 그리고 녹취록은 사건의 앞부분은 빼고 뒷부분만 작성하여 모든 조합원들에게 배포한 것이다.'

그리고 아내는 조합원들의 부동산 합의에 대한 말만 내게 전했다. 이 말을 듣고 아내에게 부동산 중재를 맡긴 것이 후회스럽기도 했지만 폭력배들 속에서 무사히 돌아온 것만도 고마웠다.

"되었네, 이 사람아! 밤늦게 위험한 일을 왜 하고 다녀. 앞으로 조심하게나. 우리가 손해 본 걸 돈으로 환산하면 그 정도밖에 안 되겠는가! 이것을 기화로 경거망동은 삼가게나."

만약 폭력배가 나를 찾아왔을 때 내가 욕심을 부렸다면 이보다 훨씬 강하게 매도되었을 텐데 도덕성을 요구하자 나를 녹음하는 것을 포기하고 아내를 유인했다는 생각을 하면 지금도 등골이 오싹하다.

(2) 장애인들의 단합대회(2002년 9월 11일)

21일이 추석이니까 명절이 정확히 10일 남았다.

밖이 떠들썩하여 내려가 보니 50여 명의 장애인들이 앞마당에 모여있다. 강제집행을 했을 때 조합원들의 집에 들어간 사람들이었다.

이들 중 회장이라는 노인에게 다가가 한마디했다.

"회장님 무슨 일로 소란을 피웁니까? 나하고 약속했었을 텐데."

"이사님하고 약속을 지키려고 했는데 추석이 다가와도 조합 놈들이 소주 한 박스도 내놓지 않아 여기에서 단합대회를 하려고."

"아니 영감님! 단합대회는 내가 참견할 일은 아니지만 하필이면 남의 동네, 남의 마당입니까? 빨리 물러가세요!"

"아 C8! 왜 그렇게 시끄러워."

"뭐야! 당신 지금 뭐라고 했어."

양손에 의수한 사람이 내 옆으로 다가오면서 욕을 한다. 그러자 회장이라는 노인이 바로 맞받았다.

"야 임마! 이 분이 누구신데 그래. 빨리 잘못했다고 안 해!"

그러자 장애인이 잘못했다며 조용히 할 테니 염려 말라고 했다.

"영감님! 조용하세요. 여기에서 불상사라도 생기면 어쩌려고."

"걱정 마세요. 어차피 약속하고 나왔으니까 시간만 채우고 갈 거요. 우리도 먹고살아야 될 거 아니요!"

누구하고 무슨 약속했는지는 독자의 판단에 맡기겠다.

"이사님! 이리 와서 저 좀 보세요."

회장이 봉고차 옆에서 앨범을 보여주는데 장애인들이 건설 현장에서 난장판을 벌이는 사진들로 꽉 메워져있었다.

"그래서 영감님이 여기에서도 이렇게 하겠다는 거요?"

"아니, 그럴 리가 있나! 그건 걱정하지 마세요. 우리들한테 소주 몇 병만 사주십시오. 보시다시피 모두가 불구자들이 아니요?"

"알았어요. 지금 재판 때문에 법원에 가니까 돌아올 때까지 모두 철수하세요. 약속은 지킵시다."

"알았습니다."

이들에게 소주 열병과 약간의 술안주를 사주고 법원으로 향했다.

조합과 건설회사에서 장애인들까지 사회악으로 이용하다니 천인공노(天人共怒)할 일이었다.

재판을 마치고 돌아와 보니 동네는 그야말로 아수라장이었다. 휠체어를 타고 있는 사람이 성기를 내놓고 아무데나 방뇨하며 욕설과 싸움을 하는가 하면 여인들한테 음담패설, 어린 여학생한테는 성희롱 등으로 아예 부녀자들은 애들을 데리고 집을 떠나 다른 곳으로 돌아다녔다. 이들은 마당 여기저기 불규칙하게 주차해놓아 우리들 차는 아예 들어오지 못하게 해놓고 트렁크에 장착된 가스통을 터뜨려 죽여버리겠다고 술에 취해 고래고래 소리를 지르며 난동을 부렸다.

112에 신고했다.

한참 있으니 파출소 차량이 오더니 문도 열어보지 않고 자동차 안에서 고개만 돌려 쳐다보고 지나쳤다. 또다시 경찰서로 신고하여 경찰관이 나왔다.

"신고하신 분이 누구십니까? 무슨 일이시죠?"

"내가 신고했습니다. 경찰관은 저 앞이 안 보이십니까?"

"……."

"저 사람들은 이 곳 주민들도 아닌데 남의 집 마당에 자동차를 세워 놓아 난동을 부리고 있으니 해산시키고 주차문제도 해결을 좀 해주십시오."

"… 주차 문제는 우리 소관이 아니고 구청이 담당합니다."

'자동차를 부수면 경찰한테 개입하지 말라고 해도 개입하지!'

혼잣말로 중얼거리더니 슬슬 꽁무니를 뺀다. 정말 어이가 없었다.

구청과 경찰서로 다시 전화했다.

한참동안 기다리니 구청에서 직원이 나와 경찰과 비슷한 말을 했다.

"주차장 밖의 주차 문제는 구청에서 단속하지만 주차장 안의 문제는 주민들끼리 해결해야지 우리가 해결할 문제는 아닙니다."

"그럼, 길가의 주차 문제하고 남의 집 마당에 주차하는 것하고 어느 쪽이 불법강도(不法强度)가 높습니까?"

"조합에서 이곳에 집을 사기도 했다면서요."

"그게 무슨 말입니까?"

"조합에서 여기에 있는 집을 사고 사람들이 왔으니 조합과 해결해야지요."

조합에서 구청에 통보하고 장애인들을 불러 행패를 부리다니 기가 막힐 노릇이다.

단속하려는 기미가 보이지 않아 다시 상급 기관에 전화했다.

"경찰서장에게 직접 말씀을 해보십시오. 바로 조치해놓겠습니다."

한참 있으니까 경찰서 정보 담당이 나와 장애인들과 무슨 말을 하고 있다.

전에 나왔던 경찰관은 건너편에서 색안경을 쓴 채 응시하고 서 있다. 경찰관은 갔는데 장애인들은 떠날 생각을 않는다.

"영감님! 왜 가지 않는 거요! 경찰관이 뭐라고 합디까?"

"응, 별거 아니오. 20명이 넘으면 집회 신고를 해야 하니까 숫자를 줄이래! 그래서 내일은 20명 미만이 나온다고 했어."

"그래서 어떻게 하겠다는 거요. 똥물에 튀길 놈들이로구먼!"

"너무 걱정 마슈! 내일 하루만 하고 오지 않을 테니까."

달래는 방법 외에 대책이 없을 것 같았다. 민중의 지팡이라는 경찰관이 행패부리는 자들과 타협이나 한다! 유구무언(有口無言)일세, 그려!

이튿날은 17명이 나와 수선을 피우고 다음부터는 오지 않았다.

(3) 이사를 왔다고요? (2002년 9월 30일 아침)

문밖이 시끄러워 나가보니 앞집에 사람이 들어왔다.

"누구십니까?"

"이사온 사람입니다."

"이 집에 이사를 오셨다고요?"

"……"

"재건축 한다고 집을 비우는데 이사왔다고요! 당신들은 누구요?"

"실은 부동산 하시는 윤중재 씨가 이 집에 들어가서…."

전에 살던 이 집 주인은 술을 좋아했고 부부싸움이 잦았다. 다른 조합원들과 소송을 하자고 했는데 윤중재 감사가 주인한테 술을 사고 회유하여 7,000만 원에 매매하기로 하고 100만 원을 계약금으로 주었다. 부인이 계약금을 돌려줄 테니 해약하자고 부동산에 쫓아갔다. 감사는 계약금을 내줄 수 없다고 펄쩍 뛰다가 취소하려면 위약금을 많이 물어야 한다면서 남편을 데려오라하자 다시 감사를 찾아갔다. 감사가 남편한테 어찌나 면박을 주는지 자존심이 상해 포기했다면서 억울하여 어찌 살겠느냐며 울기도 했었다.
　같은 집을 3개월 후 1억 3천800만 원에 합의했으니 강탈이 아니고 무엇인가!
　저녁에 들어와 보니 이사를 온다는 이 사람들은 간데없고 창문을 비롯하여 집을 다 뜯어버리고 드나드는 계단에 현관문을 부수어 걸쳐놓고 다시는 오지 않았다.

(4) 동네에서 말썽부리지마(2002년 10월 16일)

조합원들과 주점에서 술을 마시고 집으로 들어오는 길이다. 조합에서 설치한 컨테이너 쪽으로 가는데 한발 앞서 조합장이 걸어간다. 컨테이너에 있던 젊은이 둘이 조합장을 보자 인사를 한다.
　"추운데 수고들 많구먼! 얼마 되지 않지만 음료수나 사먹지"
　하더니 그들에게 만 원짜리 지폐 두 장을 주더란다.
　조합장은 이들을 일러 경비라 했지만 폭력배들로 내 재판에서 선고한다 (8. 30)는 10일 전부터 거주하며 조합원들에게 무언의 협박을 가했다.
　신체가 좋은 젊은 사람들과 조합원들은 심심찮게 다툼도 있었다.
　그날 밤.
　술 때문인지 일찍 잠자리에 들었는데 아내가 깨운다.
　"밖에서 누가 싸우는 것 같아요."
　"거지소굴 같은 곳에서 누가 싸워. 요즘 집이 비니까 지하실에 자고 나간 흔적이 보인다는데 문제야. 이러다가 우범지역이 되겠어."
　옷을 입고 내려가 보니 그 젊은이들과 조합원이 다투고 있었다.
　우리 집에 젊은이가 다녀간 뒤로 이 젊은이들도 나를 보면 눈인사를 했다.
　"뭐야! 김형. 왜 그래!"

"아! C8! 이거 환장하겠네."

젊은 사람은 100리터짜리 쓰레기봉투를 한 손으로 던져버렸다. 쓰레기봉지가 터져서 하얗게 마당에 나뒹군다. 차라리 위험한 유리 파편들을 덮어줘서 고맙다고 표현하자. 조합원을 먼저 돌려보내고 젊은이들에게 동네에서 말썽부리지 말라 당부하고 들어와 잠자리에 들었다.

(5) 폭력배들의 총회 감시(2002년 11월 5일)

법원 판결의 근거가 되고 폭력배들의 감시 하에 이루어진 이 조합원 총회는 임시총회 편에서 설명하자.

(6) 즉결심판(2002년 11월 초)

새벽부터 벽이 울리고 유리창 부서지는 소리가 요란하다. 우리가 살고 있는 건물을 부수고 있었다. 낮에는 쉬고 새벽이면 일을 한다.

아침 식사하는데 앞집에 사람 소리가 나고 유리 깨지는 소리가 더욱 요란하여 나가보니 우람한 사람이 해머를 들고 나오면서 소리를 질렀다.

"C8! 누구든지 방해만 하면 해골을 꽉 쪼게 버릴 거야!"

"당신, 지금 누구한테 하는 말이요?"

"어떤 놈이 남의 물건을 훔쳐가! C8! 잡기만 하면 죽여버릴 거야. (나를 쳐다보고) 뭐야! ×같이 뭐냐고."

흉기를 든 사람이 눈을 부릅뜨고 경상도 말투로 욕을 한다. 우리 앞마당이 시끄러워지자 사람들이 모여들었고 사태가 심상치 않자 다른 조합원이 신고를 했나보다.

파출소에 연행되고 조사하던 경찰관의 말이 가관이었다.

"한 동네에 살면서 이해하고 서로 사과하세요."
"여보시오. 경찰관 지금 한 동네에 사니까 사과하라고 했소?"
경찰관의 얼굴을 쳐다보니 말을 바꾸었다.
"예, 선생이 일방적으로 당하기만 했다면 3만 원짜리 딱지 하나 끊고 서로 이해하시는 것이 좋지 않겠습니까?"
기가 막혀 아무 말 없이 서 있으니까 옆에 있던 조합원이,
"경찰관님! 제가 3만 원을 드릴 테니까 저한테 욕 좀 들어보실라유?"
그러자 처벌하겠다며 경찰서로 연행하여 벌금 50만 원을 받았다고 했다. 물론 '짜고 치는 고스톱'이라 믿지는 않지만.

5. 그래도 양심은 있었구먼!

(1) 또 선거 덕을 보려는 것이겠지요(2002년 5월)

"이사님, 이번 구청장 선거에 대해서 알고 있어요?"
"아니! 전혀 관심 없습니다."
" △△당 ○○○ 후보 모임에 나가봤는데 조합장과 총무가 나와 있고 나를 보더니 한쪽에서 고개를 돌리고 모르는 척 하던데요."
"당연하겠지. 아무리 철면피라지만 양심은 있을 테니까."
"제가 운동원에게 그 새끼들이 설치면 얻을 표도 놓친다고 했습니다. 무지막지한 사기꾼 놈들!"
"이사람 보게! 조합장이 선거운동을 하고 얼마나 많은 덕을 보았는지 몰라? 작년 조합장이 국회의원 사무실에서 부동산 감사와 나오더라는 말을 같이 들었잖아. 그것 때문에 경찰이나 검찰에서 웃기는 소리를 해가며 지원하

고 있나 봐. 하지만 이번에 선거법 위반으로 벌금형을 받았기 때문에 무슨 일이 있을 거야. 좀 기다려 보세나."
"운동원이 후배인데 그 놈들은 끼워주지 않겠다고 했습니다."
"그거야 알아서하겠지."

(2) 벌써 재산을 빼돌렸네요(2002년 6월)

조합원이 조합장의 등기부등본을 가져와서 보라고 한다. 법무사한테 등기부등본을 조합원 앞에서 설명해 보라고 일렀다.
"조합장은 벌써 자기 집을 다른 사람 앞으로 빼돌렸는데요."
"조합장이 집을 팔았다는 말은 없는데 무슨 말이요?"
"참 이사님도! 매매 예약은 조합장들이 타인에게 집을 매매하면 자격이 박탈되니까 편법으로 이용하는 수법입니다. 그것도 몰라요?"
법무사의 이 말을 들은 사람들은 그럴 수가 있느냐며 야단이다.
며칠 뒤 변호사에게 물어봐도 같은 대답을 했다.
이것을 법원 서류에 제출하자 원점으로 돌려놓았다. 조합원이 이 책을 읽는다면 조합장의 재산 도피 현상을 잘 살펴보길 바란다.

(3) 그 놈! 참 약삭빠르구먼(2002년 10월 2일 새벽)

전화 벨소리가 요란하게 울려 받아보니 다급한 목소리가 들렸다.
"형! 말소리 좀 적게 해봐. 무슨 말인가 알아들을 수가 없어!"
"응. 새벽 운동하려고 밖에 나왔는데 조합장 집 밑에 화물차가 있어. 누가 이사하느냐고 물었더니 조합장이 이사한대. 이상하여 따라 올라갔더니 작은 짐은 언제 옮겼는지 없고 장롱만 있더군. 어디로 가느냐고 물으니까 모른다고 하는데 어쩌면 좋지? 옆에서 전화하기가 불편하여 밑에서 핸드폰으로 전화하는 거야."

"아직 재판이 끝나지 않았으니 이사하는 곳을 꼭 알아두어."

"알았어! 다시 전화할께."

조금 있더니 다시 전화가 왔다.

"백형! 오늘 이사를 안 간대!"

"아니야. 오늘 이사할 거야. 형이 없는 사이 자기들끼리 연락했어. 교대로 잘 감시했다가 저녁에 우리 집에 와요. 그럼 수고해 줘요."

"알았어. 누구를 부를까!"

저녁에 이 사람은 소주 한 병을 사들고 왔다.

"그 놈 참 약삭빠르더군. 아니! 이사를 안 간다는 놈이 출근 시간을 넘겨 다시 이삿짐을 가지러 보냈어. 다른 조합원과 같이 망을 보다가 장롱을 싣기에 내 차로 화물차를 따라가 봤더니 여기잖아."

"그래서."

"엘리베이터가 정지하는 층에 올라가 보니 조합장이 놀라더라고."

"그래서."

"어떻게 알고 왔느냐기에 이웃에 살면서 이삿짐이라도 정리해 줄까싶어 따라왔노라고 그랬지."

"그래서."

"그랬더니 괜찮으니 그냥 가라고 하여 주소만 적어 가지고 왔어."

"그래도 양심은 있었구먼! 도망 다닐 짓을 왜 하고 살지!"

그리고 조합원이 주는 조합장 주소를 건네받았다.

6. 조합장의 사기 증언과 재판진행(2002년 6월 28일)

　조합장 신문이 있다고 모든 재판부에 접수되어서인지 두 사건을 제외하고 명도소송은 판단기준(判斷基準)이 바뀐 것 같았다. 합의를 유도하기 위한 판사들의 노력이 눈에 보인다.
　변호사와 점심을 먹으면서 나누었던 이야기가 생각난다.
　"한변호사님, 내가 생각하기에 법률이 잘못되었는지 아니면 법률을 적용하는 판사들이 잘못되었는지 이해되지 않습니다."
　"무슨 뜻으로 하시는 말씀입니까?"
　"소송 전 법조계에서 은퇴한 선배와 얘기한 적이 있습니다. 그 선배는 법원의 판단은 증거를 제일로 채택하니 모든 자료들을 하나도 버리지 말고 보관해 두면 필요할 때가 있다 하여 모든 자료를 보관하고 있어요. 그런데 법원에서는 그렇지 않거든요. 조합의 자료들이 허위라고 모두가 아우성인데 진위 여부를 가리고 난 후에 재판을 진행하는 것이 순리가 아닐까요?"
　"……."
　"그리고 집안에 인척으로 계신 교육학자의 말씀대로 교과서인 법률이 잘못되었는지 교사인 판사가 잘못된 것인지 무엇인가 크게 잘못된 것만은 확실한 것 같습니다."
　"이사님께서 말씀하신 부분이 법정에서 가장 판단하기 어려운 부분일 수도 있습니다. 우리나라 법률은 일본에서 답습해 왔고 일본은 독일에서 베껴 왔습니다. 그러다보니 전체적이고 국수적인 점들이 우리 현실과 맞지 않을 때도 있을 것입니다."
　"여보시요. 한변호사! 내가 알기로는 개인을 중시하는 법일수록 선진국법이고 개인을 무시하는 법일수록 후진국법이라고 알고 있는데 우리는 후진국법을 벗어나지 못했다고 치부해도 되겠습니까?"

"이사님도! 그렇게까지 비약할 필요는 없고요."

"아닙니다. 우리나라의 법률은 공급자 위주로 되어 있어요. 선진국에서는 수요자 위주로 되어 있다는 것은 변호사도 잘 알고 있지 않습니까? 그래서 우리나라는 정직하고 근면하면 푼돈을 만지거나 도태되고 사기나 폭력이 큰 돈을 만지는 형태가 되어버렸으니 국가의 장래가 걱정입니다. 그래서 나는 청빈(淸貧)이라는 말을 아주 싫어합니다. 청부(淸富)가 되었으면 좋으련만. 타 업종에서는 상상도 못할 거금이 오가는 건설업은 폭력배들까지 동원하고 법원에서도 동조한다는 느낌을 주니 큰일입니다."

"……"

7월부터 재판 일정은 취소 또는 연기되고 세 곳만 진행되었다. 그 중 한 건이 합의부의 결정을 보고 판결하자는 단독재판으로 조합원 패소(7. 30)가 선고되었다.

7. 재건축 전문단체와 변호사 선임(2002년 8월)

7월 초 장인어른이 서울아산병원에서 수술을 받기 위해 올라오셨다가 8월 초 수술을 마치고 내려가셨다. 아무래도 조합원들과의 상의는 예전 같지 못했을 것이다.

조합원 한 사람이 병문안을 왔는데 고마운 마음을 뭐라고 표현해야 좋을지. 이것이 보람이고 사는 맛인가 보다!

조합원들은 1차 명도사건 패소(6. 27)와 강제집행(7. 8), 형사재판 선고(7. 23), 2차 조합원 패소(7. 30)와 강제집행(8. 9) 등으로 절망과 갈등이 최고조에 달했다.

하루는 다른 연립주택의 반장이 찾아왔다.

"이사님! 민사재판장의 횡포(6. 27)와 형사재판 판사의 횡포(7.23)에 대해 상의하러 왔습니다."

"무슨 말씀인지 기탄없이 말씀하시지요."

"이사님을 무시하는 말인지 모르지만 섭섭하게 생각하지 마세요."

"그게 무슨 말씀입니까? 처음부터 말씀드렸다시피 저는 법률 전문가도 아니고 또 건축도 아는 게 없습니다. 그저 정직하게 살아야 한다는 것 밖에요. 무슨 일인지 말씀하십시오."

"조합에서 던지는 돌을 피하지만 말고 우리도 던지는 방법을 상의하자고요. 인터넷에 재건축 전문단체가 나와 있는데 상의해 보는 게 어떨는지요?"

"그렇게 좋은 말씀을 왜 이제 하십니까? 실은 저도 반장님과 같은 말씀을 처음부터 기다렸는데 잘 되었습니다."

"실은 제가 통화를 했는데 예약하고 찾아오라 하더군요."

"제가 말을 못한 이유는 반장님께서도 잘 아시겠지만 누구를 만나든 돈이 아닙니까? 어색한 말을 하지 않으려고 변호사 친구들이나 선배들한테 물어 서면을 작성했습니다. 변호사에게 의뢰하면 돈에 대한 말을 해야 되겠기에 벙어리 냉가슴 앓듯 속만 태웠는데 관심을 가져주셔서 감사합니다."

"이사님, 정말 기분 나쁘지 않으세요?"

"무슨 말씀! 장인어른이 서울에서 수술을 마치고 그저께 내려가셨습니다. 또 돌팔이 같은 저한테 법 일을 맡기고 조합원들이 불이익을 당하면 어떻게 책임지겠습니까? 진심으로 감사드립니다."

그렇다!

만나는 사람마다 변호인을 선임하라고 했지만 선임료가 조합원들이 십시일반(十匙一飯) 부담하기에는 너무나 큰 금액이었는데 조합원이 자발적으로 거론한다니 이보다 기쁜 일이 어디 있으랴!

이러한 이유로 조합원들은 변호사비란 명목으로 돈을 갹출했다.

나는 조합원들과 ○○○ 법무법인을 찾아가 친구의 도움을 청했다. 친구는 부동산 전담 변호사를 소개하며 만나보라고 했는데 팀장 변호사가 조합원들에게 자세한 설명을 해주었다. 너무 많은 사람들이 방문했다고 생각했는데 팀장 변호사는 한 시간 반 이상을 친절하게 설명하여 조합원들을 매료시켰다. 변호사는 우리말은 듣지도 않고 설명하는 말이 우리와 같았다. 즉 재건축사업에서 우리와 같은 일이 보편화되었다는 말이다.

"지금 저희들이 수임 결정을 못하겠습니다. 다른 변호사와 상의하여 결정하도록 하겠습니다. 오늘은 이만 돌아가시지요."

며칠 뒤 팀장 변호사한테서 전화가 왔다.

"저희 회사에는 선생님 사업부지 시공사의 고문법무법인으로 등록되어 수임하기가 불가능합니다. 시공사에 대한 예의가 아니니 다른 변호사를 찾아보시지요. 미안합니다."

"잘 알겠습니다. 자세한 설명에 감사합니다."

보기 좋게 거절을 당하고 재건축 전문단체를 방문했다.

그동안의 사정을 자세하게 설명하고 해결책을 묻자 관계자가 말했다.

"지금이 어떤 세상인데 그와 같은 일이 있을 수 있겠습니까?"

법치국가에서 있을 수 없는 일이라고 믿으려 하지 않고 흥분했다.

"이것은 현재 대한민국 수도 서울에서 공정한 법률을 집행한다는 사법부의 보호를 받고 있는 사실입니다."

집에 돌아오면서 같이 갔던 반장에게 부탁했다.

"면담한 단체를 소개해 줘서 고맙고 앞으로도 반장님께서 계속해서 수고해주셔야 되겠습니다. 장인어른의 병세가 심각합니다. 아무래도 처갓집에 자주 다녀야 될 것 같으니 수고해주십시오."

"……."

반장이 대답을 않기에 더 이상 묻지 않고 허락으로 간주해버렸다.

단체에서 소개한 변호사는 고맙게도 어려운 사람들의 일을 지금도 친절하게 상담해주고 있다. 조합원 38명이 서명하고 10건의 사건 중에서 판결이 난 2건을 제외하고 8건을 모두 수임하게 되었다.

한번은 처갓집인 공주에서 차를 타고 올라오는데 전화가 울렸다.
"이사님! 저 통장이예요."
"무슨 일인데요?"
"지금 조합원들이 모여있는데 이사님이 설명해야 될 것 같아요."
동네에 들어와 보니 많은 사람들이 모여있었고 조합원 중 일부가 집을 팔려고 하는데 공증(2002. 2 초)한 것을 풀어달라는 것이었다.
"조합원님, 그건 제가 한 것도 아니고 결정권도 없습니다. 여러분들의 뜻에 따라 결정하는 것이 옳다고 생각합니다."
탈퇴하겠다는 조합원들을 비켜달라고 하고 다른 조합원들에게 물어보니 어림없는 소리란다. 해당 조합원들에게 이 말을 전해주자,
"조합은 판사한테 돈을 먹여 자기들한테는 안 된다는 말을 하고 조합장이 도장을 파서 조합 서류를 만들었다 했어도 법원은 외면하잖아요. 또 민사재판(6. 27, 7. 30)에서는 우리가 졌고 형사재판(7. 23)에서는 이사님의 말씀도 듣지 않고 벌금을 내라고 하잖아요. 이 동네에서 무서워 못 살겠어요."
판사들이 무서워서 못 살겠다니 더 이상 무슨 말이 필요할까!
요즈음 조합원들이 많이 흔들리고 추진위원들이 중재한다는 말도 들린다.
전문단체에서 조합원 대표가 내용을 설명하고 되물었다.
"우리들끼리 집을 팔면 다른 사람들의 손해까지 변상해야 된다고 공증했는데 법적인 구속력이 있습니까?"
"합법적인 단체가 아니면 법적인 구속력이 없을 것입니다."
8월 초에 변호인을 선임하고 38인이 선임계를 작성했는데 이 말을 듣고

중순경에 11인으로 급격히 줄어들었다. 가장 큰 문제는 법원이 공정하지 못하여 재판을 포기한다는 말이다. 조합원들은 대표의 설득에 붕괴되었는데 같은 건물이라도 대표들은 얼마씩 더 받고 조합장과 감사에게 부동산을 계약했다. 조합장과 감사는 계약금만 주고 집을 사서 차액을 남기고 다른 사람에게 중개했다. 조합원들은 도장하나 잘못 찍은 죄로 정들었던 집을 쫓겨나 동네를 떠나야 했다.

8. 조합원 총회와 폭력배 동원(2002년 11월 5일)

회의장 밖에서 폭력배들이 아내의 녹취록을 나누어주고 있었다.

회의 참석자 명단에 서명을 하려니까 거절했다. 이유를 물으니 조합장의 얼굴만 쳐다볼 뿐이다. 할 수 없이 회의장으로 들어갔다.

회의장에도 폭력배들이 총회를 감시하고 있었다. 조합 총회에 폭력조직이 동원된다는 사실은 앞에서도 설명했지만, 참석한 조합원 대부분도 모르는 사람들이다.

조합장이 '성원해 준 조합원들에게 감사하다'는 인사를 하고 이어서 시공사에서 사업계획에 대한 설명을 한다.

시공사의 말이 끝나고 손을 들어 의견을 발표하려고 일어섰다. 이번에도 조합장은 마이크를 뽑고 연결된 모든 스위치를 꺼버린다.

내가 앞으로 나가자 조합장은 폭력배들을 동원, 나를 중심으로 스크럼을 짜고 길을 막는다.

"조합원 여러분, 저는 백나명입니다. 잠깐 제 말을 들어보세요."

조합원들은 나가려다 말고 내 말을 들으려고 하자 조합장이 소리쳤다.

"회의가 끝났으니 빨리 돌아가세요. 빨리 나가시라니까요."

당황하여 악을 쓰고 소리를 지르자 조합원들이 회의장을 나갔다.

내가 이 자리에 나오지 않았다면 조합장은 녹취록에 대한 성토를 했을 것이고 아무것도 모르는 조합원들한테 한없이 매도되었을 것이다.

이것이 조합의 마지막 준비서면에서 정당함을 주장한 조합원 총회다.

여기서 잠깐 짚고 넘어갈 일이 있다.

오늘 참석한 조합원의 대부분은 조합장과 감사의 업소에서 조합원 자격을 승계한 사람들이다. 조합장 일행은 원래 조합원들의 집을 싸게 계약하여 다른 사람에게 되팔아 엄청난 부동산 중개 차액을 챙겼다. 더구나 다른 부동산에서 조합원의 집을 중개하려고 하면 조합원 승계를 해주지 않아 그 집을 대신 사게 되었다는 부동산도 있다. 그러니까 부동산 업자가 조합 임원을 하면 전매가 법률로 보장되어 있다는 말이 사실인지 아리송하다. 아무튼 조합원 자격을 승계한 사람들은 오직 자기들이 산 아파트가 완공되면 들어가 살든가 차액을 남기고 팔면 되는 사람들이었다. 즉 들어가든 차익을 남기고 팔든 문제되지 않으니 손해본 사람들은 원래의 집주인으로서 조합장의 등살에 헐값에 부동산을 매매했는데 이들의 억울함은 사회에서 어떻게 받아들여야 할는지….

법원은 이날의 조합원 총회가 완벽하여 원고 조합의 청구권원이 이유 있다고 받아들여 나머지 조합원들이 패소하고 말았다.

9. 원심 패소 후

(1) 허무한 이사(2002년 12월 19일)

아내는 패소판결(12. 6) 후 이사할 집을 구하기 위해 안간힘을 쓰고 부동산중개소를 찾아 돌아다녔다.

  갑자기 집을 구하기란 쉽지 않았다. 돈도 없고, 크기도 마땅찮고, 이사 일자 맞추기도 힘들었다.

  다행하게도 어렵게 집을 구해 20일에 이사한다고 하자 주인은 아무 때나 이사해도 가능하다고 한다.

  이사할 집이 좁아 가지고 있던 가구들을 대부분 버리고 중순경부터 작은 것부터 승용차로 옮겼다. 화물차를 불러 이삿짐을 보내고 만약의 사태에 대비하여 나는 상당한 거리를 두고 승용차로 뒤따라갔다. 아니나 다를까 화물차 뒤에 폭력배가 따라붙었다. 이사할 집의 길이 좁아 자동차가 비킬 수 없었다. 자연스럽게 이삿짐 화물차, 폭력배 자동차, 내 승용차가 움직이지 못하고 그대로 서 있었다. 담배를 피워 물고 차안에서 앉아있자 폭력배도 내 차를 알았는지 밖으로 나오지 않고 그대로 앉아있었다. 그날 군대에 있는 아들 친구들이 이삿짐을 옮기는 것을 돕는다고 맨 앞 이삿짐 차에서 움직이는 모습이 보였다. 마음 같아서는 계속 앉아있고 싶었지만 혹시라도 젊은애들이 많아 예기치 못한 사태를 염려하여 차를 비켜주니 폭력배가 황급히 빠져나갔다.

  이삿짐을 모두 내리고 옛집에 가보니 조합은 내가 이사한 주소를 여기저기 붙여놓아 현주소를 힘들이지 않고 알게 되었다. 지금도 냉장고 옆면에 붙여놓고 고맙게(?) 이용하지만 누가 했는지 기가 막힌다.

  투표일(12. 20) 아침부터 이삿짐을 정리하고 옛집에 가보니 전기, 가스, 수도가 들어오지 않는다. 할 수 없이 가스사업소에 전화하여 연결하고 다음날 아침 수도사업소에 수도 연결을 부탁했다. 수도사업소에서 나와 점검해 보더니 지하실에서 수도관을 잘라버려 수리가 불가능하다고 한다. 캄캄한 지하실에서 물소리가 들려 내려가 보니 물이 넘쳐 흘러나오고 있었다. 어제부터 계속해서 물이 나왔었나 보다.

　이사한 집이 좁아 정리할 때까지 책과 일부는 남겨놓고 4일 뒤에 가지러 갔더니 열쇠를 비틀어 문을 부수고 난장판을 만들어놓았다.

　소중하게 간직하고 있던 서양 유명화가들의 수출용 요판(凹版) 인쇄 책자 20여 권, 팔만대장경 축쇄판, 88올림픽 때 경기장에서 찍은 사진자료 3,000여 컷 등 구할 수 없는 귀중한 책과 자료들이 모두 없어져 경찰에 신고했다.

　한 달쯤 후 이사할 때 따라온 사람은 즉결처분을 받았다는 사람이란 사실을 알았다. 그는 여러 번 찾아와 사과하고 용서를 빌었다.

(2) 패소 후 첫 조합원 총회(2003년 1월 18일)

　신탁등기 한 조합원이 찾아와 총회 일자와 장소를 알려주었다.
　찾아온 그 노인을 양로원에 모셔다 드리고 총회 장소인 동사무소로 갔다.
　"이사님! 꼭 신탁등기를 하셔서 저희들도 살려주셔야 됩니다. 이사님 말씀을 듣고 신탁등기는 했지만 불안해 죽겠어요."
　"앞으로는 괜찮을 겁니다. 염려하지 않아도 별일은 없을 테니 안심하세요."
　조합장은 내가 모르게 총회를 하려다가 참석하자 당황해 하였다. 이들 중에는 조합원의 집을 9채나 한꺼번에 값싸게 매입하여 가족들 이름으로 분산시켰다는 말도 들렸다. 조합원들이야 어찌되었든 조합장과 감사는 부동산 전매로 돈을 벌었으니 이들에게는 고마운 결과인지도 모른다.
　회의장 입구에서 참석자 서명을 받기에 서명하려고 하자 총무가 서명을 받지 말라고 악을 쓰다가 내가 쏘아보자 슬금슬금 피한다. 회의장 안에서는 수사기관의 방패막이인 노가리 감사가 욕을 하고 주위에는 시공사 직원들이 나를 쳐다보고 있었다.
　백나명이라는 말을 듣자 조합원들의 눈이 모두 내게로 쏠렸다.

참석자 서명을 하는 옆에 조합장이 앉아있어 먼저 인사를 건넸다.
"조합장님! 오랜만입니다. 서명은 해야 되겠지요."
볼펜을 빼들고 조합장을 쳐다보자 아무 말을 하지 못하고 앉아있다.
"조합장님이 조합원 참석을 거부하면 가려고 하는데 그냥 갈까요?"
"······."
그러자 총무 옆에 있던 젊은 여자 한 사람이 다그치듯 물어왔다.
"당신이 뭔데 집을 못 짓게 해요!"
내게 덤벼든다. 아내가 앞을 막으면서 말했다.
"여보! 저 여자한테 손대면 사기꾼들과 합동으로 고소할 테니 뒤로 물러나요! (앞을 가로막으며) 이 여자가 왜이래! 누가 집을 못 짓게 한다는 거야!"
그리고 여자를 뒤로 밀어버렸다.
"조합원 여러분! 제가 백나명이올시다. 잠깐 내 말을 들어보시겠습니까?"
회의장은 갑자기 조용해졌다.
안에 있는 조합장 일행과 시공사의 직원들이 들어볼 것 없다며 시끄럽게 떠들었고 어떤 조합원은 들어봐야 된다며 자리에 앉자고 했다.
"당신! 이리 나오시오."
갑작스런 부름에 돌아보니 경찰관이 나를 가리키고 있었다. 파출소가 동사무소와 붙어있었는데, 총무가 신고했다고 한다.
경찰관을 따라 회의장 밖으로 나왔다.
"당신, 신분증 좀 봅시다."
주민등록증을 보여주니 뭔가를 적는다.
"무슨 일이요?"
"왜 소란을 피우는 것이요?"
"누가 소란을 피운단 말이요?"
"소란을 피운다고 신고가 접수되어···."

"선생이 보기에 내가 소란을 피우고 있었습니까?"

"……."

출입문은 안에서 잠겼고 경찰관들이 계단을 내려가려고 한다.

"경찰관! 문을 여시오. 조합원이 총회에 나온 것이오. 확인하였지요?"

"……."

"나는 경찰관이 나오라 해서 나왔으니까 이상이 없으면 제자리로 돌아갈 수 있게 해야 하지 않습니까? 문을 여시오."

"……."

아무 말 없이 경찰관이 내려가려고 돌아선다.

"이 사람! 저 사기꾼들과 같은 패거리 아니야! 문 못 열어!"

소리를 지르고 다가가자 경찰관은 문 앞으로 돌아섰고 안에서 문을 연다. 회의장에 들어서니 시공사 직원이 내가 공사를 방해한다고 떠들고 있다가 나를 보더니 앞으로 협조하여 원만하게 해결할 것이라고 웃으면서 말을 바꾸었다.

지금까지의 조합원 총회와 많이 달랐다. 우리를 제외한 조합원들에게 총회 소집 통지도 했고 참석자 명단도 잘 정리하고 있고 녹음시설과 회의록도 작성하는 등 처음으로 규약에 따라 절차를 준수하고 있었다.

회의가 시작되고 조합장의 말과 시공사의 설명이 계속되었다.

회의가 끝나자 조합장 일행은 혹시라도 내 말을 조합원들이 들을까봐 빨리 해산하라고 조합원들을 회의장 밖으로 내몰았다.

조합원 주소 변경 통보 및 서류의 송달 요청(2003년 1월 23일, 2월 11일)

신축 아파트 터파기가 시작되었는데 가만히 있으면 불이익을 당할 수 있다는 생각에 통보해줄 것을 조합에 내용증명으로 요구했다.

(3) 동사무소 직원과 재건축 조합장들의 윷놀이(2003년 2월 13일)

내일이 정월 대보름이다.

밖에서 들어오니 아내가 전화로 말다툼을 하고 있었다. 말을 들어보니 주민등록에 대한 일로 동 직원과 다투고 있다.

"여기 동사무소 주민등록 담당 ○○○인데요. 백나명 씨죠?"

"예, 안 사람입니다만 무슨 말씀이십니까?"

"다름이 아니고 주소지에서 퇴거를 안 하셨네요?"

"예. 사정이 있어 퇴거를 못하고 있습니다."

"사셨던 건물이 멸실 되고 없는데 빨리 퇴거를 해 가시죠."

"우리도 퇴거 때문에 많은 불편을 겪고 있어요. 아파트에 입주할 때까지 불편을 감수해야 될 것 같아요."

"건물이 없는데 왜 퇴거를 안 한다는 말씀입니까? 퇴거하지 않으면 말소시킬 겁니다."

"동사무소 주민등록 담당이라고 하셨죠? 현재 우리는 재판을 하고 있어 부득이하게 퇴거를 못할 처지에 있어요. 그곳에서 10년 이상 살았고요. 우리가 지금 사는 주소를 알려드리면 동사무소에서 다소 불편하시더라도 배려해 주실 수 없겠습니까?"

"안 됩니다. 퇴거하지 않으면 주민등록을 말소할 거요!"

"뭐라고요! 주민등록을 말소한다고요!"

말소리가 거칠어져 가만히 두고만 볼 수가 없었다.

"누구요! 지금 통화하는 사람이…."

전화기를 가로채 물어보니 동사무소 직원이 전화를 끊어버렸다.

다음날 내가 동사무소로 전화를 하였다.

"동사무소죠? 나는 백나명이라 합니다. 주민등록 담당을 부탁합니다."

"주민등록 담당이요? 교육이 있어 출장 갔는데요!"

물론 주소지를 옮겼으면 당연히 주민등록을 옮겨야 한다. 그러나 복잡한 문제가 얽혀있다고 사정하는데 그 정도의 배려도 할 수 없는지….

이튿날 다른 재건축 조합장을 만났는데 자기들은 잘 한다고 한다.

불법행위를 하다가는 자칫하면 망신당하기 때문에 우리 조합을 거울삼아 모두가 정도를 걷는다고 했다.

"어제 동 직원과 근처 조합장들이 어울려 윷놀이를 하면서 백형 이야기를 하던데, 무슨 일 있어요?"

"아니! 무슨 일."

"실제로 재건축을 해보면 걸리지 않는 기관이 없어요. 그래서 항상 가깝게 지내야 돼요."

"윷놀이에서 조합장은 재미 좋았어?"

"예, 저도 조그만 상품을 탔어요. 별것은 아니지만. 이무기 조합장이 주민등록 담당한테 백형의 퇴거를 부탁하고 담당이 그러겠다고 하던데 정말 아무 일 없는 거요?"

"왜 아무런 일이 없었겠는가. 담당하고 아내하고 한바탕 다투더군. 그래서 오늘 아침 담당을 바꿔달라고 하니까 교육받으러 출장 갔데!"

"출장은 무슨 출장. 제가 조금 전에 보고 왔는데."

"며칠 뒤 동장 앞으로 내용증명(2. 18)을 한 통 띄워야겠구먼."

며칠 후 조합원을 만났다. 조합원도 근처 조합장들과 동 직원들이 윷놀이 하더라는 말을 했다. 주민등록 담당은 내 주민등록은 그대로 두었지만 우리 집에 동거하시는 선배의 주민등록을 말소시켜 범칙금 7만원을 물었다.

이 사기사건에 동 직원까지 가담시키다니….

일년쯤 뒤.

동사무소에서 전화가 왔다. 새로 부임한 주민등록 담당이라고 한다.

"아드님이 제대를 했군요. 퇴거를 못하는 이유가 있다면서요?"

"그렇습니다. 일상생활에 불편함이 많은데 안타깝습니다."

"같이 재판하시는 분의 성함과 주소를 메모해주세요. 컴퓨터에 입력해 놓고 일이 있으면 통보해 드리겠습니다."

"여보세요. 당신! 정말 대한민국 공무원이 맞소?"

"동민들의 애로 사항을 들어주는 건 당연한 일이 아닌가요?"

장애인인 이 사람이 정말 한국의 공무원이라니 믿어지지 않았다.

그 후 너무나 고마워서 자판기 커피를 뽑아 권하고 주소를 적어주었다.

(4) 사업계획 변경(2003년 2월 21일)

구청에서 통지를 받고 경악을 금할 수가 없었다. 재건축주택조합 사업비가 2백3십억 원에서 5백15억5천만 원으로 인상한다고 되어 있고 시행사가 또 교체되었다. 시행사와 시공사가 자주 바뀌면 쓸데없는 경비만 발생하며 그 부담은 고스란히 조합원들의 몫이다. 그런데 이렇게 엄청난 사업비를 조합원한테 말 한마디 없이 올릴 수가 있는지 의문이었다. 통지를 받고 조합원들에게 사업비를 너무 많이 올렸기 때문에 조합원들은 이러한 사실을 알고 잘 대처해야 한다는 안내문을 보냈다. 조합장은 비밀에 붙이려다 조합원들에게 알려지자 할 수 없이 조합원 총회를 개최하여 변명하려했다. 그 회의가 다음에 열리는 총회다.

또 부동산 업자들이 무슨 일을 꾸미려는지 불안하여 재건축에 대하여 잘 안다는 법무사를 찾아가 미리 알아보았다. 법무사는 나를 보고 웃더니 입주 후 세금으로 장난치는 유형을 몇 가지 가르쳐주며 자격을 승계한 조합원들은 특히 조심하라고 일러주었다.

(5) 때늦은 규약 변경(2003년 3월 22일)

조합장에게 발송한 내용증명 덕분인지 항소한 우리들한테도 총회소집 통지(3. 12)를 했다. 총회에 참석했던 나는 물론 참석자 명단의 서명은 거절당했다. 회의가 시작되었다. 회의장에는 녹음기도 설치되고 속기록도 작성한다.

"이번에 조합에서는 조합 규약 11조 5항을 개정하려고 합니다. 반대하는 사람은 손들어보십시오."

"조합장님! 11조 5항이 무엇입니까?"

어떤 조합원이 손을 들고 묻자 조합장은 들은 척도 않고,

"예, 만장일치로 통과되었습니다."

이것이 의결방법이다. 다음에 현장 소장이라는 사람이 단상으로 올라가,

"주택조합의 사업비가 대폭 인상된 것은 과거에는 조합원들의 지분이 포함되지 않았는데 이번에 변경한 사업비는 조합원 지분이 포함된 것으로 조합원은 하나도 걱정할 것 없습니다."

이 말을 알아듣는 사람도 없었고 나도 조합원들에게 무리해가며 설명해줄 필요를 느끼지 않았다. 그러나 확실한 것은 조합원들이 보유하고 있는 전체 대지는 100억 원 정도로 지분을 현물로 출자했기 때문에 사업비로 환산해서는 안 된다는 사실이다.

회의가 끝나 돌아오려는데 신탁한 조합원이 눈을 피해 나를 불렀다.

"이사님 오랜만입니다. 재판은 어떻게 되었어요?"

"지금 고등법원에서 항소심 진행 중에 있습니다."

"이사님께서는 어떻게 하시겠습니까?"

"글쎄요. 고등법원의 재판이 끝나고 결정해야 되겠습니다."

"이사님 꼭 신탁을 하시고 조합에 들어오세요."
"왜! 특별한 이유라도 있습니까?"
"공사비가 엄청나게 올랐는데 조합장이 무슨 일을 꾸미는지 불안해서 죽겠어요. 꼭 신탁하셔서 저희들을 살려주셔야 돼요!"
조합원은 나를 무료 봉사자로 생각하나보다.

구청으로부터 의견을 받아들여 규약을 변경할 수 있다는 통지(4 .1)가 왔다. 아내의 건강이 회복되지 않아 귀찮았지만 구청에 나가보았다. 구청의 담당 과장과 직원은 우리들의 말은 들어보지도 않고 전임자의 말은 모르겠다며, 자기들은 조합에서 올린 신청서에 문제가 없으면 조합원 제명의 규약 변경을 허가해 줄 수밖에 없다고 한다. 공무원의 이 같은 말은 많이 들어왔기에 신경에 거슬리지도 않았다.
그 후 구청은 규약에서 정하여야 할 사항이 적합하여 규약 변경을 처리했다고 문서로서 통보(4. 26)해 왔다.
조합원들의 도장을 다량으로 위조하여 인 · 허가를 받았을 때도 이같이 신중했다면 얼마나 좋았을까.

(6) 아파트 동 · 호수 추첨(2003년 4월 13일)

분양될 아파트를 추첨한다는 말에 다른 사람들과 해당 초등학교에 나갔다. 추첨 중에 자격을 승계한 어떤 조합원이 이의를 제기했다.
"조합장님! 일반 분양자들은 추첨되는 아파트 층수가 1층은 950만 원, 2층은 400만 원이 다른 층수에 비하여 싸다고 하는데 조합원들에게는 아무런 혜택이 없습니까?"
조합장 일행은 매우 난처한 표정으로 고개를 숙이고 못들은 척했다. 그 말에 조합원들의 분위기가 어수선해졌다.

처음 보는 사람이 앞으로 나와 설명했다.

"저는 시행사에서 나왔습니다. 일반분양자의 층수에 차별을 준 것은 사실입니다. 그러나 우리는 조합과 별도 계약은 하지 않았습니다. 그러나 조합원 여러분의 이의를 받아들여 1층만 분양가를 200만 원씩 '디씨(Discount)' 해드리도록 하겠습니다."

"200만 원은 너무 적고 2층의 분양가는 혜택이 없습니까?"

"다시 한번 말씀드립니다만 조합과 아무 상관없이 회사에서 조합원에게 혜택을 드리니 더 이상의 말씀은 자제하여 주세요."

조합장은 굳은 표정으로 고개를 숙였고 조합원들도 조용해졌다.

그러나 서울의 일부 조합원 아파트는 아예 1, 2, 3층은 조합원에게 배정하지 않은 곳도 있음을 유념하자.

다행히 항소한 조합원들의 당첨 위치는 가장 좋은 동이다.

어떤 조합원은 내가 옆에서 듣는 줄도 모르고 한마디했다.

"공사를 방해한다는 사람들은 모두 제일 좋은 동에 당첨됐어. 조합에서 말하는 것처럼 나쁜 사람들은 아닌가 봐!"

추첨이 끝나고 총무가 앞으로 나선다.

"지금부터 분양 계약서를 작성하는데 조합에 막대한 손해를 미친 세 사람(이름을 호명)은 계약할 수가 없습니다."

이 말이 끝나자 우리는 조합장 앞으로 걸어갔다.

"조합장님! 우리와 분양 계약을 하지 못하겠다는 말입니까?"

"……"

"조합장님의 말을 듣고 가려고 하니 대답해주세요."

"예, 할 수 없습니다."

"좋습니다. 그럼 그렇게 알고 들어가겠습니다. 나중에 이에 대한 책임은 분명히 조합장이 져야 될 것입니다."
다른 조합원들과 같이 집으로 돌아왔다.

서울 3차 분양 청약 실시(2003년 3월 7일)

31평형의 일반분양가가 약 2억 2천500만 원이다. 1억 5천만 원에서 약 7천500만 원 정도가 비싸니까 74가구면 40억 원 이상의 시행사 추가 이익이 발생되었다.

조합원 분담금 인상분과 일반분양 인상 분을 합하면 100억 원이 넘는 시세 차익이 오가는 건설업이다. 그래서 폭력배나 장애인들을 동원하고 공무원들까지 매수하여 납득하기 어려운 고통을 겪고 있다고 보면 독자 여러분들은 쉽게 짐작할 수 있으리라 생각한다.

내가 몇 년간 재건축조합의 재판 중 느낀 점은 조합장을 비롯한 소수의 집행부에서 다수의 조합원들을 희생시킨다는 사실이다.

사회 일각에서 아파트 분양가에 대한 거품, 즉 원가를 공개하라는 여론이 대대적으로 일고 있다. 이 말은 바로 조합원들이 시공비를 내고 입주해야 되는데 분양가를 주고 입주한다는 말을 시사하는 말이다.

조합의 내용증명(4. 14)을 읽어보니 주택조합 규약 신설조항 제11조 5항은 조합에 막대한 손해를 미친 조합원을 제명할 수 있다고 되어 있었다.

(7) 아내의 수술(2003년 3월 24일)

우리 몸에는 매일 10여 개 정도의 암세포가 생성되고 이 암세포를 없애는 식세포가 있어 종양을 예방한다고 한다. 그러나 어떤 원인에 의해서 이 식세포의 활동이 미약하거나 중단되는 경우에 암세포가 성행하여 종양으로 발전된다. 그 중에서 스트레스가 가장 큰 영향을 준다고 전문의는 말한다. 그래서 여유를 가지고 생활하는 것이 최고의 건강 유지법이며 아내의 치료는 정신안정이 종양 발생 차단의 첩경이라 했다. 발을 빼려했으나 조합장의 여러 차례에 걸친 사기 고소로 정신적인 안정을 찾을 수가 없어 일이 손에 잡히지도 않았다.

내가 실제로 죄를 짓고 고통을 받는다면 당연하겠지만 세상을 바르게 살겠다는데 혈세로 생활하는 공직자들의 파렴치한 행위로 인한 피해가 너무 많이 발생하여 화가 나고 생활도 어렵게 만들었다. 경찰과 검찰의 범죄 조작, 판사들의 고무줄 잣대 같은 법치 등이 바로 그것이다.

수술을 마친 아내의 병세는 더욱 악화되어 병색을 알기 위해 나는 진단서 발부를 의뢰했다. 앞으로 얼마나 치료를 해야 될지는 환자의 마음에 달려있어 뭐라고 설명할 수가 없다던 진단서의 소견 내용은, 또다시 요양이나 안정을 권하고 6개월의 우울장애진단(4. 26)을 발부해주었다. 그로 인해 아내는 지금도 정기검사를 받고 있으며 인생종말을 예측할 수 없을 지경에 있다.

그러니까 필자가 조합 규약을 보자고 조합에 들렀다가 노가리 감사(?)한테 폭행을 당하고 아내가 이를 항의하러갔다가 총무한테 폭행을 당한 후(2001. 6. 8)부터 계속되는 몇 년간의 치료다. 때문에 우리 가정 형편은 헤어나지 못 할 수렁으로 점점 깊이 빠져들고 있었다.

(8) 구청장과의 만남(2003년 4월 14일)

영광스럽게도 재건축사업을 독려했던 국회의원이 선거법 위반으로 원심에서 벌금형을 선고받고 항소심에서 더 많은 벌금형이 확정되어 의원직이 박탈되었다. 그로 인해 우리 지역은 보궐선거를 했다. 재건축에 관련된 구청장과 국회의원 모두가 현직에서 물러나게 된 것이다.

보궐선거 합동유세가 있어 학교 운동장에 나갔다.
아내와 같이 후보들의 연설을 듣고 있었다.
"선생님 오랜만입니다. 한번 찾아오시라 했는데 답이 없습니까?"
생각지 않은 젊은 신사의 인사에 주춤거리자 아내가 먼저 말했다.
"여보! 구청장님이시잖아요. 안녕하세요? 구청장님."
"저 구청장입니다. 안녕하십니까?"
"구청장님, 미안합니다. 그동안 안녕하셨습니까?"
"선생님의 면담을 기다렸는데 아무런 소식이 없어서요."
"면담 요청을 여러 번 내용증명으로 보냈는데 받지 못했습니까?"
"예, 한번도 받지 못했습니다. 정리하셔서 전화 주십시오."
"예, 잘 알겠습니다."

비서가 수첩을 꺼내 주소를 묻고 호들갑을 떨면서 무엇인가를 적는다. 내일이면 완전히 달라질 사람이….

구청장이 직원에게 지시했는데 연락하지 않은 것인지, 아니면 내가 보낸 내용증명을 해당 부서에서 전달하지 않았는지, 그것도 아니라면 인사치레를 하는 것인지. 이것도 독자 여러분의 판단에 맡기겠다.

(9) 조합장의 계약 거부에 대한 답변(2003년 4월 17일)

조합원의 아파트 당첨에 대한 분양계약 거부 이유를 조합장에게 물었더니 내용증명(4. 14)으로 대답을 해왔다.

'무고한 조합원과 조합장을 명예훼손한 것이기에 이에 상응하는 법적 조치를 할 것'이라니 정말 할 말이 없다. 무엇이 명예를 훼손했다는 것이며 부동산 사기의 끝은 어디까지인지 지켜보도록 하자.

이에 대하여 나는 조합에서 아파트 계약 거부에 대한 책임을 져야 한다고 분양계약을 촉구하는 내용증명을 10여 차례나 발송했다.

(10) 공과금 미납금액 입금 요청(2003년 5월 9일)

점심을 먹으려는데 우체부가 조합장이 보낸 등기우편을 전했다. 우편물을 뜯어보니 '공과금 미납금액 입금 요청 확인서' 란 제목으로 가스 요금과 상하수도 요금이 적혀있었다. 이상한 생각에 공과금을 내지 않고 이사했는지를 아내에게 물어보고 영수증을 찾고 있는데 다른 조합원한테서 전화가 왔다.

"이사님, 조합에서 우편물이 왔는데 미납된 공과금을 조합으로 보내라고 해서 전화 드렸어요. 우리는 온라인으로 납부하고 있어 밀린 돈이 없을 것으로 아는데 이상하네요."

"우리도 지금 등기우편을 받고 확인하는 중인데 도시가스회사로 알아보시죠. 영수증은 잘 보관해 두시고요."

영수증을 찾다가 아직 온라인 계좌를 취소하지 않았고 다른 조합원한테서 전화도 걸려와 도시가스회사에 전화했다.

"○○도시가스죠? 여기는 만월동 ×××번지 백나명인데요, 도시가스 요금 통지서가 왔는데 우리는 자동이체하고 있어요. 확인을 부탁합니다. 그리고 그 회사의 영수증은 수기(手記)한 복사물인데 수납자의 이름은 ○○○입니다."

"예? 잠깐 기다려보세요."

"여보세요. 고객님 통장에서 인출되었습니다."

"어떻게 회사의 수기로 작성한 영수증이 복사되어 우편으로 발송되었는지 자세한 내용을 알아보려고 하니 직원을 부탁할까요?"

"요금고지서는 전산으로 기재되어 발송하고 있고 지금 그 직원은 없습니다. 내일 전화주시면 안 되겠습니까?"

다음날 다시 전화를 하였다.
"○○○ 씨 자리에 안 계십니까?"
"어디십니까?"
평소 같으면 확인하지 않고 전화를 바꿔줄 텐데 발신자를 확인한다.
"여기는 만월동 백나명입니다."
"○○○ 씨는 어제부로 퇴사했습니다."
어리둥절했다.
본의 아니게 한 사람의 직장을 빼앗았나보다. 이거 어떻게 한담!
요금을 송금해 줄 테니 원본을 보내달라고 조합에 내용증명을 보냈다. 아무튼 조그만 틈만 보이면 사기 행각의 연속이다.
2004년 집을 팔고 확인해보니 거짓임이 밝혀졌다.
조합에서 빈 영수증을 도시가스회사에서 제공받아 장난을 치지 않았는지 이주하는 다른 조합원들도 세심한 주의를 하기 바란다.

위임장과 컴퓨터 (2003년 6월 18일)

수술 후 건강이 악화된 아내가 정의도 좋지만 집을 팔고 조용히 살자고 울면서 통사정을 한다.
사람 잃고 돈 잃어가며 조그만 명예를 찾아 무엇하겠느냐며….
아내는 스트레스를 받으면 받는 만큼 몸에 이상이 생긴다. 아내의 애절한 호소에 내가 졌다. 그래서 집에 대한 모든 권리는 알아서 하라고 위임장을 써주었더니 아내는 주인이 나서면 집을 팔겠다고 한다.
결국 나는 우리가 겪은 사실들을 출판하기 위해 컴퓨터를 구입했다.

(11) 조합과 협의(2003년 6월 20일)

아내는 집을 사겠다는 사람과 만나기로 했다면서 아침부터 부산을 떨었다.
"여보! 집을 산다는 사람이 있어? 잘 되었네."
저녁에 돌아와 아내의 말을 들었다.
구청 직원과 조합장, 총무를 만났다고 하면서 낮에 있었던 일을 알려준다.
"그동안 조합에 막대한 피해를 입혔으니 사과해야 협상을 하겠습니다."
"조합원이 조합원의 권리와 의무를 이행하려는데 조합에서 조합원들의 막도장을 수십 개나 위조 행사한 일을 사과해야지 누가 누구한테 사과해야 된다는 것입니까?"
총무의 말에 아내가 대답하자 조합장은 대뜸 소리쳤다.
"싸가지 없이 어른한테…. 집을 팔고 나가요!"
저녁 식사할 때 아내의 말을 들은 내가 한마디했다.
"아프다고 해서 양보해주었더니 더운 밥 먹고 식은 소리를 들으러 다니는 거야! 그 사기꾼들하고 무슨 협상을 한다는 거야. 돌아가신 우리 아버지가 살아온다고 해도 안 돼. 알았어!"
구청에서도 우리 일로 머리가 아팠든지 조합을 통해 합의를 주선했었나 보다.

제3장
고무줄 잣대로 재는 민사재판의 실례

1. 소유권이전등기를 위한 명도소송

1. 가능한 한 각 재판부의 판결 순서대로 나열하였다.
2. 하루에 여러 재판이 있을 때도 있으니 이해에 착오 없기 바란다.

(1) 원고 변호사님! '말썽부리는 자들' 이 이 사람들 뿐이요?

4월 18일의 세 번째 진행은 조합원 18명 중 9명이 피고인데 5명은 집을 팔고 나가겠다고 하여 4명만이 재판 받는 첫 진행이다.
조합원들은 재판장이 호명하는 순서대로 법정에 서 있다.

먼저 재판장이 중얼거리면서 말했다.
"(재건축은 해야 돼. 암! 해야 되고말고) 원고 변호사님, '말썽부리는 자들'이 이 사람들뿐이오? 피고들은 자리에 앉으시지요."

민사소송이란 자신의 주장이 옳고 여기에 따라 공정한 판결을 구하는 자리인데 재판장의 첫마디가 '말썽부리는 자들'이라니….

원고 변호인이 인감도장과 인감증명이 찍힌 서류들을 보이면서 물었다.
"이것들은 피고들의 것이 맞지요?"

변호사가 묻는 말에 이들은 더듬거리며 답했다.
"도장 찍어준 기억이 없습니다."

방청석의 많은 조합원들은 안타까워서 어쩔 줄을 모른다.
법원 직원이 조합원들에게 인감도장이 찍힌 서류를 다시 보여준다.
"거기에 찍힌 도장과 인감증명은 본인들의 것과 다릅니까?"
"우리 것은 맞습니다만…."
"그러면 피고들이 거짓말을 하고 있는 것 아닙니까?"
"……."

재판장의 다그치는 말에 대답을 못했고 재판은 미루어졌다.
집에서 조합원들과 오늘 법정에서의 이야기를 나누었다.
"그래도 여러분들을 담당했던 재판장이 가장 친절한 사람 같습니다. 앉으라는 말도 다하고…."
"C8! 백이사님, 다음 재판부터는 안 나갈래요."
"백이사님, 우리 재판장이 제일 친절하다고요? 그 사람은 양의 탈을 쓴 늑대요. 제 말이 틀려요?"
"여러분! 우리는 죄짓고 법정에 서는 것이 아니고 내 재산을 지키자는 것입니다. 저나 여러분이나 재판장이나 홀러덩 벗고 목욕탕에 들어가면 다 같은 사람이오. 절대로 떨지 맙시다."

그러자 방청석에 앉아있었던 조합원들은 하나같이 이들을 질책한다.
"죄짓고 판사 앞에 서 있는 게 아닌데 떨 필요가 무엇입니까?"
"당신들이 잘못하면 우리까지 도매금으로 넘어간단 말이요!"
"나도 집을 팔고 나가버리겠습니다."
조합원들의 원망소리에 택시기사가 밖으로 나가자 당사자들이 따라나갔다.

5월 9일은 두 번째 재판이다.
택시기사는 법정에 나오지 않고 3명만이 재판에 참석했다. 한 명은 귀가 어두운 사람, 한 명은 막노동을 하는 사람, 한 명은 지병으로 말도 더듬고 글도 모르는 사람이었다. 그래도 귀가 어둡고 자영업을 하는 사람이 가끔 한마디씩하고 다른 사람은 권리를 포기한 듯 순순히 응하고 있었다.
조합 변호사가 물었다.
"본인이 서명한 것이 맞습니까?"
"잘 생각이 나지 않습니다."
더듬거리는 조합원에게 재판장이 다시 묻는다.
"그럼 신탁등기를 하지 않는 이유는 무엇입니까?"
"조합원 분담금이 너무 많이 올라서 낼 수가 없습니다."
"그런데 어째서 한 사람은 나오지 않았죠?"
"○○○ 씨요? 모친상을 당하여 고향에 내려갔습니다."
"다음 재판은 5월 30일입니다. ○○○ 씨는 꼭 나와야 합니다."
재판을 마치고 집에 돌아왔다. 다른 조합원들처럼 조합장이 도장을 마음대로 새겨서 위조 서류를 만들고, 조합원들의 분담금을 각 개인당 수천만 원씩 올리고, 그래서 총회를 열자고 하자 조합원들을 피해 다니기만 하여 소송을 제기했다고 대답하지 못했느냐고 모두 한마디씩 했다.
"귀가 들리지 않아 재판장의 말을 알아들을 수 없었습니다."

"어디 무서워서 말하겠어요. 집을 팔고 나가라면 나가지 뭐."
"내…가…말을…한…다…고…."
말을 잇지 못하고 눈만 끔벅거리는 조합원을 보고 모인 조합원들은 안타까워할 뿐이었다.

5월 30일은 마지막 변론이다.
'무서워서 재판을 못 받겠다'는 사람 때문에 재판을 하는 것 같았다.
재판장은 이 사람에게 집중적인 질문을 했다.
"지난번 재판에 왜 불참하였지요?"
"어머님이 돌아가셔서…."
"조합 서류에 있는 도장은 본인의 것이 맞지요?"
조합 변호사가 서류를 보여주었다.
"… 예, 맞습니다."
다른 재판부에서는 변호사가 질문하여 피고들이 더듬거리면서 대답이라도 했는데 재판장의 직접 신문에 위축되어서인지 대답을 하지 못했다.
신문을 마치자 재판장은 다음에 선고한다면서 재판은 끝났다.

6월 27일은 선고일이다.
처음부터 불공정한 진행에 재판장이 결심했다고 생각했지만 며칠 전 6월 28일에 조합장을 신문한다는 준비서면을 제출했기 때문에 선고를 유예할 것이란 희망을 가지고 법정에 나가 선고를 들었다.
"피고들의 주장은 다른 절차를 거쳐 시정을 요구해야지 명도 거절의 이유는 되지 못한다. 조합 규약 동의서를 제출한 이상 하자는 치유되었으므로 원고의 승소를 선고한다."
사기 서류에 의한 사기 판결에 방청석의 조합원들은 아연실색했다.

다른 절차란 관리처분계획무효소송이나 총회결의무효소송일 것이다. 총회는 사기치는 조합장이 조합원을 피해 다니며 거절했고 무효 소송은 절차를 모르는 조합원들에게 전문법조인에게 돈을 보태라는 말과 같은 뜻이리라. 위조 서류를 근거로 한 원고의 청구를 기각하면 결과는 같을 것이 아닌가. 누가 거짓말을 하는지 판사가 밝혀주지 않으면 사기가 일반화되어 있는 우리 현실에서 법정은 그야말로 사기꾼들의 거짓말 경연장과 다름이 없다.

이후 10월 조합측 변호인은 '이제(2002. 10)까지 법정에 제출한 조합 서류는 무효였다'고 허위임을 자인했다. 그렇다면 이 판결은 재판장 개인의 법인 사법(私法)이 아니면 허위 자료로 승소한 사법(詐法)을 인정한 판결이 아닐까? 물론 재판장이 이 책을 읽어본다면 진위를 몰랐다고 할 테지만 이는 책임을 회피하려는 변명밖에 되지 못할 것이다. 이 재판이야말로 재판장의 직위를 남용한 언어폭력의 산물이라 할 것이다.

다행히 이 재판장은 자진사퇴한다고 각 신문과 방송에서 발표되었다. 사퇴 이유는 그럴싸하게 미화되어 있었다.

이 재판의 결과는 판사한테 돈을 먹였다는 말로 비화 되기도 했다.

(2) 피고는 우리만이 아닙니다!

2월 20일의 이 재판은 동일한 10개의 조합 사건 중에서 변호인이 선정된 유일한 재판이고 전체 소송 중에서도 처음이며 조합원은 두 사람이다.

원고 변호사는 피고 변호사에게 인감증명이 첨부된 사업 시행 동의서와 규약 동의서를 보여주며 방청석에 앉아있는 피고 조합원들에게 물었다.

"여기에 있는 인감증명과 도장은 조합원 자신들의 것이 맞죠?"

"도장은 맞는데 재건축을 하자고 할 때 도장을 맡겼다 찾아왔지 서류는 보지 못했습니다."

"저는 도장을 맡기지 않고 조합에 찾아가 도장을 찍어주려니까 돌아가신 남편의 조합원 승계만 하면 된다며 사무실에 들어오지 못하게 하여 도장을 주고 기다리다 찾아왔습니다."

한 사람은 조합 결성 초기에, 한 사람의 남편은 이사였는데 사망하여 조합원 자격을 승계한다고 하여 도장을 맡겼다고 했다.

아울러 이 여인은 말을 덧붙였다.

"판사님! 피고는 우리만이 아닙니다. 조합에서 10개 동(棟)을 따로따로 소송을 제기하여 우리 외에도 조합원이 많습니다."

"지금 피고들은 인감증명과 도장이 자기들의 것이라고 대답했고 재건축을 하자고 동의한 이상 신탁등기를 해야 할 의무가 있습니다."

전체 조합의 첫 재판이라 방청석에는 많은 조합원들이 귀를 기울이고 앉아있었다.

피고측 변호인이 말했다.

"원고의 주장은 조합원들이 본 사실이 없다는 서류만으로 의무만을 강조하고 있습니다. 조합원들이 인감도장과 인감증명을 맡기고 조합에서 마음대로 서류를 만들었다면 이것만으로 조합원의 의무만을 강조할 수는 없을 것이므로 이 사건은 기각되어야 마땅합니다."

"비조합원 매도청구소송이 귀원에서 있었는데 조합에서 승소했습니다. 이것은 원고의 행위가 타당하다고 받아들여졌기 때문입니다. 그리고 공사 지연으로 인한 조합원들의 손해가 예상되므로 빨리 결심해주시기 바랍니다."

원고 변호사가 말을 할 때마다 거짓말이라고 방청석의 조합원들이 웅성거렸고 법정 경위가 조용히하라고 했다. 판사가 물었다.

"우리 법원에 같은 소송이 또 있습니까?"

"예, 조합장이 각 동별로 10개나 나누어 재판을 걸었습니다."

"다른 재판도 있다고 하니 알아보고 진행을 해야 될 것 같네요. 다음 기일은 3월 13일로 정하겠습니다."

재판이 끝나고 법정을 나왔는데 조합원들이 묻는다.

"이사님, 조합에서 조합원들한테 언제 재판을 걸어 이겼습니까?"

"예, 비조합원들을 상대로 매도청구소송을 제기했습니다. 조합의 이사들이 모여 매도청구를 하자고 회의를 했답니다. 이사회에서 이런 회의는 한 일이 없어 법정에 제출한 서류를 확인해보니 과거에 서명한 것을 복사해서 이것도 위조했더군요. 혹시 필요할까하여 확인서도 받아두었습니다."

"그래서 어떻게 되었습니까?"

"결과는 비조합원들이 졌지요. 얼마 전 우리 연립 반장 남편과 다투었죠? 그 사람은 비조합원한테 매도청구하자고 한 내가 가증스럽다고 했던 것입니다. 아무리 설명해도 믿지 않아요. 증거 자료를 보여달라고 해도 거절하여 다른 사람의 소장을 확인해보니 조합장이 그런 사기를 쳤더군요."

"이사님, 저놈들이 판사한테 돈을 먹여 아무리 재판을 해도 소용없다고 하는데 괜찮겠어요?"

"그럴 리야 있겠습니까! 판사들만은 공정하겠지요."

"이 재판은 언제까지 가면 끝날 것 같아요?"

"글쎄요…."

어정쩡한 대답을 듣는 조합원들의 눈에는 수심이 가득했다.

이튿날 변호사를 찾아가 앞으로의 일에 대하여 상의했다. 이때까지 제공한 자료는 내가 준 두 권의 책자가 전부였다. 변호사는,

"이사님! 1, 2차 총회에서 조합 규약 1조에서 17조까지 심의했다는 말이 두 번씩이나 나오는데 어느 것이 맞습니까?"

"모두 거짓말입니다. 당시에는 규약을 제정할 형편도 못되고 총회라고 볼 수도 없었습니다. 재건축을 하자고 추진하는 정도였습니다. 조합에서 제출

한 모든 서류는 위조 또는 날조했습니다."
"이사님, 좀더 검토해야겠습니다."
며칠 뒤 다시 변호사를 찾아갔다.
"서류를 검토해 보니 허위라는 점이 여러 곳에서 발견됩니다. 하지만 규약을 중심으로 원고가 제기한 이 소송이 무효임을 밝히기 위해서 이사님께서 법정 진술을 해주셔야겠습니다."
"좋습니다. 조합원의 재산을 지키기 위해서라면 당연히 해야지요."
설날은 고향인 전주에서 보내고 처가인 공주에 들렀다가 돌아오니 현관문 앞이 요란하게 되어 있다.
생선도 걸려있고 바닥 함지박에는 쌀도 담겨있고 제수용으로 사용했던 과일, 산적, 그리고 드링크도 두 상자나 놓여있었다. 어느 조합원이 가져다놓은 줄은 모르지만 이래서 서로 어울려 살아가는가보다.

3월 13일은 2월에 이어 두 번째 재판이다.
"이 서류들은 조합원들이 작성한 것으로 이를 근거로 구청에서 조합 설립 인가와 사업 승인을 받은 것이므로 조합원들은 주택조합에 신탁등기를 할 의무가 있습니다."
이에 대해 피고측의 변호인이 말했다.
"조합은 모든 절차가 합법적으로 이루어졌다고 주장하나 조합 임원 몇 사람이 작성할 수 있는 서류로 조합원들에게 우편발송을 한 증거나 게시한 흔적 및 회의에 참석한 사람들의 명단이나 확인자도 없는 위조할 수 있는 메모에 불과합니다. 그리고 피고들은 재건축을 하지 않거나 신탁등기를 하지 말자는 것이 아니라 조합원 총회를 통하여 민주적이고 조합원들을 위한 재건축사업을 진행하자는 것입니다."
그러자 원고측 조합 변호사가 말했다.

"1997년 당시는 조합이 결성되지도 않았고 총회를 개최할 만한 형편이 못 되었습니다. 그러나 본인들의 인감증명이 첨부된 규약 동의서 등이 있는 이상 조합원은 신탁등기를 해야 할 의무가 있습니다."

"조합원들의 동의 없이 누구나 위조할 수 있는 서류만을 근거로 의무를 강조한다는 것은 사리에 맞지 않습니다. 조합에서 제출한 서류들은 조합장을 비롯한 몇 사람이 위조했다는 사실을 증명하기 위하여 백나명 씨를 증인으로 채택하니 허락하여주시기 바랍니다."

"재판장님! 사업이 늦어지면 작업 지연으로 조합원들에게 막대한 재산상의 피해가 우려되니 재판 일정을 당겨주시기 바랍니다."

"피고 대리인의 말씀대로 증인을 채택하며 다음 재판은 3월 27일로 하겠습니다."

3월 27일에 재판이 속행되었고 벌써 세 번째의 재판일이다.

다른 재판부와 균형이 맞지 않은 이 재판은 동일한 사건 중에서 조합원이 두 사람밖에 되지 않고 피고들의 나이가 많아 만만하게 보고 빨리 진행하고 이에 준한 선고를 유도하려는 조합장의 얄팍한 잔머리가 자명해 보였다.

변호사가 선임된 이 사건의 경험과 자료들을 다른 법정에 제출했다.

이것은 피고만 다른 동일 사건을 10배로 부풀린 사법부의 비능률적인 모습과 돈 없으면 불이익을 당한다는 현실을 보여주고 있는 것이다.

내가 증언을 한다고 하니까 조합원들이 너무 많이 모였다. 방청석이 모자라 상당수가 뒤에 서서 재판과정을 지켜보았다. 재판이 시작되고 선서를 한 다음 증언을 시작했다.

"나는 조합의 이사로 규약을 제정할 당시 조합원 총회도 없었고 조합원이 연명하거나 조합원들에게 설명이나 배포도 없었다. 다만 조합 결성 당시 조합은 인감증명과 도장을 걷어 이것으로 서류를 만들었고 조합원이 규약을 숙지했다는 말은 거짓말이다. 나는 규약을 보자고 했다가 폭행을 당하고 조합장과 감사는 부동산 중개업자로 조합원들의 집에 집단가처분을 단행하고 다른 중개업자의 부동산 중개를 방해하며 조합원의 부동산을 전매하고 있다."

방청석의 조합원들이 동요가 있을 때마다 손을 들어 제지시켰고 모두 잘 따라주어 질서가 유지된 것은 참으로 다행한 일이었다.

이어서 원고측 조합 변호사의 신문이 이어졌다.

'조합은 1999년 4월에 설립인가를 받았고 조합원으로서 소유권이전등기를 해야 하나 조합장의 일방적인 분담금 인상에 반대한다. 나는 인쇄업에 종사하여 용지를 제공했으나 그것으로 규약을 복사하지는 않았다. 규약 자체도 없었고 조합에 도장을 맡긴 사실만이 있었다.'

또 피고 변호인의 추가 신문에 대답했다.

"조합 결성은 1997년에 지지부진하다가 몇 년 후에 설립인가가 되었고 재건축을 하자는 말과 규약은 이사들이 수정하다가 중단되었다."

그러자 조합측 변호사는 결심을 독촉했다.

"판사님, 전에도 말씀드렸다시피 사업이 지연되면 조합원들에게 막대한 피해가 있고 귀 법원에서 비조합원을 상대로 한 매도청구소송에서 조합이 승소한 예도 있으니 속히 선고해주십시오."

"증언처럼 조합의 모든 행위와 서류는 임원 몇이서 위조할 수 있는 메모에 불과하여 믿을 수가 없고 조합이 제출한 서류들의 내용은 납득하기 어려운 점이 많습니다. 예를 들면 1, 2차 총회에서 조합 규약을 1조에서 17조까지 중복하여 심의했고 참석자, 등기발송 영수증, 총회의 확인자 등이 없는 이 사건은 기각되어 마땅하다고 사료되오니 현명한 판단을 기대합니다."

"어차피 이 사건은 나 혼자서 판결을 할 수가 없을 것 같습니다. 합의부의 결정을 보고 판결하도록 합시다."

조합에서 제출 서류가 위조할 수 있는 메모에 불과하다는 말에 위조할 수 없는 등기우편 영수증을 제외하고 나머지 서류들은 또다시 위조하여 법정에 제출하는 계기가 되었다.

5월 1일은 다섯 번째 재판이다.
다른 재판부에서 조합원의 항의 뒤에 조합측 변호사가 다시 선임된 첫 재판이었다.
조합 변호사는 경호원이라는 명분으로 폭력배들의 호위를 받으며 법원을 활보했고 젊은 부녀자들은 이들을 '꽃미남'이라 불렀다.
폭력배가 활보하는 법원이라니 이것이 한국의 법정이던가!
"구청에서 주택조합 설립인가 필증이 교부되고 규약에 조합원이 서명날인을 한 이상 조합원은 신탁등기를 할 의무가 있습니다."
모든 재판에서도 같은 말을 되풀이하는 조합 변호사였다.
"조합 규약은 제정하거나 배포하지도 않았으며 이를 위한 총회도 없었다고 증언했습니다. 그러므로 설립 초기부터 중대한 하자가 있는 이 소송은 기각되어야 할 것입니다."
"피고 변호사님, 다른 재판부의 진행은 어떻게 되어가지요?"
판사의 물음에 변호사는 방청석을 돌아봤고 나와 눈이 마주치자 눈짓을 한다. 나는 자리에서 일어나며 말했다.
"지금 모든 재판부에서 계획된 부동산 사기라며 논쟁하고 있습니다. 또 조합은 조합원들의 도장을 위조하여 검찰 조사를 받고 있고 조합장의 증언을 듣기 전에 진행을 못하겠다고 재판을 거부하는 곳도 있습니다."
"지금 말씀하신 분은 누구시죠?"
"저 분은 지난번 증언한 피고 조합원 대표인 백나명 씨입니다."
"아! 그렇군요. 피고 대리인은 다른 재판부의 자료를 저에게도 제출하실 수 있겠습니까? 우리도 참고할 수 있도록 말입니다."

"다음 재판일 전까지 정리하여 제출해 드리겠습니다."
"판사님, 합의부에서 다음주 선고가 있습니다. 공사가 늦어지면 조합원들에게 막대한 손실이 있으니 빠른 결심을 부탁합니다."
"글쎄요. 다른 재판부의 서류를 보고 생각해 보지요. 그러나 재판 일정을 당긴다 해도 결론은 마찬가지일 것 같은데요."
법정을 나온 조합원들은 후문 옆 등나무 밑에 모였다.
"이사님, 조합의 노가리가 그러는데 판사들한테 돈을 먹여 우리들이 아무리 발버둥쳐도 소용없다고 하는데 괜찮을까요?"
어처구니없는 말을 한 조합원이 그 말을 한 사람의 이름까지 들먹였다.
"……"

6월 19일은 여섯 번째 변론일이다.
판사의 주문대로 다른 재판부의 준비서면들을 정리하여 제출했는데 판사는 제출한 자료들을 받아보았다는 말은 없었다. 하지만 지난번과 같이 '합의부의 결정을 보고 판결합시다' 라며 간단히 끝내고 재판 일정을 미루었다.

7월 30일은 선고일이라 변호사들은 나오지 않았다.
6월 28일의 조합장 신문도 있었고 법원에서 8건이나 사건이 진행되고 있어 변론을 재개할 것이라 믿고 많은 사람들이 나왔다.
그러나 뜻밖에 원고 조합의 승소!
지난 6월 27일에 '말썽부리는 자들' 이라고 조합원을 매도한 재판장의 판결에 따라 이렇게 서둘러 판결할 줄은 미처 몰랐다. 그러나 판사는 변호사들과의 약속을 지킨 셈이었다.
조합원들은 남의 판결에 따르자는 판사에게 초등학생도 이보다 낫겠다고 비웃었고 원성이 나에게 집중되었다.

"백이사 때문에 이길 수 없는 재판을 하여 우리가 손해를 보았다."

"변호사가 잘못하여 재판에 졌다."

"우리들이 걷은 돈으로 어설픈 변호사를 써서 우리가 졌다."

"아무것도 모르는 저 사람을 따랐다가 우리 모두 죽는다."

"저놈 죽여라."

지금까지 누구를 위하여 이런 일을 하고 있었단 말인가.

"이사님, 노여움을 푸세요. 조합원들이 화풀이 할 곳이 없어서 그러는 것입니다. 용서하세요. 여러분! 이사님이 무슨 조건이나 대가없이 도와주셔서 여기까지 왔고 우리들의 집 값이 이만큼이라도 오른 것입니다. 조합 사기꾼들이 우리들의 집을 지금같이 사줄 것 같습니까? 세상 이렇게 사는 게 아닙니다. 고맙다고 인사는 못할망정…."

패소판결을 받은 경상도 아주머니의 애절한 원망과 눈물에 조합원들은 진정했다. 나는 조합원들을 등나무 밑으로 모이라고 했다.

"조합원 여러분! 제가 재판을 하자고 했습니까? 이긴다고 했습니까? 조합장의 사기에 동조하지 않고 조합원의 이익과 권리를 보호해야 된다고 주장한 것이 죄라면 죄이겠지요. 제 말에 조합원들이 도와달라고 해서 바른 길을 찾고자 열심히 뛰어다녔습니다. 제가 사는 집을 불과 한 달 전에 조합장과 감사는 7천여 만 원에 사들였습니다. 저들은 지금 9천여 만 원을 준다고 합니다. 물론 집 값이 올랐다고 할 수도 있겠지만 우리 동네 집 값 변동이 없는 것은 여러분들이 더 잘 알죠? 또 처음부터 저는 법이나 부동산은 물론 건축이나 건설은 더더욱 모르고 올바르게 살아야 한다는 것밖에 모른다고 했습니다. 제가 거짓말을 했나요?"

조합원들은 말없이 숙연하게 듣고만 있었다.

"여러분! 지금이라도 늦지 않았으니 저를 떠나세요. 여러분들이 제 곁을 떠나시면 오히려 홀가분할 것 같습니다. 저는 장인어른이 병원에 계시니 가야겠습니다. 잘 생각해서 좋은 길을 택하세요. 무능해서 미안합니다."
"이사님 저희들은 이제 어떻게 해야 합니까?"
"화가 나서 그랬어요. 용서해주세요."
"죄송합니다. 노여움을 푸세요."
조합원들을 뒤로하고 병원으로 향했다.
다음날 저놈 죽여라고 했던 조합원이 음료수를 가지고 찾아왔다.
"이사님 덕분에 저희 집을 9천2백만 원에 조합과 계약했어요. 어제 너무나 죄송했어요. 용서해주세요."
"잘 하셨습니다. 어디를 가시든 건강하게 오래 사셔야 합니다."
법을 모른다고 법의 피해를 봐야 한다는 논리는 병을 모르니까 병에 걸려 죽어도 된다는 말과 같을 것이다. 법을 모른다는 이유만으로 억울한 누명을 쓰거나 피해보는 사례들이 너무 많아 안타깝기만 하다.
패소한 두 조합원은 8월초에 판결문을 받고 항소와 가집행정지 신청과 함께 법원에 공탁금을 걸었다. 그런데 결정문을 받는 날 새벽 강제집행을 당하고 집에서 쫓겨난 뒤 집을 팔고 이사했다.
법원에 쓸데없는 공탁금을 걸고 2003년 8월 11일에 권리행사 최고 및 담보 취소라는 결정문을 받고나서 그들은 가까스로 공탁금을 찾았다.
조합은 허위 자료를 이용하여 재판에 승소하고, 조합원은 정당한 권리를 유린당한 이 번 두 사건들을 어떻게 생각해야 좋을지 모르겠다.
강제집행을 당하고 과로와 과도한 음주, 흡연 등으로 패소한 노인은 2004년 1월 14일 세상을 떠나셨다. 이 사기사건을 담당한 판사는 고등법원에 있으며, 화해조서를 작성한 사람이다.

(3) 조합원이 소수잖아요?

3월 25일의 이 재판은 우리 재판부로 15명의 주민 중에서 12명이 피고로 참여해 조정으로 진행되었다.

우리 쪽 다른 재판도 우리 못지 않게 신중하게 진행되고 있다고 한다.

판사는 인품이 넉넉해 보이고 친절했다.

인원점검을 하고 배우자는 발언권이 없으니 서서 듣기만 하라고 한다.

조합측 변호사가 먼저 묻고 내가 대답했다.

"(가지고 온 서류를 펼치며) 조합원들이 서명한 것이 맞지요?"

"변호인께서 보여주는 서류는 조합에서 확인하고 오셨습니까?"

"……"

"변호인께서 보이는 서류는 모두가 거짓입니다. 법정 서류인데 한번쯤 진위 여부를 확인해봐야 되지 않겠습니까?"

"……"

"지금 조합원들이 당하고 있는 이 재판은 부동산 업자들이 치밀하게 계획한 사기 재판입니다. 변호인께서는 진위 여부를 확인한 서류로서 소송에 임해주시기 바랍니다. 판사님! 사실 여부를 확인하고 소송을 진행해야 되지 않겠습니까? 조합장을 불러주십시오."

"피고! 당사자는 부를 수 없습니다."

"당사자인 조합장 없이 허위 서류로 어떻게 재판을 한단 말입니까?"

"소송 당사자의 의견을 존중하여 당사자는 부를 수 없습니다."

"당사자인 조합장 없이 소송의 의미가 없다고 사료되므로 재판에 응할 수 없습니다."

"4월 22일로 조정 일자를 미루겠습니다."

4월 22일은 조정 두 번째다.

조합측 변호사는 보이지 않고 키 작은 사람이 건장한 청년들의 경호를 받고 조정실로 들어갔다는데 그가 바로 새로 선임된 조합측 변호사다. 조합원들이 험악(?)하여 맞불작전으로 법원에 폭력배들이 활보했던가 보다.

"피고들은 신탁등기를 하시고 다같이 재건축을 하여 좋은 집에 사시지 왜 반대하십니까?"

"판사님, 재건축을 하자고 한 조합원들이 이제 와서 재건축을 반대하겠습니까? 조합원들은 총회에서 결의했듯 시공사를 바꾸자고 했는데 조합원의 도장을 수십 개씩이나 위조 날인하고 분담금을 수천만 원씩 인상한 조합장의 독선이 잘못되었다는 것입니다. 더구나 이사인 제가 조합장에게 이의를 제기하자 본인에게 형사고소를 계속하는 등의 행패는 이루 말할 수 없습니다. 또 2001년 6월 초 조합 규약을 보자고 조합사무실에 들렀다가 폭행을 당하기도 했으며 11월 22일에는 폭력배를 붙여 폭행을 자행하려다가 조합원들과 다투기도 했습니다. 이로 인해 아내의 사업도 접었습니다. 이 사건은 부동산 중개업자인 조합장과 그 일행이 엄청난 공사 차액을 노린 부동산 사기인데 조합원의 재산을 보호하기 위한 조합 임원의 한 사람으로서 도저히 그냥 넘길 수 없는 일입니다."

말이 끝나자 조합측 변호사는 나에게 서류를 보여주려고 했다.

"변호인은 가져온 서류의 진실 여부를 확인하고 오셨습니까?"

"……"

"위조한 서류는 백 번 보아도 사기입니다. 조합장한테 확인하고 조작되지 않은 것만 보여주세요. 그러면 얼마든지 대답할 테니까."

변호사는 서류 열람을 포기하고 덮어버린다.

"판사님! 법률이 이를 연구하고 생활하는 법률 전문가들의 생계를 위하여 존재하는 것 같습니다. 법률은 지키자는 것이지 이용하자는 것은 아니지 않습니까? 조합장이 조합원들의 막도장을 다량으로 파고 서류들을 위조, 변조, 날조하고 공무원들이 동조, 방조한 이 사건을 어떻게 판단하시겠습니까? 조합장을 증인으로 불러주십시오."

"당사자는 부를 수 없습니다."

"그렇다면 재판을 받을 수 없습니다."

재판은 또 미루어졌다.

지금까지 조정으로 진행된 재판이 5월 31일에는 법정에서 진행되었다.
며칠 전 선정서를 제출하여 나와 다른 한 사람만 법정에 나갔다.

"이무기 씨! 안 나왔습니까? 안 나왔나보네. 자! 진행합시다."

"원고 변호사님, 조합장 이무기는 안 나왔습니까?"

"예, 통보했는데 안 나왔나봅니다."

변호사가 통보했는지 믿기지 않았지만 방법이 없었다.

그러자 재판장이 말했다.

"조합장이 나오지 않으면 안 되겠는데. 다음 재판 일자에 이무기를 출두하라고 하시지요. 다음 재판일은 6월 28일입니다."

"재판장님! 조합장이 나온다면 조합원들이 많이 참석할 것입니다. 방청석이 부족하다면 조합원 모두가 들을 수 있도록 해주시면 감사하겠습니다."

재판장은 어이없다는 듯이 물끄러미 쳐다보았다.

이때야 비로소 법원에서 조합장을 부른 줄 알았고 동네에서는 조합장이 법원에 나간다니까 안내문을 붙이자고 야단법석이었다.

6월 28일의 조합장 신문은 조합원들에게 초미의 관심사였다.
그러나 어제의 조합원 패소판결로 결과는 뻔하다는 조합원들이 있어 법정에 많이 나오지는 않았다. 어제의 선고가 있기 전까지 법원에서 사기꾼들의 낯짝을 쥐어뜯겠다던 조합원들도 집을 팔겠다며 법원에 나오지 않았다.

개정이 되고 조합장 신문이 시작되었다.

조합장 신문을 하는 동안 거짓말을 할 때마다 방청석의 조합원들은 야유와 욕설을 했지만 그 때를 제외하고 법정의 분위기는 숙연했다.

조합장은 연신 손수건으로 이마에 흐르는 땀을 훔치고 벌겋게 상기되어 더듬거리고 있었다. 거짓말의 앞뒤가 맞지 않아 더듬거릴 수밖에 없었다고 하는 것이 적절한 표현일 것이다.

내가 신문을 하다가 조합원 분담금에 대한 항목이 나오자,

"피고! 지금까지 피고께서 묻는 것은 판결에 별 영향을 주지 않습니다. 다른 것은 별 필요가 없고 다음 항(분담금)을 제가 물어도 되겠습니까?"

"재판장님께서 그렇게 해주신다면 고맙겠습니다. 감사합니다."

재판장이 조합장을 신문했고 그의 대답을 정리한다.

'조합 규약을 게시판에 게시(2002. 4. 26)했고 1997년 9월 7일에 규약을 만들었으며 이때는 조합이 결성되지 않아 나누어주었다. 규약에 정한 정기총회는 한번도 하지 않은 것으로 알고 조합이 결성되지 않아 등기우편 발송은 못했다. 그리고 비용 분담에 관한 총회는 없었으며 대한주택의 분담금 부분은 구청에 있고 조합원 분담금 인상은 만강연립이 그렇다는 말이다.'

조합장의 신문을 마치고 재판장이 말했다.

"조합원 분담금에 대한 사항으로 원고는 조합원의 80% 이상 동의를 받았다고 하고 피고는 조합원의 80% 이상 동의를 받지 않았다고 하니 그 증거를 다음 재판 기일 전까지 본 재판부에 제출하시고 다른 재판부에도 첨부하도록 하시기 바랍니다."

재판부의 주문에 조합장 신문 사항을 모든 사건에 첨부하고 80%의 동의를 받지 않았다는 54인의 확인을 받아 법원에 제출했다.

조합원들은 어제의 패소판결을 잊고 부동산 사기가 판명될 것이라는 막연

한 기대로 동네에서 소주 파티를 열기도 했다.

  7월 26일은 조합장 신문을 마친 후 첫 재판이다.
  그런데 엄숙하고 믿음직해 보였던 재판장이 교체되었다.
  '혹시 조합장 신문이 다른 재판부의 날조된 판결과 성격이 맞지 않아 개인적인 불이익을 당한 것이 아닐까?' 하는 걱정도 되었다.
  "자, 재판을 진행합시다."
  "재판장님! 재판을 진지하게 진행하여 주신데 대하여 감사드립니다. 동일한 10개의 사건에서 저희가 전체를 대변하게 되어 다시 한번 감사드립니다."
  판사들은 무표정하게 앉아있고 교체된 재판장은 가볍게 웃으면서 말했다.
  "뭘요. 저희가 무슨 일을 했다고…."
  조합측 변호사가 서류를 보이면서 조합원 자신이 서명하지 않았느냐고 물었으나 그의 말에 대답하지 않았다.
  "변호사님, 허위 서류 가지고 변론해 보았자 엄숙해야 할 법정이 거짓말 경연장밖에 더 되겠습니까? 조합 서류 중에서 하나를 펼쳐보겠습니다."
  가지고 간 자료를 무작위로 펼쳐 보이자 그는 가만히 쳐다보고 있었다.
  "이 사진은 우리 집 마당에서 조합원들이 이사인 나에게 조합 이야기를 듣고 싶다하여 조합원들에게 설명을 하고 있는 장면인데 조합장은 여기에 촬영 일자와 옷 무늬를 컴퓨터그래픽으로 합성하여 총회 사진이라고 법원에 제출한 것입니다. 자! 보세요. 제 사진에는 촬영 일자가 없죠? 변호인이 가지고 있는 사진에도 일자가 없습니까? 우리는 지금 부동산 사기꾼들한테 사기를 당하고 있는데 이것이 소송이라는 자체가 믿기지 않습니다."
  격한 감정을 누르기 위하여 눈을 감고 한참동안 마음을 가다듬었다.
  "이 재판은 조합원들의 도장을 조합장이 수십 개나 위조하고 연립주택별로 분산시켜 10개의 사건번호로 시작한 부동산 사기사건입니다. 나는 무슨 일이 있더라도 이 사건을 공론화할까 합니다."
 "피고! 감정을 억제하시고 원고와 합의할 의향은 없으십니까?"
 "재판장님! 합의라고 하셨습니까? 말씀드린 그대로 변함없습니다."
 "알겠습니다. 다음 재판은 8월 31일입니다."
 판사들이 퇴장하고 감정을 억제하지 못하여 방청석에서 한동안 눈을 감고 앉아있다가 조합원들과 집으로 돌아왔다.
 법원을 들락거리는 일이 없어야겠지만 피치 못할 사정으로 이런 일을 당했을 때 재판 도중 판사들이 교체되었다면 사건의 전개과정을 천천히 생각해 보라. 그러면 무엇인가 집히는 부분이 있을 것이다.

 8월 31일은 선고를 한다고 한다.
 새로 선임한 변호사는 아직 서류 검토를 못해 선고를 유예해 달라고 재판부에 부탁했다고 한다. 변호인으로 선임되고 한번이라도 변론을 해야 되지 않겠느냐는 것이 변호사의 설명이다. 그러나 이때는 이미 불신 판결에 위험을 느낀 조합원 대부분이 자진 해산되고 부동산을 매매하지 않은 조합원은 11명밖에 남지 않았다.
 법원의 안내문에 변론재개라 되어 있어 조합원들과 동네로 돌아왔다.
 며칠 전 조합장이 나를 위증으로 고소하여 경찰서에 참고인으로 불려간 조합원들이 경찰서에서 받은 교통비로 오늘 소주 한잔씩 나누자고 하여 마당에 자리를 깔고 담소를 나누었다.
 조합원이 적어 조합과 합의하는 것이 좋겠다는 변호사의 말 등을 조합원들에게 들려주었다. 그런데 폭력배들이 거주하는 옆 컨테이너에서는 나의 패소판결을 자축한다고 집을 판 조합원들이 모여 파티를 벌렸고 우리도 옆에서 소주를 마시고 있으니 참으로 아이러니한 풍경이었다. 그들도 며칠 전까지만 해도 뜻을 같이하자던 조합원들이었는데….

조합원들이 부동산을 헐값에 매매하자 조합은 이들의 집을 인수하고 돈을 지원하여 현수막을 걸고 다과회를 베풀었다고 한다.

남을 위해 봉사한다는 사람이 있다면 세상민심을 찬찬히 생각해 보라!

"이사님, 세상에 이럴 수가 있습니까? 며칠 전까지만 해도 애쓴다고 고마워하던 사람들이 이사님의 패소판결을 축하한다는 다과회 모습을 보고 배신감을 느끼지 않으십니까?"

"내가 그런 생각을 했었다면 지금 이 자리에 앉아있지도 않습니다. 처음부터 조합의 불법행위를 바로잡고 조합원 모두에게 이익이 되는 길을 찾아보자고 일을 했습니다. 또 임원 중 한 사람으로 조합원들께 속죄하는 마음이니 배신감 같은 생각은 없습니다. 다만 조금만 참았으면 되는데 자신들의 부동산을 조합에 헐값으로 매매한 조합원들이 측은하기도 합니다. 며칠 전 집을 판 사람이 계약금만 받고 중도금과 잔금은 아직 못 받았다고 불평을 하더군요. 나한테 잔금을 받아달라고 부탁하는 사람도 있습니다."

"그걸 말이라고 해요! 하지 마세요. 벨도 없습니까?"

"걱정 마세요. 내 능력으로는 돕고 싶어도 도울 수 없으니까."

"이사님, 우리들만 마시지 말고 저 사람들한테 조금 가져다주면 어떨까요? 이사님이 오늘 패소했으면 저 사람들은 좋아서 난리가 났을 텐데 배가 아프겠지요? 제가 다녀오겠습니다."

앉아있던 조합원이 술병을 들고 갔고 저쪽에서는 떡을 가지고 왔다.

아이러니한 이걸 두고 인간사 새옹지마(塞翁之馬)라 하나보다.

"컨테이너에 가보니 조합에서 돈을 주어 떡과 음료수를 준비했는데 여자들만 득실대요. 그래서 여자들은 믿을게 못된다니까!"

컨테이너를 다녀온 조합원의 푸념이다.

"여러분 제가 말씀드릴 것이 있는데 그것은 공증에 관한 일입니다. 처음 50명이 넘는 조합원들이 참여하여 각자 재산을 지키자고 했으나 지금은 그

수가 줄어 11명에 불과합니다. 그래서 앞으로 어떻게 될지 모르니 공증을 해지하여 각자의 길을 택하고 만약 여러분 중에 집을 팔고자 한다면 시행사와 중재해 보겠습니다. 여러분 의견은 어떤지 기탄 없이 말씀해 보세요."

처음에는 계속하자는 사람이 많았지만 시간이 흐를수록 공증을 해제하자는 쪽으로 기울어졌다.

"저희들이 다 빠져나가면 이사님은 어떻게 하시려고요?"

"저는 지금 물러날 수 없는 상황에 처해 있습니다. 조합장이 사문서 위조 등을 했다고 고소했고, 업어치기로 내동댕이쳐 뇌진탕 진단을 떼어 고소했고, 노가리 감사도 자기한테 폭행을 했다고 고소, 또 지난 3월 곰달래 재판에서 위증했다고 고소당하여 여러분들이 참고인 진술을 했지 않습니까? 사기를 쳐서라도 먹고살겠다는 조합장과 그 일당도 문제지만 국민의 혈세로 생활하는 검·판사들까지 수사비를 얼마나 받아 먹었는지 부동산 사기의 앞잡이 노릇을 하고 있으니 분통이 터져 견딜 수가 없습니다. 이 일이 정리되면 조합장 그 놈의 ××을 법원 앞에서 쪼개버릴 것입니다. 나는 개의치 말고 여러분만 생각하세요."

화가 난 내 말에 조합원들은 숙연해졌다.

공증을 해제하고 각자에게 유리한 길을 택하자고 결정했다.

여름밤이라 늦게까지 마당에서 술잔을 기울이다가 들어왔다.

이튿날 어제 모였던 조합원 중 한 사람이 나를 만나자고 하더니,

"백이사가 무슨 일을 할지 모르니 나와 같이 집을 팔고 뒷조사를 해서 나쁜 일이 발견되면 내가 엎어버릴 테니까 같이 집을 팔고 나가자고 하는데 이런 사람들한테 무슨 미련을 가지고 희생하려는 겁니까? 어느 정도 요건이 되면 앞뒤 볼 것 없이 이사님만 생각하고 빠져나오세요. 이런 사람들한테 덕을 베풀어봤자 이사님 뒤에서 화살을 겨누고 있습니다. 잘 생각해 보세요."

충고는 눈물겹게 고마웠지만 여건이 그의 말을 따를 수 없었다.

9월 13일의 두 번째 재판은 조정이다.
여기에서도 판사는 조합과의 합의를 도출하려했다.
"판사님! 제가 합의하려 했다면 이 일을 시작할 때 2억 5천만 원에 집을 산다고도 했고 얼마 전에는 은평구에 있는 새 집을 그냥 줄 테니 이사해 달라는 제의도 있었습니다. 그러나 지천명(知天命)을 넘긴 제가 얼마나 영화를 누리겠다고 사기꾼들과 동조하여 조합원들을 농락하겠습니까? 저는 사기꾼들과 합의할 생각이 없습니다."
"그렇지만 신탁을 반대하는 얼마 안 되는 조합원들로 인하여 공사가 늦어지면 조합원 부담은 누가 책임지지요?"
"여보시오. 원고 변호사님! 내가 공사를 방해했다고 합디까?"
조합측 변호사는 대답을 못했고 조정은 미루어졌다.

10월 14일의 첫 재판은 조정실에서 진행되었다.
법원은 계속해서 조합과 합의를 종용했고 우리는 총회를 요구 했다.
"이제 신탁을 거부하는 조합원은 8명 남았습니다. 이들로 인하여 사업을 못하고 조합원들은 엄청난 경제적인 손실을 입고 있습니다. 빨리 선고하셔서 손해가 덜 가도록 해주십시오."
"그렇지 않습니다. 원고 조합은 수십 억 아니 그 이상의 돈을 노리고 조합원들에게 부동산 사기를 치고 있습니다. 총회를 열어서 정상적인 재건축사업과 적정한 조합원 분담금으로 조합원들의 경제적인 부담을 덜어주어야 합니다. 그 많은 사람들의 막도장을 파서 사기를 친 조합장을 어떻게 용납한다는 말입니까?"
"피고! 그러지 말고 조합과 합의하시지요. 소수잖아요!"

"처음부터 소수는 아니었습니다. 몇 사람이 수많은 조합원을 농락하고 사기 재판에 놀라 조합원들이 흩어져서 그렇지. 저는 이 문제에 대하여 헌법소원이라도 할 것입니다. 사기가 정당화될 수는 없지 않습니까? 총회를 열어 조합원들이 조합장 말도 듣고 제 말도 들어서 정상적인 사업을 해야 합니다."

재판은 연기되고 우리측 변호사와 내가 법원에서 만났다.

"이사님, 판사들이 이사님을 아주 안 좋게 생각합니다."

"저를요! 왜?"

"이사님께서 집값을 비싸게 받으려한다고요."

"아니! 내가 저희들같이 졸부로 보이는 모양이지요. 하기야 현실이 그러니까 무리는 아니죠. 그렇지만 그것은 결코 아닙니다. 지금까지 변호사님께서 보아왔지 않았습니까?"

12월 6일은 우리 재판부의 선고일이다.

어제 조합원 패소로 희망은 없었지만 법정에서 선고를 들었다.

판사의 패소 판결문을 낭독하는 목소리에 너무나 화가 났다.

조합원들의 도장을 대량으로 위조하고 날인하여 제기한 부동산 사기사건은 한번도 사실을 확인하지 않고 시간만 질질 끌다가 조합원들이 흩어지기를 기다려 폭력배들의 감시 하에 개최한 총회를 합법적인 결의라고 하였다.

이때 조합은 이미 새로운 조합원으로 결집되어 있었다.

집을 산 사람들은 조합의 불법행위나 분담금은 알 필요도 없었고 오로지 빨리 집을 짓고 자신의 재산 증식만을 바라는 사람들이었다.

억울한 사람은 원래의 조합원들로 소송이란 협박에 집을 탈취 당했다는 사실이다.

우리들의 재판은 한마디로 재산을 농락한 부동산 사기꾼을 인정한 법원의 횡포라고 해야 할 것이다. 사기꾼들의 위조, 변조, 날조된 조합을 관공서에서 동조, 방조한 '조자 돌림 5형제'의 합작품이라 해야 할 것이다. 폭력배들이 난입한 2002년 11월 5일의 총회가 합법이라니….

패소판결을 받고 며칠동안 억울하여 잠을 자지 못했다.

처음부터 진행 사항을 점검해보고 이렇게 밖에 될 수 없었던 이유를 나름대로 분석해 보았다. 거짓말이 일반화된 우리의 현실에서 사기를 인정한 판결이란 어쩌면 당연한 결과이며 처음부터 '말썽부리는 자들'이라는 재판장 개인의 사법(私法)을 인정한 사법(詐法)이 아니고 무엇이란 말인가.

재산은 많고 머리가 비어있는 사람들을 가리켜 졸부라 부르는데, 우리나라의 정신문화는 언제나 선진문명에 다가갈 수 있을지….

(4) 이것 참! 되게 힘드네

3월 5일의 재판은 조합에서 조합원 4인을 상대로 제기한 단독 재판이다. 원래 이 사람들은 10인의 비조합원이었다.

조합장이 이사회에서 매도청구소송을 동의한 것처럼 회의록을 날조·위조하고 퇴거한 이사의 서명(자격 없음)을 복사하여 소송을 단행했다.

소송결과 조합에 부동산을 매매한 사람도 있고 패소판결을 받은 사람도 있으며 이 사람들처럼 조합에 가입한 사람도 있다. 그런데 이들이 신탁등기를 하지 않자 다시 명도소송을 제기했다. 그러다보니 다른 조합원들과는 물론 자기들끼리도 협조가 잘 되지 않았다.

개정이 선포되자 판사가 먼저 물었다.

"여기에 있는 사업계획 시행 동의서와 규약 동의서는 본인이 작성한 것이 맞습니까?"

"아닙니다."

판사의 물음에 이들은 하나같이 대답했다. 그러자 조합측 변호인이 인감증명과 도장을 보이면서 다시 물었다.
"여기에 찍힌 도장과 인감증명은 자신들의 것입니까?"
"(한참 쳐다보더니) 예, 맞습니다."
"판사님! 피고들은 자신이 서명한 서류를 부정하고 있습니다."
"변호사가 보여주는 서류들을 저는 한번도 본적이 없습니다."
조합원들은 이구동성으로 확실하게 대답했다.
이어서 판사가 자기가 도장을 찍고 거짓말한다고 하자 말을 못한다. 판사라는 위상에 눌려 자신의 의견을 말하지 못한 게 죄라면 죄다.
재판은 다음으로 미루어졌다.

4월 2일은 두 번째 재판이다.
동네에서 상의했음에도 의사발표를 못하는 것은 지금도 처음과 비슷하다.
이들은 처음부터 재건축에 반대하다가 비조합원 매도청구로 어쩔 수 없이 조합에 가입했지만 사업 시행 동의서와 규약 동의서 등은 한번도 보지 못했고 조합사무실 앞에서 도장과 인감증명을 주고 기다렸더니 한참 후에 도장을 내주어 가져왔다고 했다. 이들의 조합 가입은 불과 몇 개월 전이라 조합원들 중에서 가장 정확한 대답일 것이다.
조합측 변호사는 또다시 서류철을 보이며 자신의 도장이냐고 물었다. 그러자 이들은 '자신의 것이 맞다'고 대답했고, 재판장은 '자기들이 도장을 찍고 왜 거짓말을 하느냐'고 다그치자 말을 못하고 떨고 서 있었다.
재판은 다음으로 또 미루어졌다.

4월 16일의 재판이다.
처음부터 다른 조합원들과 달리 이들의 의견 조율은 힘들었다. 특히 야간 업소에 다니는 사람한테 법원에 제출할 준비서면의 도장을 받으려면 아침 9

시경이 아니면 안 된다고 하여 내가 직접 받으러 다녔다. 다른 조합원들이 배제하자는 말도 많았지만 조합원 한 사람이라도 더 구하자고 고집하여 모든 서류의 도장은 유일하게 내가 받았다. 또 법원에 나갈 때면 지방에서 일하는 일용직 근로자까지 챙겨야 하니 짜증날 때도 있었지만 아내가 총무한테 폭행 당하고 넘어질 때 잡아주고 경찰서에 진술서를 제출해준 며느리가 고맙다는 생각만 하기로 했다. 그래서 법원에 갈 때면 이들을 자동차로 실어 다주고 데려왔다.

다른 재판부는 조합원들이 따라가 무언의 응원을 했는데, 이 재판부만은 미운 오리새끼 취급을 받아 안타까울 때도 많았다.

판사와 조합측 변호사의 질문에 엉뚱한 대답을 하기 일쑤였다.

"왜 재건축을 반대하는 것입니까?"

"……"

한 명이 가까스로 대답했다.

"너무 비싸서요."

조합원들이 말을 못하자 조합 변호사는 계속해서 다음 질문을 퍼부었고 대답을 못한다. 재판이 끝나고 집으로 돌아오면서 물어보았다.

"판사가 재건축을 반대하는 이유를 물었을 때 왜 대답을 못했어요. 조합원 분담금을 조합장 마음대로 너무 많이 올려 총회를 하여 조합원들의 동의를 받으라는 것이 우리들의 뜻이라고."

"될 대로 되라지 뭐! 이것 참! 되게 힘드네. 나는 집을 팔려니까 다른 사람들이나 열심히 해봐. 힘들어서 못하겠어."

"그야 물론 선생님의 집이니까 누가 말리겠습니까? 하지만 우리들이 주장하는 것은 부동산 업자들의 사기에 내 재산을 지키자는 것이 아닙니까? 선생이 살고 있는 집을 감사가 5천6백만 원에 샀다고 합디다. 지금 그 돈으로 살 수가 있는지 알아보세요. 만약 가능하다면 마음대로 하세요."

"그래서 미치겠다는 것이 아니요!"

재판을 며칠 앞두고 한 사람이 다급하게 찾아왔다.

"이사님! 5월 7일에 선고한다는데 어떻게 하죠?"

"판사가 선고한다는데 제가 어떻게 하겠습니까?"

난처하기 그지없었다. 지난 재판 때 한 말도 있어서 물어보았다.

"집을 판다더니 알아보셨습니까?"

"조합에서는 이사님이 말씀하신 돈밖에 주지 않는다고 하여 다른 곳에 집을 알아보니 그 돈으로는 어림도 없어요. 어떻게 하죠?"

"제가 무슨 방법이 있겠습니까?"

"살려주세요. 백이사님!"

조합에 집을 팔자니 빼앗기는 것이나 다름없고 소송을 하자니 어려워서 매우 난감하다는 말이다.

"안타깝습니다. 저로서도 방법은 없고 최선을 다해볼 수밖에요."

이 사람의 다급한 말에 지금 법원에서는 동일한 10건의 사건이 진행되고 있는데 비슷한 시기에 판결해 달라고 진정서를 작성하여 법정에 제출했다. 하지만 받아들여질는지는 아무도 모를 일이다.

5월 7일의 법정에 나가보니 조합측 변호사는 보이지 않고 조합장과 그 일행들이 나와 웃으면서 우리를 비웃듯 쳐다보고 있었다.

조합원들은 이들을 쳐다보고 얼굴에 침이라도 뱉고 싶다고 한다.

방청석에서 초조하게 판사의 판결을 기다리며 앉아있다가 돌아보니 조합장 일행들이 나란히 앉아 멸시하듯 우리들을 쳐다본다.

"사건번호 ××××번 변론 재개. 재판일은 6월 25일 입니다."

왈칵 쏟아지는 눈물을 억제하고 방청석에서 일어나자 피고와 다른 조합원들도 따라 일어섰다.

조합장은 어디로 갔는지 연기처럼 사라지고 없었다. 허탈한 마음으로 조합원들과 집으로 돌아왔다.

6월 25일은 변론 재개일이다.
선고를 한다고 했다가 진정서를 접수하고 변론한다는 말에 감사했다. 그리고 6월 28일의 조합장을 신문한다는 준비서면을 읽어보았는지 별일 없이 재판일은 미루어졌다.

8월 13일은 여섯 번째 재판이다.
이들 네 사람 중 세 사람이 집을 팔기로 했다는 말이 들렸다. 서민들의 애환을 고려한 재판장의 마음을 짐작했고 같이 나가자는 사람도 없어 법원에 가지 않았다.
나중에 말을 들으니 모두 불참했다고 한다.

9월 3일은 3명이 조합에 집을 팔거나 신탁하고 야간업소에 다니는 한 사람만 남았다. 조합과 협상할 여유를 갖지 못한 이유가 가장 컸을 것이다.
법원에서 합의하면 중개료도 없고 정상 가격을 유지하는 등의 이점(利點)도 있다. 따라서 나는 조합장이나 감사처럼 계약금만 주고 잔금은 늦게 주거나 중개료나 공과금을 과다하게 징수하는 폐단도 없으니 법원에 나가기 전에 이 사람을 불러 합의할 것을 권유했다.
6월 28일의 조합장 신문에서 조합원 80% 이상의 분담금 인상안 동의를 받지 못했음을 인정했는지 '말썽부리는 자들'이라고 서민들을 매도한 합의부와 합의부의 결정을 보고 판결하자는 단독 재판을 제외하고 모두 조정으로 선회했다. 예상했던 대로 판사는 조합과 합의할 것을 권했다.
조합장이 나왔는데 아무 권한이 없고 시행사 의견에 의존했다. 자기들이 매입한 가격과 너무 차이가 많기 때문이었을 것이다.

대부분의 재건축조합은 조합장이 시행사의 앞잡이로 전락하여 조합원 죽이기의 앞잡이 노릇을 한다고 하는데 이때의 협박강도(狹薄强度)는 뒷거래의 정도에 따라 다르다고 한다.

조율 끝에 결국 합의되었다. 이 재판부에서의 합의 금액은 1억 1천만 원으로 공증했던 가격 1억 1천5백만 원보다 5백만 원이 싼 가격으로 10월 2일까지 일시불 지불조건이다.

불과 한 달 전 다른 조합원들은 이 집을 5천6백만 원~7천만 원에 계약만 했는데 법원에서 1억 1천만 원에 합의했다는 말이 조합원들에게 전해지자 계약한 조합원들이 조합사무실을 찾아다니는 일이 이어졌다.

(5) 규약이요? 그때 보나 지금 보나 봤으면 됐지 뭐!

3월 21일은 조합원 법무사가 있는 재판부의 첫 재판으로 15명의 주민 중 12명이 피고다.

법정 앞에서 법무사가 동일 사건의 병합을 알아보기 위해서 법원 사무실에 다녀오겠다고 한다.

사무실을 다녀 온 법무사의 눈치를 보니 성사되지 않은 것 같았다.

"이사님, 우리 재판부에 두 개의 합의부가 있어 하나로 병합시켜달라고 요청을 했는데 재판장이 거절했다고 합니다."

"피고 이름만 다른 동일한 두 사건을 병합하는 것이 불가능한 것입니까? 아니면 법원에서 안 하려는 것입니까?"

"그거야 물론 재판장 마음이지요."

"손실장. 법원이 파리 날리는 모양이구먼! 한 사건을 열 배로 부풀리고 더구나 같은 재판부의 사건조차 불가능하다니 한심하구먼."

"이사님! 재판이 우리에게 불리할 것 같은 느낌이 드는데요."
"글쎄! 두고 봅시다. 누가 싸울 때 맞고 싶어 맞습니까? 힘 딸리면 얻어맞고 울기도 하고 터지기도 하는 것이니 최선을 다해 봅시다. 아무리 세상이 요지경이라지만 판사들까지 부동산 사기에 동조하지는 않겠지요."
개정되고 재판장은 피고측 조합원들을 호명하였다.
"조합원으로 호명하지 않은 사람은 누구십니까? 들어가세요."
"예, 저희들은 조합원의 배우자입니다."
"조합원의 배우자가 참석한 사람은 불참으로 처리합니다."
"재판장님, 조합 규약에 배우자도 조합원과 동등한 자격을 갖는다고 되어 있습니다."
"그것은 규약에서의 이야기이고."
"조합 감사도 조합원의 배우자인데요."
조합원들은 불공평하다고 볼멘소리를 하자 재판장이 말했다.
"법원에서는 조합 규약과 관계없으니 배우자는 듣기만 하세요."
조합측 변호사는 다른 재판에서와 마찬가지 질문을 하였다.
"조합원들은 사업 시행 동의서와 규약 동의서에 서명을 한 이상 주택조합에 신탁등기를 해야 할 의무가 있습니다."
"우리들은 조합에서 제출한 서류는 본적도 없고 조합에서 위조한 것이니 의견에 따를 수 없습니다."
"서류에 찍힌 도장과 인감증명은 여러분들의 것이 맞지요?"
"인감증명과 인감도장은 맞지만 그것은 조합에서 총회할 때 인감증명과 도장을 가지고 오라해서 자기들이 일방적으로 찍은 것으로 우리는 아무것도 모릅니다. 또 조합 규약이 어쩌고 하는 것은 조합장이 허위로 만들어 구청에서 허가만 받았지 우리들은 규약을 보거나 만들었다는 사실조차 모릅니다."
그러자 방청석의 조합원들은 앞에 나간 조합원들이 규약 내용을 다르게 대답하자 법정은 소란해졌다. 이유는 이 연립에 사는 반장은 부지런하여 조합원들에게 인감도장과 증명을 지참하고 총회에 참석하라고 했다. 회의장에서 조합장 일행들이 날인했지만 다른 9개 연립은 인감증명과 도장을 조합에서 걷어다가 자기들끼리 서류를 만들어 찍었다. 이것이 서민들의 꾸밈없는 진실한 대답이란 말이다.

재판장은 법정을 진정시키고 말했다.
"그런 것은 이유가 되지 않습니다."
재판은 연기되었다.

4월 18일의 두 번째 진행이자 오늘 진행의 두 번째 재판이다.
오늘의 재판 3건 모두 진행 시간이 달라 지켜 볼 수 있었다.
주택조합 규약은 제정하지도 않았고 제출한 조합 서류들은 거의가 위조되었다고 항변했다.
그때 갑자기 큰 목소리가 들렸다.
"재판장님! 저희가 제출한 준비서면을 읽어보고 나오십니까?"
깜짝 놀라 소리가 나는 곳을 쳐다보았다. 피고 조합원이었다.
"예, 나는 읽어보고 오는데 피고는 읽어보고 나옵니까?"
"물론 읽어보고 오지요."
이어서 재판장은 조합 변호사에게 물었다.
"원고! 피고는 모든 서류들이 거짓이라고 하는데 어찌된 것입니까?"
"조합에서 비조합원들한테 매도청구를 하여 귀 재판부에서 승소한 사실도 있고 조합 서류를 이용하여 주택조합 설립인가와 사업 승인도 받았습니다."
"그건 말도 안 되는 소리고…."
재판장은 구청 직원의 말대로 제출된 서류의 사실 여부를 확인할 의무가 없다는 행정 기관의 무책임한 답변을 감지했나보다. 또 비조합원 매도청구소송을 선고한 이 재판부에서도 비조합원의 매도청구와 조합원의 명도소송은 다르다는 뜻으로 받아들이는 것이 아닐까?

재판은 미루어졌다.

집에 돌아와 낮에 돌출 발언한 조합원에게 물어보았다.

"박형! 갑자기 법정에서 무슨 말을 그렇게 해요? 법정모독죄로 구속되면 어쩌려고요?"

"아니! 이사님 생각해 보십시오. 준비서면에 나쁜 놈들이 허위 서류로 사기친다고 처음부터 얘기했는데, 그 말은 한번도 묻지 않고 사기꾼들 대변만 하니까 화가 나서요. 더구나 조합 규약이 아무것도 아닌 것처럼 말하는데 서민들이라고 이렇게 당해도 괜찮다는 말입니까?"

"그렇지만 오늘 재판장은 원고한테 사실 여부를 묻는 말을 했으니까 다음에 무슨 말이 나오겠지요. 기다려봅시다."

이 사람은 나한테 화풀이하는 것 같았다.

"그런 말 하지 마라. 판사가 진실을 가려 준다고! 한번은 이쪽, 한번은 저쪽을 생각하는 척하면서 시간만 질질 끌다가 끝나는 기라. 그러니까 돈 없으면 재판을 못한다는 것 아이가."

억센 경상도 사투리를 하는 이 사람은 재판부의 속성을 잘 알고 있었나 보다.

5월 21일은 세 번째 재판이다.

법정에서 엉뚱한(?) 말로 모두를 놀라게 한 조합원에게 오늘은 그러지 말라고 했다. 재판장이 조합측 변호사를 질책한 부분이 있어 많은 기대를 걸고 지켜보고 있었다.

재판이 속개되고 변호사와 조합원들의 말이 한참 오가는데 그 조합원이 또 손을 들었다.

재판장이 무슨 일이냐고 물었다.

"재판장님! 조합은 이제 조합 규약을 조합원들한테 보냈습니다. 저희한테 지금 보낸 규약에 따라야 한다는 것은 잘못되지 않았습니까?"

그러더니 4월 24일과 26일에 발송된 우편물 봉투를 들어보였다.

"규약이요? 그때 보나 지금 보나 봤으면 됐지 뭐!"

재판장의 한마디에 조합원들은 할 말을 잃어버리고 멍하니 서 있었다. 조합 규약이란 내부의 규칙인데 존재하지 않는 조합법에 따르라는 것은 문제가 될 텐데, 이것이 아무것도 아니라니 더 이상 할 말이 없다는 것은 당연한 일.

아무리 기다려도 조합의 법정 서류의 사실 여부를 묻는 질문은 없었다.

다음 일정을 정하고 조합원들은 힘없이 돌아와 우리 집에 모였다. 오늘도 여느 때처럼 다른 재판부의 조합원들이 더 많았다.

"이사님, 재판장이 조합 규약을 이제 나누어주었다고 해도 별 일이 아니라고 하는데 앞으로 어떻게 대항해야 합니까?"

근심 어린 조합원의 물음에 할 말이 없어 한참 후에 입을 열었다.

"규약 배포가 문제되지 않을 까닭은 없을 것입니다. 지난 재판 때 말했다시피 다음에는 조합측에 무슨 말이 있겠지요."

조합원의 물음에 대답할 말이 없어 얼버무리고 말았다.

조합원들은 풀이 죽어 집으로 돌아갔다.

6월 21일의 두 번째는 이 재판부의 네 번째 재판이다.

반장이 며칠 전 허겁지겁 달려왔었다.

오늘 선고한다는 통지가 송달되어 조치를 부탁했다. 같은 연립의 법무사한테 다른 재판부에서처럼 동일한 시기에 판결해 달라는 진정서를 제출하라고 권했다. 그러나 18일에 반장이 다시 찾아와 사정을 한다. 법무사에게 부탁했는데 해봐야 소용없다고 거절을 하더란다. 할 수 없이 서둘러 전과 비슷한 내용으로 진정서를 작성하여 하루 전 법원에 제출했다. 결과는 복도에 변론 재개라고 되어 있었고 이를 본 조합원들은 안심하고 돌아왔다.

　7월 11일의 재판진행은 조합장 신문 후 재판장의 주문에 따라 분담금에 대해 조합원 162명 중 54명(34%)이 분담금 인상안을 들어보지 못했다고 서명하여 제출했다. 첫 재판이라 서 있는 사람들이 많을 정도로 조합원들이 방청석을 가득 메웠다. 조합원들의 관심사는 분담금 인상안(관리처분계획안)이 조합원의 80% 이상 동의를 받지 못하면 무효라는 판결을 법원에서 어떻게 받아들이는지를 보기 위해서였다.
　선정 당사자는 법무사와 규약의 히트작을 터뜨린 조합원이다.
　"원고 변호사님! 원고가 제출한 서류들을 피고들이 모두 부정하고 있는데 어떻게 된 거요?"
　"재판장님! 조합은 구청에서 조합 설립인가도 받았고 사업 승인도 받았습니다. 그리고…."
　"원고가 제출한 서류들은 처음부터 지금까지 몇 사람만 계속 서명되어 있고 전체 이사들의 서명도 못 받았잖아요. 말도 안 되는 소리를 하고 있어."
　"……."
　그렇다! 재판장이 변호사의 말을 막으면서까지 화를 내는 것은 처음 보았고 조합장을 비롯한 몇 명이 150명이 넘는 조합원들을 농락한다는 진실을 감지하고 있었을 것이다. 아쉽다면 좀더 빨리 공정한 판단을 하려는 의지를 보였다면 이렇게 많은 조합원들이 정든 집에서 떨려나지 않았을 텐데.
　"원고는 다음 재판에서 이에 대한 확인을 해주시오!"
　재판장의 호통에 조합원들의 얼굴은 환해져 형사법정으로 자리를 옮겼다.

　8월 22일의 재판은 선정 당사자인 두 사람만 참석했지만 대부분의 조합원들은 법원의 불공정한 진행에 겁을 먹고 집을 팔고 있다고 한다. 문제는 누가 집을 팔았는지 알 길이 없었다. 물어도 쑥덕거리는 소리만 들렸다.
반장을 불러 물어보니 자기도 확실히 모르겠다고 한다.
힘이 빠진 나는 법원에 나가지도 않고 알려고 하지도 않았다.

9월 12일은 이 재판부에서도 조정이다.
이 재판부에서도 조합원이 대부분 빠져나가 대기실에서 들어도 도무지 무슨 말들을 하는지 들리지 않는다. 가끔 '백나명 씨가 조합원들을 선동하여 신탁을 못하고 있습니다' 라는 조합측 변호사의 목소리만 들렸다.
지금 조합에 부동산을 팔라는 법원의 중재가 진행 중이리라.
이때까지 이 재판부에는 12명 중 4인이 남아있었다.

10월 24일은 여덟 번째 재판으로 조합원측 변호사는 남아있는 조합원 모두 나오라고 했다. 조합원 변호사의 총회 요구 의사가 전달되어 조합은 총회를 개최할 뜻을 보였다고 한다.
재판의 선정 당사자인 법무사가 나오지 않고 그의 아내만 조합원들과 법원 복도에서 총회를 열어 정상적인 조합 운영으로 좋은 아파트에서 살아보자는 말을 하는데 법무사와 조합측 변호사가 거의 동시에 도착했다.
"손실장, 지금 우리들은 조합원 총회를 개최하여 조합원들의 뜻에 따라 재건축을 진행하자고 의견을 모았네."
"안돼요! 지금 총회를 하면 안 됩니다."
법무사의 목소리가 너무 커서 깜짝 놀랐고 말이 떨어지기가 무섭게 옆을 지나던 조합측 변호사가 말했다.
"이거 안 되겠구먼! 총회를 열어주려고 했는데…."
쏜살같이 법정으로 들어가 재판이 진행되고 조합측 변호사는 법정에서 먼저 입을 열었다.

"조합은 곧 총회를 개최하여 조합원들의 의견을 받아들여 합리적으로 조합 운영을 하려고 합니다."

"……."

조합 변호사는 지금까지 불합리한 조합 운영을 자인한 서류를 제출했다. 내심은 아마 은근슬쩍 넘기려는 뜻으로 대충 마무리하고 싶었을 것이다.

재판이 끝나고 우리측 변호사와 지하 식당에서 자리를 같이했다.

우리나라 실정법이 조합을 우선으로 생각해 개인은 손해볼 수 있다는 말을 하며 합의할 사람과 그렇지 않을 사람을 조사했다.

그리고 변호사도 합의에 발 벗고 나섰다.

다음 재판일이 되기 전에 남아있던 4인 중에서 3인은 시행사와 합의하고 부동산을 매매했다. 이때 금액은 1억 3천8백만 원이다. 불과 3개월 전에 7천여 만 원에 매도한 조합원들이 피를 토할 노릇이라고 한다.

12월 5일은 이 재판부의 선고일이다.

이 연립주택에 사는 15명의 조합원 중에서 처음에 12명의 조합원들이 소송에 참여했다가 지금은 한 명밖에 남지 않았다. 이 사람은 우리가 지은 아파트에서 살아 보겠다고 한다.

조합원에게 불리할 것 같다는 법무사의 말을 들어 기대하지는 않았다. 하지만 조합장이 조합원들의 도장을 수십 개나 위조해 행사한 것과 폭력배들이 난입한 11월 5일의 총회가 있기 전에 제출한 조합 서류는 무효였다고 자인한 준비서면을 조합에서 법정에 제출했다. 그렇기 때문에 우리가 생각하는 그동안 진행했던 모든 재판은 거짓이다.

부동산 사기사건을 어떻게 선고하나 긴장하여 기다리는데, 이게 무슨 말인가. 피고 조합원들이 완전히 패배했다. 아니 폭력배를 동원한 부동산 사기를 합법이라고 인정하다니. 지금까지 재판을 한 것인가 개판을 친 것인가!

너무나 허탈했다. 처음부터 민초들은 조합에서 제출한 자료들이 허위 자료라고 목청이 터져라 외쳤고 50명이 넘는 조합원들이 분담금 인상에 동의하지 않았다고 재확인했다. 그리고 조합장도 증언했고 조합측 변호사도 서류로 자인했는데 법원은 재판이 끝날 때까지 한번도 사실을 확인하지도 않고 사기를 인정해버렸다. 이런 법률이 진정 한국의 법률이란 말인가.

이것은 분명 규칙(Rule)을 범한 '범룰(犯rule)'이라 해야 할 것이다.

(6) 처음부터 무리한 소송을 제기한 것은 인정하시죠?

4월 3일은 18명이 거주하는 가장 작은 평수의 연립에서 한 사람만이 신탁등기를 하지 않은 첫 단독 재판이다.

어제 비조합원 4인의 재판에서 기선을 제압한 조합측 변호사는 말쑥하게 차려입고 출두했고 피고 조합원이 여자이니까 만만하게 생각했을 것이다.

학원 강사인 그녀의 재판에서 개정이 선언되고 판사가 먼저 물었다.

"피고는 18명의 조합원 중에서 유일하게 신탁을 하지 않았는데 다른 사람들과 같이 재건축을 하시지 왜 반대하지요?"

"판사님! 저 혼자가 아닙니다. 우리 연립에서는 혼자지만 다른 연립에도 사람들이 많습니다. 그러니 혼자라고 생각하지 마십시오."

"피고가 한 사람이 아닙니까? 여러 사람이라니요?"

"예. 다른 재판부에 50명도 넘는 조합원들이 있습니다. 이 많은 사람들이 신탁을 반대하는데는 그럴만한 이유가 있지 않겠습니까?"

"아니, 한 사람만 재건축을 반대하는 것이 아니란 말입니까?"

"어떤 연립주택은 거의 모두가 반대하는 곳도 있습니다."

이 재판부의 조합원은 다른 재판부와 결부하여 변론하다보니 판사와 언쟁으로 비화되었다.

"판사님! 왜 제 말은 들어보려고 하지 않는 것입니까?"

피고 조합원의 흥분된 어조에 판사는 계속 피고의 말을 막았다.

그러는 사이 조합측 변호사는 가져온 서류를 뒤적이다가 판사의 말이 끝나자 조합원에게 보이려 한다. 이 조합원은 처음부터 다른 재판부의 진행을 빠짐없이 참여했던지라 사건의 진행을 잘 알고 있었다. 판사는 조합원을 꾸짖고 조합원은 분을 이기지 못해 떨고 있었다.

"판사님! 저에게도 말을 할 수 있는 시간을 1분만 주십시오!"

"좋습니다. 그렇게 하시지요."

"변호사님! 변호사님은 사회에서 엘리트 코스로 살아오신 분으로 알고 있는데 거짓 변론이나 하고 계십니까? 저희처럼 불쌍하고 못사는 서민 편에서도 변론을 해 보십시오."

계속해서 심한 말을 하자 판사는 중단시키고 변호사는 멍하니 서 있고 피고 조합원은 계속해서 부들부들 떨고 있었다.

"신현정 씨! 잘하면 오늘 집에 못 들어가겠습니다. 조용히 하세요! 시간이 오래 걸릴 것 같으니 오신 분들 재판을 다 마치고 제일 나중에 하도록 합시다. 들어가세요."

그녀는 방청석에 돌아와 울어버릴 것처럼 내 옆에 털썩 주저앉는다.

"오빠, 넘어올 것 같아요. 화장실에 좀 데려다주세요."

인척은 아니지만 정의롭다하여 기분 내키면 가끔 오빠라 불렀다. 구토증세란 머리에 이상이 있을 때 일어나는 생리현상이다. 얼마나 억울하고 흥분했으면 이런 현상이 일어났을까!

자리에서 일어나 문을 열고 법정 밖으로 나오려하는데 판사가 불렀다.

"신현정 씨! 어디를 나가려고 하세요. 들어와서 앉으시오."

"화장실에 좀 다녀오려고요."

"들어오라니까요!"

방청석에서 일어선 나는 밖으로 나왔고 그녀는 돌아가 앉았다.

담배를 피우고 복도에서 기다리는데 변호사가 법정에서 나오고 뒤에 그녀가 다른 조합원과 빠른 걸음으로 따라와 앞을 가로막았다.

"변호사님, 세상에는 구겨진 돈도 있지만 빳빳하고 깨끗한 돈도 있습니다. 구겨진 돈도 좋지만 빳빳한 돈을 벌어보세요!"

"나한테 무슨 죄가 있다고 이러시는 것입니까?"

이들은 억울하다고 변호사에게 푸념했지만 사건 의뢰인은 돈 받고 변론을 하는데 무슨 죄가 있으랴! 사기 변론의 가치는 자신이 판단할 수 밖에….

"비켜 서시요. 변호사가 무슨 잘못이 있다고 이러는 겁니까? 돈 받고 할 일을 하시는데 왜 이러는 거요. 빨리 비켜요!"

"왜 이렇게 시끄러워! 여기는 법원이란 말이요!"

언제 왔는지 법정 경위가 옆에서 눈을 부라리고 서 있었다.

"미안합니다. 억울해서 그러니 이해하세요. 진정시키겠습니다."

"판사님이 다 가두라는 겁니다. 알아요!"

"뭐라고! 이 사람이."

나도 근무자를 향해 눈을 부릅떴다.

그러자 법정 경위는 돌아갔고 사태는 수습되었다. 법원에서 소란을 피운 것은 잘못된 일이지만 부동산 사기로 재산을 농락당하는 조합원의 푸념이라고 이해하길 바란다.

집에서 조합 변호사에게 전화해 유감을 전하고 다시 한번 사과를 하려했지만 '사건을 수임했던 변호사로서 상대측 사람과 만나는 것은 변호사로서의 품위가 아닙니다. 방문을 거부하겠습니다' 라 하여 방문을 포기했다.

하지만 변호사의 인품에 경의를 보낸다.

조합측 변호사는 변론을 사임했고 다른 변호사가 대변하게 되었다.

5월 8일은 지난번 첫 재판에서 변호사와 다투었던 터라 두 번째 재판에서는 불안했다.
　법정에 들어가기 전 냉정하자고 당부해서인지 조용하게 진행되었다.
　"신현정 씨, 다른 조합원들과 같이 재건축을 하시지 그래요."
　"판사님, 저는 재건축을 하여 새 아파트에 사는 것이 꿈인데 왜 반대하겠습니까? 조합장님께 서로를 위해서 잘 해 나가자는 것이지 재건축 자체를 반대하는 것이 아닙니다."
　조합측 변호사의 서류 대조가 있었다.
　"조합원께서는 규약 동의서에 서명한 것이 아닙니까?"
　"도장만 주었지 변호사님께서 보여주는 서류는 한번도 보지 못했습니다. 다른 재판부에서도 마찬가지고요."
　재판부마다 같은 말을 들어서인지 변호사는 담담하게 받아들였고 재판은 미루어졌다.
　집으로 돌아오면서 그녀가 물었다.
　"이사님! 그동안 재건축이 계속해서 진행되고 있었습니까?"
　"갑자기 그런 말은 왜…."
　"대한주택이 퇴출되고 조합장을 만났었어요. 조합장님께 드렸던 인감증명과 도장이 생각나서 물어봤어요. 저는 집을 전세 주고 다른 곳에 살아요. 그래서 어떻게 사업을 진행하는지 전혀 모르거든요."
　"그건 여기 사는 사람들도 마찬가지야. 몇 년 동안 말도 없다가 어느 날 갑자기 시행사를 바꾸고 조합원 분담금을 대폭 올린다고 하여 지금 같은 일이 벌어진 거야."
　"제가 조합장님께 물어볼 때는 재건축을 못할 것 같다며 조합원들한테 받은 모든 서류를 내주어야 될 것 같다고 했는데."
　역시 학원 강사라더니 챙길 것은 철저하게 알아보았다.

9월 11일은 조정에 붙여졌다.

법원에서 불러서인지 조합장과 시행사가 자리를 같이했다. 얼마 전에 조합과 합의한 조합원이 있으니 조합과의 합의를 이루어내려는 판사의 배려로 보아야 할 것이다. 그래서 대기실에 있는 나도 조정실로 불려들어갔다.

"신현정 씨가 살고 있는 집의 실 평수는 얼마인가요?"

"예, 11.5평 정도 됩니다."

"다른 재판부에서 얼마 전 1억 1천만 원에 피고의 부동산을 조합에 양도하기로 했으니 비율에 맞춰 조합과 합의하시는 것이 어떻겠습니까? 그리고 조합장님은 부동산 중개를 하신다고 하였죠?"

"예."

"피고 신현정 씨의 집과 지난번 합의한 집과 어디가 큽니까?"

"지난번 집이 큽니다. 합의한 곳은 20평이고 신현정 씨는 17평입니다."

"조합장님! 무슨 말씀을 그렇게 하십니까? 조합장님이 세놓을 때 항상 20평형이라고 하지 않았습니까. 그런데 17평이라니요!"

"… 17평입니다."

"조합장님! 참 이상하시네요."

"합의한 집과 신현정 씨 부동산의 실 평수 차는 얼마나 됩니까?"

"0.5평 정도 됩니다."

조합장은 이 자리에서도 거짓말을 하려다 판사의 기지에 발각되자 얼굴이 벌겋게 상기되어 대답했다.

"양쪽 집의 실 평수는 얼마 차이가 없네요. 이것저것 따지지 말고 1억 5백만 원에 합의하시는 것이 어떻겠습니까?"

"안 됩니다. 절대로 그렇게 할 수는 없습니다."

조합장이 단호하게 거절했다. 그러자 그녀도 말했다.

"판사님, 저도 합의할 수 없습니다. 이 사기 재판은 꼭 밝히겠습니다."

이렇게 하여 합의는 결렬되고 재판은 미루어졌다.

10월 2일의 마지막 재판이다.
법정에서 조정으로 진행되고 판사는 합의를 권하고 있었다.
"신현정 씨! 혼자서 그러지 말고 조합과 합의하시죠. 신현정 씨보다 조금 큰 집이 1억 1천만 원에 팔렸으니까 적당한 선을 정하여 팔면 되지 않겠습니까?"
"아닙니다. 처음부터 저는 새 아파트에 살고 싶었습니다. 남의 도장을 파 가지고 장난하고 분담금을 마음대로 올려놓고 내야 한다는 조합장님께 조합원과 상의하여 아파트를 지어 서로가 이익이 되는 길을 찾아보자는 것입니다. 지금도 저는 타협하고 싶은 것이 아니라 우리의 힘으로 아파트를 짓고 그곳에서 살기를 원합니다."
"판사님, 피고는 판결을 원하고 있습니다. 빨리 판결해주십시오."
"원고 변호사님! 처음부터 무리한 소송을 제기했다는 사실은 인정하시죠?"
"……."
판사의 격앙된 어조가 법정을 울리고 조합 변호사는 입을 다물었다.
우리나라에 이런 판사가 있다니. 젊은 사람이라 소신 있게 말했을 것이다.
"신현정 씨 정말로 조합과 합의를 거절하겠습니까?"
"예! 합의하지 않겠습니다."
"그러면 할 수 없죠. 신현정 씨가 합의하지 않는다면 10월 14일에 재판으로 속개하겠습니다. 만약 그 이전에 합의된다면 연락해주시기 바랍니다. 오늘 재판은 이것으로 마치겠습니다."
아무튼 판사의 무리한 소송이란 말은 조합의 억지 소송일텐데 처음부터 허위임을 알면서 결론을 내리지 못하는 이유가 소신보다 위계(位階)라면 우리 사회의 한계가 아닌가 하는 생각을 해본다.

나는 조합원을 집으로 불렀다.

"신현정 씨! 판사의 말대로 회사와 합의하세요. 내가 여러분들을 보호할 자신이 없습니다. 그러니 지난번 조정에서 말했던 것처럼 1억 5백만 원에 합의하도록 하세요."

"그런데 이사님께서 공증 각서에 명시한 금액과 법원에서 합의하라는 부동산 가격이 이렇게 같을 수가 있습니까?"

"당시 건설회사와 부동산 업자로부터 자문을 받고 책정했습니다. 그러니까 신현정 씨의 연립에 사는 사람들이 4천8백만 원에 팔고 나갔으니까 그 뒤는 알아서 판단하시고 합의하면 법원에 알려줘야 하니까 연락주세요."

이 사람은 시행사와 1억 1천5백만 원에 합의하여 끝을 맺었다.

"신현정 씨! 이사하여 재건축조합 일을 하고 있다면서요?"

"예, 여기에서 배운 것을 많이 써먹고 있어요."

"서민들의 부담을 덜어드리는데 최선을 다하고…."

소송 중 장인어른의 병문안을 오기도 한 사람은 그동안 고마웠다고 와이셔츠와 넥타이를 사 가지고 찾아왔다.

사기와 법원의 횡포에 찌들어 있어도 이렇게 풋풋한 인심이 있어 저승보다는 이승이 낫다고 하는가 보다.

(7) 변호사도 먹고살아야지요

4월 18일의 첫 재판은 24명의 주민 중에서 12명의 피고로 가장 큰 평수다. 시간이 되어 가는데 조합측 변호사가 조정실에 나오지 않아 이상했다.

"깡패들이 어떤 사람을 호위하고 조정실로 들어가요!"

"혹시 조합 변호사가 아닙니까?"

"조합 변호사는 우리가 알고 있는데 아닌데요."

조정실에서 해당 조합원들을 들어오라고 했다.

진행 상황은 알 수 없었지만 조합원들이 항의하는 소리가 가끔 들려왔다.

조합에서 제출한 준비서면이 어느 정도 진실한 말들로 되어 있어 이상하다고 생각했는데 며칠 전 조합원과의 마찰로 변호인이 사임하자 오늘 온 변호사가 사건을 인수하고 변론 서류를 법정에 제출한 것이다.

그러나 다음부터는 거짓말로 일관했는데 이것이 법조인들의 인성이요, 생계수단인가 보다.

대기실에 조합원들의 원성이 가끔 들렸다.

"변호사님은 조합에서 가져온 서류가 사실인지 확인했습니까?"

"조합에서 조합원들한테 무슨 사기를 치는지 아십니까?"

"조합 내용도 모르시고 어떻게 변론을 하시죠?"

"내용도 모르고 거짓변론만 하시려면 나가시죠."

변호사는 사건을 수임하여 피고들의 원망을 처음 들어서인지 조정 도중 들어왔던 문으로 나갔다.

법정 소란에 부당하다고 말할 사람들도 있을 테지만 거짓말 경연장이 되어버린 법정의 분위기가 먼저 개선할 과제가 아닌가 생각한다. 더구나 신체 구금까지 마다하고 억울함을 포효하는 순박한 이들이야말로 진정한 시민들이 아닐까?

5월 24일은 같은 재판부로 두 사건을 병합하여 진행했다.

첫날 조정에서 변호사가 조정실을 나간 뒤 재판부의 미움을 샀던지 바로 법정에서 진행되었다.

"피고들은 지난번처럼 소란 피우지 말고 재판 절차에 따라 엄숙하시기 바랍니다."

"규약 동의서에 피고들의 인감도장이 찍혀 있습니다. 여기에 날인된 서류는 조합원들의 것이 맞지요?"

변호사의 말에 조합원들은 보려고도 하지 않는다.

"내 것은 맞지만 내가 찍어준 사실은 없어요."

"우리는 조합에 도장만 주었지 그런 서류는 본 적도 없습니다."

"변호사가 가지고 온 서류가 확실한지 확인해주세요."

여기저기서 변호사가 거짓말을 한다고 아우성이라 재판장이,

"조용히 하세요. 시끄러워서 재판을 할 수가 없네!"

"그렇지만 허위 서류로 재판할 수는 없지 않습니까."

"재판은 판사가 합니다. 그렇게 억울하면 여러분이 법을 만들어 하세요!"

"거짓 서류로 무슨 재판을 합니까? 허위 재판도 재판입니까?"

처음에는 조합원들만 발언권을 준다고 했지만 배우자들까지 나서서 한마디씩하니까 법정은 다시 어수선해졌다. 물론 재판장이 조합원들의 배우자들을 퇴장시킬 수도 있었겠지만 극단적인 방법은 피했다. 고맙기도 했고 심증이지만 허위 자료를 인정하나 싶었다.

"조용히 하라니까요! 당신들 마음대로 하려면 당신들이 법을 만들어 재판을 하세요! 나는 법에 따라 심판을 하는 판사란 말이요. 억울하면 항소하면 될 것 아니요!"

재판장의 호통에 모두 진정되었다.

변호사는 들고 온 서류도 보이지 못하고 재판은 미루어졌다.

동네로 돌아와 법정에서 조용히 하라고 조합원들에게 당부했다.

"이사님! 부동산 업자들의 사기에 알토란같은 터전을 지키려한다는데 그것도 죄가 된단 말입니까? 참 이상하시네요."

내 말을 아예 들으려하지 않고 밖으로 나가는 사람도 있었다.

6월 21일 첫 재판은 세 번째 진행이었다.

며칠 전 변호사가 없는 피고들을 무시한다는 준비서면을 모든 재판부에 제출하고 맞은 첫 재판이다.

"피고 여러분들이 불리한 재판을 받는다고 불만이 많으신 모양인데 그럴 리가 있겠습니까? 법원은 공정합니다. 조용하게 진행합시다. 먼저 원고측 소송대리인께서 변론하시지요."

"조합원은 조합 규약에 동의한 이상 신탁할 의무가 있습니다."

"우리들은 주택조합을 설립하여 재건축을 한다고 동의했지 조합에서 도장을 수십 개나 위조하고 분담금을 마음대로 수천만 원씩이나 올리라고 동의하지 않았으니 조합에 따를 수 없습니다."

"여기를 보십시오. 이것은 조합원들이…."

"변호사님, 조합에서 사실이 확인된 서류만 가지고 얘기하시죠. 변호사님께서 허위 서류로 거짓말만 해서야 되겠습니까?"

변호사를 비웃는 말에 조합원들이 '맞다'며 웅성거린다. 법정은 다시 어수선해졌다. 재판장은 장내를 진정시켰다.

"변호사가 거짓말만 한다고 하는데 너무 그러지 마세요. 그 사람이 무슨 죄가 있습니까? 변호사도 먹고살아야지요."

거짓말을 인정하라는 말인지 변호사의 거짓말은 거짓말이 아니라는 말인지 알쏭달쏭했다. 거짓말이 일상 생활화되어 있는 현실에서 법 질서를 유지하려면 사실 여부를 확인하고 재판을 진행하는 것이 순리가 아닐까. 누가 그럴싸하게 꾸며대는지에 따라 판단의 기준이 된다면 공정한 판결은 어려울 것이다.

"피고들! 조합에 문제가 있어 신탁할 수 없다면 다른 방법으로 문제를 해결해야지 이런다고 해결되는 것은 아닙니다."

"다른 방법이 무엇입니까?"

조합원의 이 말에 다른 조합원들도 재판장을 응시했다.
"그 걸 말씀드릴 수가 있겠습니까? 그걸 가르쳐주면 저는 대한민국의 판사가 아니라고요!"
조합원들은 입을 다물어버린다.
"다음 재판부터는 여러분 중에 대표를 선정하여 선정 당사자가 재판을 받도록 해주십시오. 재판 기일은 7월 19일입니다."
조합원들은 재판장이 말한 다른 방법은 무엇이냐고 물었다.
"법무사의 말대로 총회결의무효소송을 제기하라는 것이겠지요."
"그러면 우리가 무효소송을 하면 되지 않습니까?"
"그러려면 우리가 소송을 제기하고 저의 능력을 벗어나 변호인을 선임해야 하고 돈을 걷어야 할 텐데 괜찮겠습니까?"
돈 이야기가 나오자 조합원들은 입을 다물어버렸다.
한마디로 돈 없이 내 봉사만으로 해결해 보자는 심사들인가 보다.
그러나 모든 조합원들의 허위 자료 항의에 다른 절차를 요구하는 것이 총회결의무효소송이라면 여기에서도 얼마든지 사실 여부를 확인할 수 있을 텐데 변호사의 자문을 구하고 대가를 지불하라는 법조인들의 공생(共生)을 은근히 권유하는 말이라고 생각해 본다.

7월 19일은 선정 당사자를 선임하여 조합원들이 적게 나갔다.
개정되고 재판장은 피고 조합원들의 이름을 불러 확인하였다.
법정에 나오지 않은 조합원이 많았다.
"재판장님! 선정 당사자를 선정하여 나오지 않았는데요."
"글쎄, 제가 보지 못했는데 찾아보지요."
조합원들의 말에 재판장은 서류를 뒤적여 찾아냈다.
선정서도 내가 작성했고 모든 재판부에 두 명씩을 내세웠다. 이유는 이기적인 변론을 차단하고 재판 경험이 없어 실수를 방지하려는 의도에서였다.

재판장은 서류철을 뒤적이다가 찾았다며 한 사람만 불렀다.

갑론을박을 하다가 결론을 내리지 못하고 재판 기일은 또 연기되었다.

6월 28일의 조합장 신문조서가 첨부되어서인지 진행은 순조로웠다.

동네에서 선정 당사자에게 수고했다고 치하하자 그는 화를 내며 대답했다.

"재판할 때면 화가나 미치겠어요. 조합원들은 사람으로 안 보이나!"

"글쎄! 무슨 일인데."

"재판장이 변호사한테는 원고 변호사님이라고 부르고 우리들한테는 꼭 당신이라고 불러! 기분 나쁘게."

"이 사람! 김밥 옆구리 터지는 소리를 하는구먼."

쳐다보고 웃을 수밖에 없었다.

8월 16일의 재판에서 다른 조합원과 마찬가지 현상이 일어났다. 여기에서도 조합원 대표로 활동하던 사람들이 비밀리에 조합에 부동산을 매매하기로 접촉하고 있다고 한다. 그리고 선정된 사람도 집을 팔았다고 하니까 자연히 시들해졌고 법정에 나가보지 않았다.

9월 13일의 재판은 조정으로 진행되었다.

처음에는 전체 24가구 중에서 반수가 피고였으나 6월 27일과 7월 30일의 판결, 그리고 7월 8일과 8월 9일에 강제집행을 당하는 처참한 현장을 목격한 조합원들은 무섭다며 8월 중순경까지 조합장에게 자신들의 부동산을 계약하고 이제 한 사람밖에 남지 않았다. 물론 대표는 다른 사람들보다 얼마씩 더 받기로 한 것은 당연한 일.

대기실에서 들으니 목소리가 크다는 말이 들리기도 했고 원래 목소리가 크다는 대답 소리도 들렸다.

우리 집에서도 이 사람이 오면 싸우는 것 같다하여 올 때마다 조용하자고 했는데 법원에서도 주의를 받는 것 같았다.

"내가 주위를 둘러보고 우리 집 정도의 집을 여러 채 봤는데 35평형에서 37평형 정도는 되고 주차장이 우리처럼 넓지를 않아. 그것도 2억 원 정도는 주어야 살 수 있는데 어떻게 그 가격으로 합의를 해. 나는 합의를 못한다고."

아마 조정에서 합의가격을 제시했었나보다.

유일하게 이 조합원의 목소리만 대기실까지 확실하게 들려왔다.

재판은 또 미루어졌다.

10월 17일도 조정에 붙여졌다.

판사가 다른 재판부의 예를 들면서 조합과 합의할 것을 권한다.

이어서 조합측 변호인의 말이 들렸다.

"피고 조합원 편에는 백나명이라는 사람이 있고 이 사람이 조합원들을 선동하고 있습니다."

"백나명 씨가 누구를 선동한다고요? 판사님! 그 사람은 나보다 나이는 적지만 조합원들을 위하여 봉사하는 사람입니다. 그리고 원고 변호사님! 우리가 미성년자인줄 아쇼? 그 사람이 죽으라면 죽고 살라면 사는 어린애로 아시는 모양인데 사람 잘 보고 얘기하쇼."

조합원은 화가 났는지 판사와 변호사를 향해 소리를 질렀다.

"변호사 저 사람, 웃기는 사람이네!"

대기실에서 내가 한마디하자 옆에 있던 조합원들이 사기꾼 변호사라고 거들었다.

조금 있으니까 변호사의 어이없는 말이 들렸다.

"백나명 씨는 자격증만 없었지 변호사나 다름없는 사람입니다. 조합원들을 선동하여…."

"아니, 저 사람! 내가 저희들같이 법을 팔아먹는 놈으로 아나. 변호사 자격증을 인격 자격증으로 착각하네. 꿈 깨라. 이 친구야!"

조합측 변호사의 말에 화가 나 누구인지 알아보았더니….

"변호사님! 나는 걔네들과 합의하기 싫으니 우리가 사는 곳에서 사업하고 싶으면 다른 곳에 우리 집같이 주차하기 편리하고 터가 넓은 집을 사주면 내가 그 곳으로 이사 할 께! 그리고 재건축을 하든 말든 아무 말도 하지 않을 테니까!"

피고 조합원의 말이 또렷하게 들렸다. 조정은 미루어졌다.

나는 이 사람에게도 회사와 합의를 주선했고 성사되었다. 가격은 1억 7천 80만 원으로 불과 두 달 전에 대표라고 매매한 사람이 1억 1천8백만 원이었다.

(8) 원고가 낸 서류들을 모두 부정하잖아요!

6월 20일은 법무사와 같은 재판부로, 다른 건물이라 오늘 처음으로 법원에 출두했다.

장안동에서 온 조합원도 있었다.

그녀는 지난 2001년 4월 24일 총회의 파행이 알려진 뒤 가끔 찾아와 조합에 대한 말을 묻기도 했고 통장을 만나 걱정을 했다고 한다.

재판이 진행되기 전 법원 사무직원이 두꺼운 책을 내놓으면서 말했다.

"피고들은 나오셔서 이걸 받아 가시죠."

"그게 뭡니까?"

"원고 조합에서 피고 조합원에게 보내는 것입니다. 너무나 두껍고 무거워서 나누어드립니다."

"판사님, 지금 재건축은 하고 있습니까?"

피고 조합원이 묻자 방청석에 앉아있는 조합원들이 웃어버렸다. 그리고 조합원들은 앞으로 나가 서명하고 책을 받아온다. 그 책은 조합원 도장을 걸어 만든 규약 동의서 철이었다.

"피고들은 여기에 있는 서류에 본인들이 서명한 것이죠?"

"아직 펼쳐보지도 못했지만 이게 무엇입니까?"

"책 속의 서류에 본인들이 서명했는지 확인해 보십시오."

"우리는 이런 서류는 한번도 못 보았는데 어떻게 서명하겠습니까?"

같은 재판부의 다른 쪽과 같은 말이 나오니까 황당했던가 보다.

"원고 변호사님! 피고들은 제출한 서류들을 모두 부정하잖아요! 어떻게 된 것입니까?"

첫 재판이지만 조합장을 신문한다는 서면을 읽어보았는지 더 이상 묻지도 않고 재판은 쉽게 끝나버렸다.

그 후 재판도 없었고 조합원들과 어울릴 기회가 없어서인지 법무사가 속한 연립주택에 병합되어 진행하다가 8월초에 자연 소멸되었다.

(9) 조합장이 그러면 안 되는데!

5월 27일은 우리와 같은 재판부로, 다른 판사의 합의 부조정 두 번째다.

첫 조정에서도 판사는 아주 세심하게 진행했고 내가 준비서면을 다시 정리한 것도 이 재판부의 말을 들어서였다.

조정실 옆에 있는 대기실에 있었지만 안에서 하는 말을 전혀 알아들을 수 없을 정도로 조용하고 신중하게 진행되었다. 확실한 것은 여성 판사가 조합원의 말을 충분히 경청했고 또 반장은 조합원들의 의견을 자세하게 설명했다.

조정이 끝나고 흡족한 얼굴로 조합원들이 나왔다.

"판사는 '조합장이 그래서는 안 되는데' 라고 합니다. 조합장이 도장을 임의로 새겨 행사한 행동은 민법보다 형사처벌을 받을 일이라고 하면서 불법행위로 재건축을 하려는 발상 자체가 잘못된 것이라고 하던데요!"

반장은 입에 침이 마르도록 판사를 칭송했다. 이 반장은 재건축 전문단체도 소개해준 사람이다. 그러나 이 사람들도 8월 초에 자연 소멸되고 말았다. 너무나 안타까웠다!

(10) 재판을 마치고

말도 안 되는 재판을 마치고 나니 가정생활이 말이 아니다.
자문을 구해 보려고 금융회사 임원인 친구를 찾았다.
이 친구의 아들은 미국에서 학교에 다니고 있다. 그의 말을 빌려 친구가 한 말이다.
'미국에서는 다투다가 거짓말 마라고 하면 총으로 쏴버릴 정도로 인격을 소중하게 여긴다.'
그리고 국내에서 수십만 회원을 둔 어느 단체 교육원장의 말이다.
'사기죄의 고소고발은 우리나라가 세계 최고다. 재판도 기술이고 진실 여부는 판사가 밝혀야 할 의무는 없고 본인들이 밝혀야 한다.'
외국에 나가보거나 조사해보지는 않았지만 이 말이 사실이라면 거짓말이 일반화되어 있는 우리들의 현실과 법조인들의 도덕성이 과연 사실대로 판단할 수 있을지 의심스럽다.
그런데 우리나라의 재판 제도는 선진국을 모방하고 있다. 즉 재판장이 당사자들의 변론만 듣고 판단한다는 것은 현실과 전혀 맞지 않는 말이고 법정은 그야말로 거짓말 경연장이나 다름이 없었다.
법률이 법조인들의 생계 수단으로 전락되어서는 안 된다.
우리나라 수준에서의 재판은 먼저 사실 여부를 확인하고 난 후에 판결을 해야 하며 판사 혼자의 판결(私法)이 아니라 배심원이나 재판원같은 제도를 하루빨리 도입하여 공정한 판결을 기대해야 한다.

　남의 도장을 다량으로 위조하고 남의 도장을 걸어 멋대로 날인한 이 사건을 합법이라고 인정하는 장소가 법원이라니 참으로 기가 막힐 일이다.

　민사소송에서 재건축조합 사건이 가장 많은 사건 중 하나같았다.

　법원은 서로의 이해관계가 얽힌 사건이라고만 치부하지 말고 순수한 법관답게 공정한 법률로 국민들의 인권과 재산을 지켜주는 사법부 본연의 자세를 고수(固守)해야 한다. 회사를 살린다는 어설픈 판결로 다수인 국민들의 희생을 정당화한다면 '빈대 잡겠다고 초가삼간 태우는 격' 이라 할 것이다. 또 '맞다, 틀리다' 라는 이원적인 판결만이 능사가 아니고 생각하는 관점이 다르다는 입장에서 조건부 판결도 좋은 결론을 도출할 수 있을 것이다.

　이 사건은 전문가에게 물어보아도 사기 재판이라는 공통된 의견이다.

　'위조된 허위 자료에 의한 소송임은 한 눈에 봐도 알 수 있다. 그러나 합의부 재판에서 재판장이 조합원들에게 말썽부리는 자들이라는 말을 했다면 분명히 잘못되었고 또 서둘러 조합원 패소를 선고한 사건은 일반인들이 재판 기법을 몰라 패소했다고도 할 수 있다. 그러나 당사자 신문이 있다는데 하루 전날 서둘러 조합원 패소를 선고한 것은 재판장의 인격에….'

　'또 남의 판결을 보고 결심하자는 재판부도….'

　'당사자 신문 이후 합의를 도출하려는 것은 재판부 자신의 과오를 인정하고 사건을 무마하려는 것일 게다. 하지만 마지막의 조합원 패소는 실정법에 위배되는 일이라 한다. 왜냐하면 먼저 조합원 패소를 선고한 재판부를 인정한다면 관리처분계획안 조합원 결의가 되지 않았으므로 조합이 패소했어야 한다. 그러나 조합이 패소하면 걷잡을 수 없는 사태가 우려되어 앞서 선고한 두 건의 명도 판결을 무시하고 소송 전에 관리처분계획이 없었고 새로 시작하는 조합으로 간주하여 100%가 아닌 80%의 조합원 결의를 선택한 재판부의 고심을 인정해줘라.'

한마디로 6, 7월에 선고한 두 건의 재판을 인정하면 조합이 패소했어야 하고 12월에 선고한 조합원 패소를 인정하면 앞에 선고한 두 재판부는 성립될 수 없는 판결이라는 것이다. 그러면 어떻게 해야 될까?

앞서 패소판결을 받은 조합원들이 항소하든가 아니면 뒤에 패소한 조합원이 소송하여 결론을 보아야 한다는 것이다. 이래저래 돈 없고 힘없는 사람들만 억울하게 되어 있는 게 실정법임을 입증하는 대목이란다. '국민들이 봉인 나라'의 대표적인 본 모습일 것이다.

아무튼 사기 재판에 힘을 얻은 조합장은 법원의 화해조서도 무시하고 폭력을 행사하는 등의 행패를 계속했고 검찰도 이에 적극 협조했다. 우리 사회에서 가장 성스럽고 공정하며 엄숙해야 할 법원만은 범법행위에 동조하지 않는 기관으로 거듭나기를 바랄 뿐이다. 또 이 사건을 타산지석으로 삼아 앞으로는 두 번 다시 반복되는 일은 없어야 할 것이다.

2. 총회결의무효소송

(1) 무효소송 접수(2002년 9월 17일)

조합이 명도소송을 제기한 시점에서 총회결의무효소송을 바로 제기했어야 하는 아쉬움은 지금도 남아있다. 그러나 재판 절차도 몰랐고 또 양심이 있다면 90명 이상의 조합원 여론이 무서워서라도 조합장이 사기행각을 중단할 줄 알았다.

아쉬운 점은 명도소송을 제기할 때 38명이었는데 시간을 끌다가 재판할 때는 3명으로 줄어들었다. 그 이유는 이해하지 못할 판결 등으로 조합원들이 흩어졌기 때문이다.

(2) 1차 총회결의무효소송(2002년 12월 9일)

총회결의무효소송은 처음부터 조정으로 진행되었다.
판사와 법원 사무관, 양측 변호인, 그리고 조합원 3인이다. 우리 재판을 맡았던 판사가 진행하여 누구보다도 사건 내용을 잘 알고 있었을 것이다.
개정되자 판사가 먼저 물었다.
"조합원들이 세 분만 남았네요. 이제 그만 합의하시죠."
판사의 이 말은 허위 판결에 결과를 맞추려다보니 조합원 수가 적어 패소 판결을 할 수밖에 없는 고뇌를 한마디로 함축한 말이리라.
"판사님, 새 아파트를 지어 살고 싶어 조합원으로 가입했습니다. 그런데 조그만 서민들의 꿈이 부동산 업자들의 사기에 짓밟혀서야 되겠습니까? 여기에 있는 두 조합원이 합의해도 저는 사기꾼들의 놀음에 합의하지 않습니다. 이렇게 살 수밖에 없다는 게 부끄럽습니다."
"11월 5일의 서류가 완벽하게 제출되어 조합원 패소를 선고할 수밖에 없습니다. 여러분의 안타까운 심정을 충분히 이해하지만 실정법이 이런 걸 어찌하겠습니까? 그리고 선생님은 언제 이사하시죠?"
"저 말입니까? 내 곁에 있는 조합원들이 모두 안전하게 떠난 다음 이사하겠습니다. 그건 왜 물으십니까?"
"이제 순응하세요. 그리고 가집행을 말라고 조합에 부탁하려고요."
재판 비용도 우리가 부담하고 조합에서 가집행을 할 수 있다고 완전 패소를 선고한 사람이 무슨 말을 하는지 화가 났다.
"여보시요. 판사! 나한테 부동산 업자들의 부동산 사기와 폭력배를 동원한 부도덕한 건설회사의 폭력에 순응하라는 말이요? 그런 걱정은 마시오. 아니! 강제집행을 해야 된다고 하세요!"
"……."

판사는 기가 막혔던지 씁쓸하게 웃는다. 화도 났고 경망스런 대답에 쑥스러웠다.
"패소했으니 집을 구해봐야 되겠지요. 20일 경에 이사할 것 같습니다."
"그럼 무효소송은 취소하시겠습니까?"
"아닙니다. 고등법원, 대법원, 아니 헌법 소원을 해서라도 이 사건을 공론화할 것입니다."
"그러시면 선생님께서 많은 손해를 볼 수도 있습니다. 그래도 계속 하시겠습니까?"
"결심은 변함이 없습니다."
첫 조정을 마치고 다음에도 조정으로 미루어졌다.

(3) 2차 총회결의무효소송(2002년 12월 23일)

양측 변호사와 조합원들이 자리를 같이 했다.
판사가 말했다.
"선생님, 이사는 하셨습니까?"
"예. 덕분에 잘 했습니다."
"무효소송을 취소하시죠! 선고한다면 조합원이 패소할 수밖에 없습니다. 그러면 재판 비용도 조합원이 부담해야 되고요."
무효소송을 제기해놓고 여러 사람들의 자문을 받아보고 나름대로 판단하건데 판사의 권유를 따르는 것이 좋다는 생각은 진작부터 하고 있었다. 그러나 이 부동산 사기의 소송이 불리하다고는 생각하지 않는다.
나는 한참 있다가 말했다.
"여러분! 총회결의무효소송은 취소하고 명도소송의 항소만 남겨두는 것이 어떻겠습니까?"

"형님이 알아서 하세요. 우리 목적은 정상적인 조합 운영이니까요."
"임이사 의견은 어떠한지…."
"저도 백이사님 결정에 따르겠습니다."
"좋습니다. 판사님! 무효소송은 취소토록 하겠습니다."
"잘 생각하셨습니다. 선생님께서는 앞으로 이 사건을 항소 또는 그 위로 올라간다 하셨는데 앞으로 소송을 더 진행하시더라도 적법한 총회를 요구하십시오. 좋은 결과 있으리라 기대합니다. 그럼 이것으로 총회결의무효소송은 취소합니다. 이것으로 조합원이 제기한 무효소송은 종결되었다.

3. 고등법원의 명도소송 항소

(1) 소유권이전등기 등의 항소(2002년 12월 27일)

조합의 허위 자료에 의한 명도소송에서 패소한 우리들은 변호인을 선임하여 고등법원에 항소하고 변호인 선임료는 세 명이 균등하게 부담키로 했다.
변호사에게 물었다.
"김변호사님, 두 사건의 선임료는 얼마나 드려야 할까요?"
"내참! 별 양반 다 보겠네. 쫓겨나게 생긴 사람이 무슨…."
"그래도 대답을 해야 내가 편할 것 같습니다."
"… 알아서 하세요."
"그렇다면 무보수로 봉사해주시면 어떻겠습니까?"
"제가 변론한 이사님이 패소했는데 수임해야지요. 하겠습니다."
"그러지 말고 말씀하세요. 되게 쑥스럽게 만드는구먼!"
"정 그러시면 다음에 사모님하고 상의해 보겠습니다."

항소 이유는 위조 서류로 관공서의 인가를 받고 조합원 도장을 다량 위조하여 분담금을 수천만 원씩 올린 돈과 일반분양 인상 분을 환산하면 1백억이 넘는데 사기 재판으로 마무리하는 것이 잘못되었다는 것이다.

우리가 절도 물건을 취득하면 장물아비라 하여 처벌을 받는다. 조합장의 사기 계약은 처벌받고 환수하여 피해자들에게 돌려주어야 한다. 그런데 엉뚱하게 조합원들이 피해를 보고 사기로 계약된 것이 법률의 보호를 받아야 되다니 이러한 사법부를 신뢰할 수 있단 말인가.

(2) 항소심 조정 1차(2003년 7월 4일)

항소심 첫 조정에서도 변호사는 합의할 것을 권유했다. 그러나 사기꾼들과는 합의할 수 없다고 같은 말을 계속했다.

조정을 진행하다가 재판장이 말했다.

"지금까지의 일은 서로 무시하고 재판 비용은 조합이 부담하고 합의하는 것이 어떻겠습니까? 그렇지 않으면 법대로 처리할 수밖에 없습니다. 조합장은 어떻게 생각하십니까?"

"그렇게 할 수 없습니다. 자기 집을 팔고 나가라고 하십시오."

조합장은 기다렸다는 듯이 대답했다.

반성을 할 사람 같으면 이러한 사기 행각은 아예 벌이지 않았겠지만 아직도 반성의 기미는 조금도 보이지 않는다.

"저도 이 사기꾼들과는 합의할 생각이 전혀 없습니다. 작년에 이 사기꾼들은 조합원들의 집을 80가구 이상 전매하여 돈을 챙겼습니다. 그래서 지금은 원래의 조합원들은 몇 명 남지 않았고 저는 이 자들한테 7건이나 억울한 고소를 당하여 시달리고 있습니다. 나는 이 사건을 집필하고 있는데 참고로 지금까지 쓴 원고를 보시겠습니까?"

"예, 그렇습니까? 받아서 참고자료로 철하도록 하세요. 그리고 조합원은 고소당한 내용들을 정리하여 제출해주십시오."

재판은 미루어졌다. 재판장의 주문에 따라 지금까지 조합에서 고소당한 내용을 정리하여 법원에 제출했다. 아내는 변호인 선임료도 결정했다고 한다.

(3) 항소심 조정 2차(2003년 7월 29일)

재판장은 변호인을 통하여 합의할 것을 중재하는 것 같았다. 2년 넘게 끌어온 조합 일에 완전히 녹초가 되고 변호인도 지쳤다.

"현행법은 조합원에게 불리하게 되어 있으니 불이익을 당하지 말고 합의하여 집을 팔고 나가시는 것이 좋을 것 같습니다."

"저에게 더 이상의 불이익이 있겠습니까? 저는 정직하게 살아야 한다는 일념으로 일을 했는데, 직장과 사업은 물론 가정은 파산 직전에 있고 아내는 생명까지 위협받고 있습니다. 어쩌다 부동산 사기집단한테 도장 하나 맡긴 죄로 집에서 쫓겨나고 강제로 빼앗기는 현장도 보았습니다. 어떻게 조합원들의 도장을 다량으로 위조한 부동산 사기범들을 합법화할 수 있습니까?"

"그렇지만 조합원들이 거의 다 빠져나가고 혼자 이러신다고 해결되리라고 생각하십니까?"

변호사들이 복잡하여 싫다고 하는 조합 사건을 더구나 돈도 적은 조합원 측에서 변론하는 변호인이 이렇게 숭고해 보일 수가 없었다. 내가 변호사라도 이렇게 친절하지 못했을 것이다.

"김변호사님! 집에 대한 모든 권리는 아내한테 위임했습니다. 앞으로 아내의 의견에 따르겠습니다."

"아! 그래요. 그러면 조합과 합의하시겠습니까?"

"그 사기꾼들과 합의는 무슨 합의요! 합의한다는 것이 아니고 우리들 집에 대한 서류를 처음처럼 돌려놓으라는 말입니다."

"과연 조합에서 그렇게 하려고 하겠습니까?"

"싫으면 말라지요. 그리고 집 문제는 아내하고 상의하시지요."

변호인은 실망한다는 눈치였다.

조합장과 우리는 기다리라고 하더니 양쪽 변호인과 재판장이 조정실에서 무엇인가를 상의한 후에 불렀다. 양측 입장을 확인하고 재판을 마쳤다.

(4) 고등법원에서의 화해조서 작성(2003년 8월 18일)

우리와 조합측 변호인이 대기실에서 재판 시간을 기다리고 있었다.

아직 우리 변호사는 도착하지 않았다.

나는 조합측 변호사에게 인사를 했다.

"안녕하십니까? 변호사가 사기꾼들 변론이나 해서야 되겠습니까?"

평소 국가 원수를 공개채용 한다면 법조인이리라고 진심으로 존경했었는데 실망했다는 뜻으로 말을 건넸다.

"안녕하세요. 여러분도 그들같이 돈을 벌면 되지 않을까요?"

"예? 변호사님!"

뜻밖의 대답에 옆에 있던 조합원이 변호사에게 빈정거렸다.

"사회의 엘리트라는 변호사님이 어찌 그런 말씀을…."

그러는 사이 우리 변호사가 도착했다.

"아이 참! 그만 합의를 하지!"

항상 웃음으로 대하던 변호사가 힘들다고 푸념한 것은 오늘이 처음이다. 고맙고 미안하기도 했고 너무 심했나 싶었다.

갑자기 오늘 법정에 나오지 않은 조합원한테서 전화가 걸려왔다. 예상은 했었지만 선임료를 내지 못하겠고 동호수 추첨에서 9층에 당첨되어 재판을 포기하고 신탁을 하겠다고 한다. 이 말을 변호사에게 전해 주고 조정실로 들어가 재판을 진행했다.

아내의 말대로 더 이상 끌지 않기로 했다. 아마 아내는 너무나 지겨워서 변호사와 합의했던 모양이다.

재판장은 나오지 않고 판사는 원심에서 합의부의 결정을 보고 판결하자는 단독 판사였는데 고등법원에 와있었다. 양측 변호인을 불러 합의할 준비가 되어 있느냐고 물었다.

나는 조합원에게 조심스럽게 물었다.

"조형! 내가 결정하는 대로 따르겠습니까?"

"예, 형님께서 하시는 대로 따르겠습니다."

"좋습니다. 판사님, 저는 이 사기꾼들과 합의할 의향이 없습니다. 조합원들의 집에 집단가처분을 해놓고 사기소송으로 협박하여 동네를 쑥대밭으로 만든 자들과 무슨 합의를 하겠습니까? 내가 바라는 것은 한푼을 받든 두 푼을 받든 집을 팔거나 신탁을 하거나 무조건 가처분을 풀고 우리가 집을 팔면 조합원 자격을 그대로 승계해주고 추후에 아무런 청구도 하지 말라는 것입니다. 그리고 소송 비용은 당연히 이 사기꾼들이 부담해야 하고요. 다른 조건은 없습니다. 이런 사기꾼들을 인정하는 법원이 원망스러울 따름입니다."

판사는 내용을 메모하고 조합장과 우리에게 읽어보고 서명하란다.

소유권이전등기를 위한 명도소송은 이것으로 막을 내렸다.

세상에 이런 것도 법이라고….

그동안 헌신적으로 봉사한 변호사 보기도 민망했고 사기꾼들이 설치고 이것을 옹호하는 법관들이 너무나 가증스러웠다. 변호사에게 인사하고 집으로 돌아와 지난날들을 뒤돌아보니 참으로 어처구니없는 일이었다.

더 이상 집에 대한 생각을 않기로 결심하고 아내에게 말했다.

"여보! 집을 팔고 돈이 남는다면 조용한 곳으로 가서 나머지 인생이나 살아갑시다. 얼마가 되었든 집을 정리하세요."
　동네 주막에서 쓰디쓴 소주잔을 기울이면서 세상을 원망했다.
　"여보! 내가 가장 미안하게 생각하는 사람이 누군지 알겠소?"
　"……."
　"첫째는 이 사기사건으로 건강을 잃고 시한부 인생을 살아야 하는 당신이고 둘째는 원심에서부터 혼신의 힘을 다한 김변호사요. 앞으로 생활이 안정되면 김변호사한테 꼭 보답하도록 합시다."
　"당연히 그래야지요."
　그동안의 일들을 회고하며 한잔 두 잔 기울인 술잔에 취했나보다.
　오늘따라 병약한 아내가 너무나 애처롭게 보였다.
　"여사! 너! 나보다 먼저 죽으면 패 죽일 거다. 알았냐?"
　"야! 백나명! 너는 죽은 놈을 또 죽일래?"
　어느새 아내의 눈에는 이슬이 맺혀있었다.

4. 화해조서 작성 후

(1) 집을 팔고 나갑시다

　고등법원에서 화해조서에 서명한 다음날부터 아내는 부동산 업소를 돌아다니며 집을 내놓았다. 명함을 보니 50군데도 더 되나 보다.
　몇 군데에서 집을 소개하겠다고 하는 전화가 걸려왔다.
　어느 날 아내의 통화소리가 들렸다.
　"아! 그래요. 고등법원에서 조합과 화해(2003. 8. 18)했으니 곧 가처분이 풀리겠지요."

"조합에서 졌어요?"
"그럼요. 재판 비용은 당연히 조합에서 내야지요."
"변호사님께서 약 2주일이 걸린다니까 9월초에는 풀리겠지요."
"골치 아픈 집을 잊어버리고 이 동네를 떠나려고요."
"9월 중순에 계약을 하자고요?"
"그렇게 하지요."

가처분이 풀리면 바로 집이 팔릴 거란다. 그러나 문제는 우리가 생각하는 것처럼 쉽게 풀리지 않았다. 변호사의 말대로 15일 정도면 가처분이 풀릴 테니까 한 달 정도 여유를 주면 틀림없이 풀리겠지 생각하고 9월 15일에 등기부등본을 떼어보니 가처분이 풀리지 않았다. 고등법원의 화해조항대로 가처분을 풀어달라고 조합장에게 내용증명을 대여섯 차례 발송했는데, 조합장으로부터 '가처분을 풀지 못하니 집을 다른 사람에게 양도하고 나가라'는 답이 송달되었다.

사기가 보호받는 법에 맛을 들인 조합장의 사기가 또다시 자행된다.

내가 저희 집에 전세 사는 것도 아닌데 집을 팔고 나가라니.

가처분을 해지해 달라고 찾아간 아내를 부동산 업자인 조합장과 감사가 집단 폭행하는 사태(2003. 9. 20)가 발생했다.

집을 팔고 나가려했던 우리의 계획은 이로써 수포로 돌아가고 말았다.

꼬박 2개월을 입원하고 1천여 만 원을 치료비로 지출한 내용은 '사실은 처벌, 사기는 보호' 편을 읽어 보라.

우리나라 수사 기관의 신출귀몰한 범죄 조작의 수법은 가히 기네스북에 올릴만할 것이다.

(2) 가처분 해제

법원에서 작성한 각서는 당연히 이행할 것으로 생각했는데 법은 어길수록 이익을 보고 지킬수록 손해를 보는 게 현실인 모양이다.

아내가 조합장한테 폭행을 당해 병원에 입원한 동안 가처분을 푸는 작업을 시작했다.

변호사의 조언을 얻어 조합장에게 신탁해 달라는 내용증명을 발송하고 가처분 말소 서류를 만들어 법원에 접수하러갔다.

"가처분을 말소하려면 판결문 원본을 주셔야 됩니다."

"판결문 원본은 있지만 앞으로 계속 사용해야 되니 원본과 대조하고 표시하면 안 될까요?"

"가처분을 풀려면 판결문 원본이 꼭 있어야 되고 고등법원에서 재발급 받을 수 있습니다."

"여기에 있는 글자 몇 자를 확인하는 것이 빠릅니까? 아니면 필요할 때마다 서초동에 있는 고등법원에서 재발급을 받아오는 것이 빠릅니까?"

그러자 못마땅하다는 말투로 옆에 있는 직원에게 원본과 대조해 보라고 하고 '원본대조필' 도장을 찍어주어 접수를 마쳤다.

10월 초 등기부등본을 떼어보니 가처분이 풀려있었다.

고등법원의 화해 각서를 근거로 가처분은 내가 풀었노라고 조합장한테 내용증명을 보냈다.

앞으로는 무엇을 가지고 사기를 치려는지 두고 볼 일이다.

(3) 신탁등기 접수

그 후에도 여러 차례 신탁등기를 내용증명으로 독촉했으나 대답이 없거나 마찬가지다.
　할 수 없이 법무사 사무실을 찾았다(2004. 2 말경).
　신탁등기를 하려고 한다니까 법무사는 고개를 갸우뚱한다.
　"아니 선생님! 조합원이 신탁하자는데 어째서 거절합니까?"
　"글쎄, 우리가 얼마나 부도덕하고 웃기는 사회에 살고 있는지 조합장을 만나보면 알게 될 것이요."
　"그럼 선생님! 제가 말씀드린 서류를 준비해 오십시요. 서류가 완료되면 제가 조합장을 만나겠습니다."
　법무사가 적어준 서류들을 준비해 사무실로 찾아갔다.
　"법무사! 조합장하고 다투지 마시요. 막된 사기집단이니까."
　"내일 조합장을 만나 신탁등기를 마치겠습니다."
　"그럼 수고해주시구려."
　법무사가 조합장과 약속하고 조합사무실에 찾아갔다(3. 2).
　선약을 했지만 조합장은 일부러 자리를 피하고 총무만 있었다.
　"○○법률사무소에서 나왔습니다. 조합장님이십니까?"
　"조합장은 자리에 없습니다. 나는 총무인데요."
　"어제 조합장님하고 만나기로 약속하고 찾아왔는데요."
　"나하고 얘기하면 됩니다."
　"의뢰인이 조합장님과 얘기하라고 했는데 말씀드려도 되겠습니까?"
　"나한테 얘기하세요."
　"조합원 백나명 씨와 한 사람의 신탁등기를 하러왔습니다."
　"신탁등기요? 금융 기관의 담보를 풀면 신탁을 받아줍니다."
　"신탁등기는 조합원의 권리요 조합의 의무가 아닙니까? 조합에서 신탁을 받아주고 받아주지 않고 하는 일은 조합의 권한이 아닌 것 같은데요."
　"……."

"그리고 의뢰인은 이주비를 받지 않았기 때문에 이주비와 담보설정 해제를 동시에 하겠다고 여러 차례 내용증명을 보냈다고 하던데요."

"조합에서 금융 기관의 담보금액을 대위변제(代位辨濟)하고 그 집을 경매할 것입니다. 신탁등기는 받아줄 수 없습니다."

법무사는 어이가 없다면서 이 말을 전해주었다.

이 말을 변호사에게 전하자 변호사는 화를 내었다.

"이거 참! 그럼 조합장한테 경매 처분을 하라고 하세요. 자기들 마음대로 할 수 있는지."

그리고 신탁할 수 있는 방법을 가르쳐주고 시행하라고 했다.

변호사가 가르쳐 준대로 대법원 등기소에 문의(3. 3)하고 신탁등기 절차를 밟기 위해 지방법원 등기소를 찾아가기로 했다.

법무사와 아내가 등기과장을 만났던 터라 나는 인사(3. 4)만 나누었다.

"수고 많으십니다. 등기과장님이십니까? 나는 백나명이라 합니다. 아내한테서 신탁등기에 관한 등기소의 입장을 잘 들었습니다. 친절하게 설명해주셔서 감사합니다."

"그렇습니까? 신탁등기를 하신다고요?"

"그렇습니다. 아내의 말을 들으니 등기소에서는 고등법원의 화해조서를 가지고 조합원이 신탁등기를 할 수 없다는데 사실입니까?"

"예, 그렇습니다. 수탁자인 조합장이 해야 됩니다."

"그런데 조합장이 거부해서요. 내용증명을 여러 차례 보냈는데 집을 팔고 나가랍니다. 그래서 가처분 해지도 고등법원의 결정문을 가지고 제가 했어요. 이틀 전 법무사를 시켜 신탁등기를 하라고 보냈더니 조합에서 은행의 담보금액을 대위변제하고 경매하겠다니 기가 막히더군요."

"글쎄요, 이런 경우는 처음이라서…."

"지금부터 내가 하는 말을 너무 섭섭하게 듣지 마세요. 우리 조합원들은 귀 원의 사기재판에 패소하고 뿔뿔이 흩어졌습니다. 2002년도에 나는 귀 원을 60여 차례나 들락거렸습니다. 내가 느낀 것은 법정이 사기꾼들의 거짓말 경연장 같더군요. 우리 사회에서 법원만큼은 공정해야 된다고 생각하는데 유감입니다. 아무튼 법원은 사회의 정도를 가늠하는 잣대가 되어야 할 텐데 규격을 잴 수 없는 고무줄 잣대라서 문제입니다. 오늘 내가 등기소를 찾은 이유도 불가능한 일을 해달라는 것이 아니고 정상적인 서류를 접수할 테니 불가능한 이유를 적어 서명해 달라는 뜻에서 들렀습니다. 그러면 상급 기관에서 내가 처리하겠습니다. 기분이 상했다면 이해하시기 바랍니다."

"별말씀을. 대법원 어느 분이 그러시던가요?"

"전화로 문의한 사견이니 말씀드릴 수가 없고 정식으로 서류를 접수해야 되겠는데 빠진 한 가지 서류가 무엇이지요?"

과장과 이야기하는 사이 담당 사무관이 아내에게 절차를 안내하고 있었다. 내 말을 들은 과장은 내게 한마디했다.

"선생님께서 남을 음해하지 않을 분이라는 것은 짐작하겠습니다. 저는 기독교를 믿고 있습니다만 종교를 한번 가져보시지요."

내가 조합 이야기를 너무 거칠게 표현했었나 보다.

집으로 오면서 다음에 해야 할 일을 아내에게 일렀다.

다음날(3. 5 오후 5시경) 등기소에서 전화가 왔다.

수탁자인 조합장이 등기소에 신탁 접수를 완료했다고 한다.

이것이 집을 팔고 나가라던 조합장의 자발적인 행동이었을까?

독자 여러분이 판단하기 바란다.

종교를 가져보라는 등기과장의 뜻은 무엇일까.

사랑으로 조합장을 용서하라는 말이었겠지만, 글쎄.

지방에 있는 어느 법원의 친구를 찾아갔다(2004. 3).

서울에 있을 때 만났었지만 지방으로 간 뒤로 처음이다. 원고를 검토하고 교정을 부탁하기 위해서다.

며칠 후 친구한테서 전화가 왔다.

"자네가 당한 사건은 교과서가 잘못된 것이 아니고 분명히 교사가 잘못된 일이니 사회에 물의를 일으키지 말게나."

법률이 잘못된 게 아니라 판사들한테 문제가 있다는 말이라고!

"내가 만약 법관들한테 불이익을 당하면 자네들이 나서서 구명이나 해주기를 바라네."

다음날 출판사를 찾아가 원고를 전달하고 출간을 의뢰했다. 원고를 검토한 사장은 내용이 너무 장황하다며 반으로 줄이란다.

아내는 지금도 집을 팔려고 동분서주하고 다닌다(2004. 7).

중개업자가 조합에 전화하면 우리 집은 문제가 많다며 중개를 방해하고 조합원 승계를 하려면 조합장 도장이 필요하니 어쩔 수 없다고 했다. 또 근처에 있는 부동산 업자들의 모임이 있다는 사실도 알았다. 그래서 집을 팔려고 50여 군데나 부탁해도 반응이 없었던 모양이다.

아내가 폭행 당하기 전에 법원의 조서대로 가처분을 풀었다면 머리 아픈 일은 없었을 텐데 경기가 침체되니 실수요자의 물음도 없다. 범법행위로 득을 본 사람이라 쉽게 해결되지는 않을 것 같다.

이대로는 안 되겠다! 최고장을 띄우고 지겨운 법정에서 보기 싫은 사기꾼들을 또 만나야 하고 사기 변론을 들어야 할 것 같다.

아내는 집을 팔기로 하고 계약금을 받았다고 한다(2004. 10).

계약서를 작성하고 잔금을 받기로 한 날 조합에서 나올 것이라 하여,

"집이 내 앞으로 되어 있어 도장이 필요할 테니 내가 갈 겁니다. 당신은 집에 있어."

"아니에요. 내가 나갈 거예요. 나한테 부동산 권리를 양도했잖아요!"

"당신이 나가면 우습게 알고 지난번처럼 폭행을 하거나 욕설을 할 확률이 많아. 그러면 하소연할 곳도 없잖아. 집에 있어."

"당신이 나갔다가 사고가 나면 나는 어떻게 하라고 이러는 것이예요. 여보! 그냥 집을 버리고 와요. 다투지 말고."

"당신이 다치면 나는 돈으로 막아야 돼! 걱정 말고 집에 있어."

"경찰에 신변보호를 요청해 볼까요?"

"같은 패거리들인데 뭐를 요청한다고?"

"아니, ○○○를 부르면 되잖아요."

잘 아는 현직 경찰을 부르겠다고 하여 아침부터 다투고 혈압이 올라 말을 잇지 못한다.

"괜찮아. 안심하고 병원에서 누워있어."

아내를 병원에 옮기고 시간에 맞춰 부동산 사무실로 나갔다.

"조합사무실에서 만나기로 했다고 연락을 했는데 이쪽으로 나오셨어요?"

"여기에서 중개하지 않았습니까?"

"총무님이 조합으로 나오라고 모두 연락을 했다는데요!"

"집을 팔고 사는 사람들이 중개업소에서 서류를 꾸며야지 다른 곳에서 일을 합니까? 이리 오라고 하세요."

한참을 기다리니 사채업자들까지 포함된 많은 사람들이 우르르 몰려왔다. 어떻게 알고 왔느냐고 묻자 그들은 조합에서 연락을 하여 오게 되었다고 한다.

"나도 공과금을 받으러왔으니까 됐죠?"

총무의 말이다.

"어찌 조합 대표인 조합장이 나오지 않고 책임 없는 사람들만 나왔죠?"

"조합장은 교통사고로 병원에 누워있어 나오지 못했습니다."

"아하! 그래서 조합장이 환자복을 입고 우리 동네에서 술을 마시고 다녔구먼. 자! 차례대로 한 사람씩 일을 처리합시다."

"조합 총무는 무슨 일인가?"

"공과금은 내고 이사를 해야지 공과금도 내지 않고 이사하여 내가 냈잖아."

"글쎄요. 얼마나 되는지 영수증이나 봅시다. 무슨 공과금이 이렇게 많지?"

"공과금가지고 거짓말 할 수 있나!"

"무슨 사기를 치려는지 이걸 믿어야 될지 모르겠네. 어디 확인을 해 볼까. 자동이체로 했는데 이렇게 많을까? 가스회사는 전산용지에 수기로 청구를 하는 모양이지."

깜짝 놀라더니 확인을 하겠다며 한쪽으로 가더니 전화하는 시늉을 한다.

"금액이 많은 11월은 자동이체 되고 12월은 내지 않았다는데요!"

"내가 자동이체 해지를 안 했는데 맞을까? 나중에 조사할 테니 영수증과 청구서를 주시오."

이것들을 받아 집으로 돌아와 도시가스에 전화를 했다. 2002년의 자료는 없다고 했으며 나한테 전화했던 조합원의 말을 듣고 대충 대답했으리라. 160여 조합원들한테 이런 장난을 했다면 상당한 돈일 것이다.

아무튼 모든 영수증을 교부하고 파란만장한 집을 정리해버렸다.

제4장
사실은 처벌, 사기는 보호라!

1. 주택조합 규약과 폭행

(1) 주택조합 규약의 수정과 사업 중단

1997년 7월부터 재건축사업이 추진되고 조합사무실이 없어 조합장의 부동산 사무실에서 임원회의를 했다. 당시의 임원이란 10개의 연립주택별로 한두 사람씩 추천된 사람들이다. 조합장은 1997년 9월 조합원의 임원 승인을 받고 공사계약을 한 후 대한주택에서 조합비 등을 지원해주겠다고 하여 시공사와 가계약(1997. 10. 2)을 맺었다.

가계약 후 조합사무실 용으로 컨테이너가 지원되고 조합 규약을 한 달 이상 검토하다가 조합 비리와 시공사의 재정 악화로 사업이 중단되었다.
 추운 겨울 난방도 못하고, 전화비도 연체되고, 종이가 없어 복사비도 부담을 느낀다는 총무의 말에 회사에서 인쇄용지를 재단하여 가져다주었다.
 그런데 이것이 재판과정에서 규약 복사용지로 둔갑하는 화근이 되었다.
 인쇄용지는 미색이고 복사용지는 백색이며 구청에 보관된 규약은 백색이다.
 그 후 1998년 폐도가 해결되고 1999년에 주택조합이 인가되었다.
 시공사의 경영 악화는 결국 2000년 10월 정부의 퇴출명령을 받게 된다.
 나는 생소한 분야에 무식하다는 말을 듣지 않으려고 조합 서류들을 모아두었는데 규약만은 구청에서 복사해온 것이 처음이고 이것도 법정에 제출한 것과는 다른 것이었다.

(2) "니가 내 아들한테 밥을 줬냐. 떡을 줬냐?"

 총회(2001. 4. 24) 후 대의원과 법무사의 말을 듣고 규약을 입수해 보려고 했으나 배포되지 않은 규약을 보관하고 있는 조합원은 한 사람도 없었다.
 조합장에게 조합 규약을 달라고 요구하자 총무가 조합사무실에 보관하고 있으니 찾아가란다. 그래서 조합사무실에 갔지만 찾아갔을 때마다 문이 잠겨있어 구하지 못했다.

 아침(2001. 6. 8) 출근하면서 조합사무실 앞을 지나는데 문이 열려있어 들어갔다.
 "총무님! 무엇을 그렇게 열심히 하고 있습니까?"
 "예…."
 "오늘은 일찍부터 문이 열려있네. 규약을 한 부 부탁하러 왔는데."
 "조합 규약은 여기에 없습니다. 조합장이 가지고 있어요."

"그렇지 않아도 조합장님께 말씀드렸더니 조합사무실에 보관하고 있으니 총무한테 달라면 줄 것이라고 합디다."
"아닙니다. 조합장이 가지고 있습니다."
"그럼 조합장이 나한테 거짓말을 했는가?"
조합장한테 전화를 하는데 총무도 어디론가 전화를 하고 있었다.
"규약은 총무가 가지고 있어요."
"총무는 조합장님이 가지고 있다고 하는데, 통화하시겠습니까?"
조합장은 전화를 끊어버렸고 총무의 전화소리만 들렸다.
"백나명 씨가 사무실에 왔어요. 빨리 와야겠어요."
총무는 나를 쳐다보면서 통화하는데 무척 당황해 한다.
잠시 후 노가리 감사가 지팡이를 짚고 절름거리며 들어왔다.
"이봐 총무! 이 놈이 시비 걸려고 하니까 서류 한 장도 주지 마!"
그러자 총무가 악을 쓰며 소리쳤다.
"규약은 조합장이 가져갔는데 내가 왜 그걸 주어!"
"총무! 조합장을 바꿔줄 테니까 통화해 보겠소?"
전화를 하려니까 검사 아버지가 내 앞으로 다가오면서 덤벼들었다.
"야! 니가 내 아들한테 밥을 줬냐! 떡을 줬냐!"
쳐다보지도 않고 총무를 향해 말했다.
"총무! 조합장하고 통화를 한번 해보지 그래요. 조합 임원이 규약을 보여달라는데 당연히 보여줘야 되는 것 아니요?"
"왜 내가 규약을 보여줘야 돼요! 조합장이 해야지."
조합장과 총무가 서로 미루고 장애인을 방패로 이용하는 행위가 괘씸했다.
"야! 임마. 내 아들이 검사면 니가 밥을 줬냐. 떡을 줬냐."
상대를 하지 않자 감사는 내 멱살을 잡아당겼다. 와이셔츠가 찢기고 넥타이가 목을 조여 왔다. 그의 손을 잡으면서,

"노감사! 아들을 일과 연관시켰다면 미안합니다. 용서하세요. 내 말은 아들한테 누를 끼치는 행동은 하지 말자는 뜻이니 용서하시오."

그러면서 그의 손을 풀자 그는 손을 놓으면서,

"니 나이는 내 아들하고…."

"뭐라고! 네 아들하고 뭐가 어째! 야 임마! 출생신고 할 때 우리 동네 이장네 집 불만 나지 않았어도 너보다는 위야! 이런 호래자식 보게!"

이 사람은 아들이 검사라며 아무데서나 행패를 부린다. 그리고 경찰에 신고하면 잘도 풀려나 모두 그렇게 믿었고 사람들은 그를 슬슬 피해버렸다.

손은 놓았지만 지팡이로 설치다가 이제는 죽이라며 의자에 드러눕는다. 이런 때 조심하라는 말을 많이 들어온 나로서는 밖으로 나오려고 일어섰다. 그러자 그는 일어나 두 손으로 멱살을 다시 잡고 의자에 드러누우면서 죽이라며 매달려 엉거주춤한 자세로 다시 앉았다. 또 탁자를 내 앞으로 차면서 입에 담지 못할 욕설을 퍼붓고 불편했던지 멱살 잡은 손을 놓아 나오려고 자리에서 일어섰다.

"야! 이 자식아! 어서 때려라. 어서 때려!"

"내가 당신을 왜 때려! 개만도 못한 놈을 건드렸다가 개 값 물어주려고 당신을 때려?"

밀쳐내고 나오면서 쳐다보니 소파에 비스듬히 드러누워 죽는 시늉을 한다.

"으… 청심환! 청심환!"

'오늘 재수 옴 붙었네. 세상에 저런 등신 같은 놈한테 옷을 다 찢기고. 에이! 재수 없어!'

집에 돌아와 옷을 갈아입는데 아내가 어찌된 일이냐고 물었다. 사실대로 얘기하고 얼음물 한 사발을 마시는 사이 아내는 뛰쳐나가버렸다.

"여보! 그 사람 건들면 복잡해지니까 절대로 건들지 마!"

눈을 감고 벽에 기댄 채 멍하니 앉아있었다.

한참 뒤에 아내가 옷과 머리가 흐트러진 채 씩씩거리며 동네 사람들의 부축을 받으면서 들어왔다.

"여보! 왜 나갔어. 그 떼보한테 잘못 걸리면 곤욕을 치른다는데."

또 벽에 기대고 앉아있는데 밖에서 문 두드리는 소리가 들렸다.

"누구십니까?"

"파출소에서 폭행 신고를 받고 나왔습니다. 동행하셔야겠습니다."

"누가 신고를 합니까? 신고한 적 없는데요!"

"백나명 씨가 맞지요?"

"맞습니다만 폭행 당했다고 신고한 일이 없는데요!"

"당신한테 폭행 당했다고 피해자가 파출소에 있으니 갑시다."

"뭐라고요! 내가 폭행을 했다고요? 이거 사람 죽이네! 갑시다."

아내와 밖으로 나오니 동네 사람들이 우리한테 어찌된 일이냐고 묻기도 하고 욕하는 소리도 들렸다. 아내와 같이 순찰차를 타고 파출소로 향했다.

파출소 안에는 와이셔츠를 찢었던 장애인이 의자에 비스듬히 누워 청심환을 찾았고, 그 옆에는 총무가 지저분한 몰골로 앉아있었다. 영문도 모르고 경찰관의 물음에 대답했다.

여기서부터 나와 아내의 사건을 분류하여 기술하기로 하자.

1) 영감님들이 당신들하고 같은 줄 아쇼!

파출소에서 감사는 청심환을 찾고 경찰관은 몸이 불편한 사람한테 왜 폭행했느냐고 나를 다그쳤다.

"지금 무슨 말을 하는 거요. 내가 저 사람한테 옷을 찢기고도 아무 말도 않는데 무슨 폭행을 했다는 거요!"

"야! 니가 사무실에서 안 때렸냐! 아이구 허리야!"

"이거 미치겠네. 저 등신 같은 자식!"

"파출소에서는 사건을 조사할 권한이 없어요. 경찰서에 가서 안 때렸다는 증거를 제시하시면 됩니다. 그리고 아주머니 이리 오세요(아내의 사건은 다음에 정리한다)."

"여보시요. 경찰관, 안 때렸다는 증거를 어떻게 대는 거요."

"자! 타세요. 경찰서로 갑시다."

경찰서에서 진술서를 작성하면서 감사는 파출소에서와 말을 바꾼다.

"저 사람이 나를 때려서 나도 저 사람을 폭행했어요."

그리고 그는 허리가 아프다며 또 죽는시늉을 한다.

이거 속이 타 미칠 지경이다.

"야! 이 개 같은 놈아. 내가 너를 언제 때려! 이거 미치겠네!"

"조용하세요. 당신이 폭행하지 않았으면 증거를 대고 조사하면 알게 되니까 조용히 하세요."

"안 때린 증거를 어떻게 댑니까? 그 방법 좀 가르쳐주시요."

감사가 폭행을 당했다하여 그 자리에 있던 총무가 진술했다.

다행히 총무는 내가 폭행하는 것을 보지 못했다고 하자,

"여보세요. 당신과 같이 있었던 이유기 씨도 저 분이 때리는 것을 못 보았다는데 어째서 당신만 맞았다는 거요?"

"뭐요! 나는 경찰에서 조사를 안 받고 검찰의 실질심사를 받겠습니다."

"당신 아들이 검사라는데 사실입니까?"

"그런 걸 왜 묻소?"

"어디서 근무하는데요?"

"저 남쪽 ○○요. 당신들이 그걸 알아 무엇 하려고. 알 것 없소!"

"우리는 검찰과 아무 관계없으니 연관시키지 마세요. 알겠어요?"

"영감님들이 당신들하고 같은 줄 아쇼! 거기까지만 알고 묻지 마쇼!"

이거 큰일 났다. 실질심사란 말에 불안했다.

나는 일방적으로 폭행을 당했다했고 감사는 같이 폭행했다하여 밤늦게까지 곤욕을 치렀다.

다음날 은근히 걱정되어 기관에 있는 친구한테 전화해보았다.

"나 나명이야, 부탁 하나 하려고 전화했네."

"무슨 일인데 그래. 자네가 부탁을 다 하고…."

"○○지역에 노가리라는 이름의 부친을 둔 현직 검사가 있나 알아봐 주게."

"무슨 일인데 그래."

뒤는 각설하고 감사는 그 일로 30만원의 벌금을 받았다고 한다.

2) 야! 흉물 좀 그만 떨어라.

와이셔츠가 찢기고 집에 온 나를 보고 아내는 조합사무실로 향했다. 사무실에는 감사와 총무가 앉아서 무엇인가 의논하고 있었다.

"조합 이사가 규약을 보여달라면 조합에서 당연히 보여줘야 하는데 이사를 가두어 놓고 폭행하다니 이런 일이 있을 수 있어요?"

"누가 폭행을 해요!"

총무가 앞으로 나오면서 대답했다.

"아침에 입고 나간 옷이 찢겨져 돌아왔는데 괜히 찢어졌겠어요?"

"그걸 우리가 어떻게 알아! C8!"

그래서 다툼이 시작되고 이들은 사무실 밖으로 나왔다. 언성이 높아져 시끄러워지자 동네 조합원들이 구름처럼 모여들었다.

감사와 총무는 죽여버린다고 아내한테 욕설을 퍼부었다.

"뭐! 죽여! 어디 한번 죽여 봐라!"

아내가 몸을 내밀자 총무는 아내의 하복부를 걷어찼다. 아내는 뒤로 넘어져 뒤에 있던 사람이 몸을 받쳐 다행히 땅으로는 뒹굴지는 않았다. 정신을 잃고 몸을 부리자 총무는 건물 구석으로 가더니 땅바닥에 뒹굴었다.

"나도 다쳤어요!"

벗겨진 팔꿈치를 사람들에게 보이면서 고래고래 소리를 질렀다.

"야! 흉물 좀 그만 떨어라."

이를 보던 조합원들이 욕을 하고 아내를 부축하여 집으로 데려왔다. 아내와 나는 같이 있다가 파출소로 끌려갔고 다시 경찰서로 연행되었다.

조사받던 아내가 형사과 대기석에서 기다리는 내 옆으로 온다.

"여보! 아무래도 발로 차인 자리가 이상한데 확인해야겠어요."

"그러니까, 왜 이런 일에 끼어들어. 이상은 없어야 될 텐데."

아내를 화장실에 데려다주었다. 걱정도 되고 후회스러웠다.

"여보! 하혈(下血)을 해요. 어떻게 하죠?"

아내는 걱정스럽게 말을 건넸다.

경찰관은 여경을 시켜 아내의 하혈을 확인했고 자정이 넘어 조사가 끝나 집으로 돌아왔다.

그날 경찰관은 여자와 남자가 같이 몸싸움을 했다고 조서를 작성했다.

이튿날 오후 아내와 함께 산부인과에 들러 늦게까지 검사를 받았다. 보호자를 찾아 들어가 보니 담당 의사는 하복부 출혈은 지켜봐야 된다며 2주의 상해진단서를 발부했다.

그날 아내는 잠꼬대를 하고 자주 깜짝 놀라 잠을 제대로 이루지 못했다.

다음날 처음부터 목격하고 아내를 부축했던 조합원을 찾아가 진술서를 받고 진단서를 첨부하여 경찰서에 접수했다.

그런데 경찰 조사를 받은 뒤부터 아내는 시름시름 무기력해지고 정서 불안 현상을 보였다. 그래서 나는 모든 걸 다 잊자고 했지만 그때마다 아내는 한숨을 몰아쉰다. 잠꼬대를 하는 중에도 경찰을 자주 들먹이는데 경찰 조사 과정에서 문제가 많았던 것을 직감할 수 있었다.

할 수 없이 근처 신경과 전문의(6. 28)를 찾아가니 정신적인 충격을 심하게 받았느냐고 물었다. 아내는 그날 있었던 조사내용을 털어놓고 울어버렸다. 원장은 흥분은 금물이고 안정을 취해야 된다며 치료를 시작하였다.

얼마 후 조서내용을 전해들은 아내는 대성통곡을 하는 게 아닌가. 남자한테 하복부를 차이고 여경이 하혈을 확인했는데 쌍방 가해로 마무리했다고 한다. 이때의 충격이 혈압강하제 복용과 대인기피현상으로 진행될 줄은 몰랐다.

아무튼 경찰서에 조사비를 얼마나 바쳐야 제대로 조사할 것인지….

2. 사실을 해명해달라는 것이 명예훼손이란 말이요?

조합원들의 인장을 다량 위조하고 조합장의 일방적인 분담금 인상과 시행·시공사 선정에 항의하여 법원에 임시총회 개최 요청서를 제출하던 날(2001. 8. 20) 조합장은 사문서 위조, 업무방해, 명예훼손이란 죄목으로 나와 통장의 남편인 이무식 씨를 검찰에 고소했다.

9월 하순쯤 이무식 씨와 우리 부부는 경찰서로 불려갔다.

"고소인 이무기를 아시죠?"

"예. 우리 조합의 조합장입니다."

"이무기는 당신과 이무식 씨를 사문서 위조, 업무방해, 명예훼손 등으로 고소했어요. 그래서 조사하니 사실대로 대답하세요."

"예? 사문서를 위조하고 공사를 방해하고 명예를 훼손했다고요?"

"먼저 사문서 위조를 조사합니다. 당신들이 이무기에게 보낸 내용증명에 네 명은 자기가 하지 않은 서명이 되어 있다는 것입니다. 왜 당사자의 허락도 없이 사문서를 위조했지요?"

임시총회를 개최해 달라고 조합장한테 보낸 내용증명의 94인의 조합원 서명부에서 4명이 조합에 자술서(自述書)를 제출했다는 것이다.

"그것이 우리하고 무슨 관계가 있습니까?"

"고소인이 그 사람들의 서명을 당신이 위조했다고 고소했다니까!"

"내가 위조했는지 필체를 보면 쉽게 알 수 있을 것 아닙니까?"

경찰관은 갑자기 귀머거리가 되었는지 못 들은 척 한다.

이때 이무식 씨의 부인인 통장이 조사실로 들어왔다.

"애기 아빠는 아무것도 모릅니다. 조합 일은 내가 했으니 집에 가시라하고 내가 조사 받겠습니다. 애기 아빠는 내일 출근해야 됩니다."

"아주머니는 나가세요! 이무기가 이무식 씨를 고소했으니 아주머니는 관계없어요. 나가세요."

"여보시요! 이무식 씨는 경비하는 분이요. 격일제 근무하는 분이 무슨 일을 하겠습니까? 당사자가 조사 받겠다니 보내주세요."

"……"

사건 당사자가 조사를 받겠다는데 경찰은 모른 척하고 서명이 우리와 무슨 관계가 있는지 알 수 없다. 아마 사건 조작비를 잔뜩 챙겼나 보다.

그녀는 더 이상 말을 못하고 조사실 밖으로 나갔다.

조사관은 네 사람을 호명하고 조합에 자술서를 써 주었다고 한다.

"나는 그 사람들의 이름도 모르고 얼굴도 모르고 서명은 내 것 외에는 하지도 않았습니다."

"모르기는 왜 몰라요! 사실대로 이야기 해보세요."

"사실이 모른다는 것이요! 이선생님. 이 사람들을 아십니까?"

이무식 씨도 눈만 끔벅거리고 앉아있었다.

가지고 간 조합원 명부를 찾아봐도 이름은 보이지 않는다.

"아무리 찾아봐도 그 사람들 이름은 없는데 조합원이 맞습니까?"

"이무기가 전화로 불러준 이름을 받아 적어서 그런가본데 이름이 비슷하면 불러보시요."

고소내용을 전화로 받아 적는다는 말은 지나가는 개가 들어도 웃을 일이다. 나오려는 말을 참고 한동안 찾다가 비슷한 이름을 불러주었다.

"맞아! 그 사람들이 서명하지 않았다는 거요."

"여보시오. 나는 그 사람들도 모르고 작성한 것도 아닌데 왜 묻는 거요?"

"이봐요! 나는 검찰이 시키는 대로만 할 뿐이니까 할 말이 있으면 검사한테 하시오. 나한테는 따지지 말고. 이 사람들한테 누가 서명을 받은 것이요?"

"확실히 모르지만 대표 아주머니들이 받은 것으로 알고 있어요."

"그 사람들 이름이 뭐요?"

"잘 모르겠는데요."

"왜 몰라요?"

"남의 여자 이름을 어떻게 알아요. 내가 동네 호적계장인 줄 아쇼?"

"나는 검사가 시키는 대로만 하니까 원망은 마쇼?"

경찰관은 혀를 차면서 소리를 친다.

검사가 무엇을 어떻게 하라고 시켰는지 좋은 일은 아닌 것 같다.

나는 이무식 씨를 바라보면서 말했다.

"이 분은 아파트 경비를 하는 분으로 이 일과는 아무 관계가 없어요. 격일제로 종일 근무하고 주무실 시간에 나왔으니 보내주시오."

"하! 이 사람! 되게 말을 못 알아듣네. 나는 검사가 시키는 대로만 할 뿐이라니까. 경찰이 수사권 있는 것 봤어?"

여러 가지 정황으로 미루어 검사가 시켰는지 조사비를 듬뿍 받고 억지 조작을 하는 것인지 모르지만 앞으로 이러한 일은 여러 곳에 나온다.

"왜 업무를 방해한 것이요?"

그러면서 5, 6월에 내가 매직으로 쓴 안내문을 두 장 꺼낸다.

이것은 총회 후 조합원들의 성화에 조합 운영에 알고 싶은 사람은 집으로 전화하지 말고 한꺼번에 들으라고 붙였던 안내문이다.

"이것은 당신이 쓴 것 맞죠?"
"그래요. 내가 썼습니다."
"고소인은 이것 때문에 조합원들이 촉탁등기를 안 한다는 거요!"
"촉탁이 아니고 신탁이겠지요. 제 놈들이 사기를 치다가 들통이 나서 재건축사업이 진행되지 않는다고는 안 합니까?"
"맞아! 신탁등기! 전화로 접수받아서…. 조합원들은 이것 때문에 자기를 따르지 않아 사업에 지장을 초래한다는 겁니다."
"그럼 경찰관! 나도 그놈들과 같이 어울려 사기를 치란 말이요?"
"이무기 조합장은 자기가 하는 일이 정당하다고 하던데."
"그놈한테 다시 물어보시오. 누가 사기를 치는지!"
"……."

경찰관은 수시로 고소내용을 전화로 받고 검찰이 시켰다고 했다.
아내가 통장이라는 이유로 불려온 이무식 씨는 눈을 감고 앉아있다.
"왜, 고소인에게 돈을 먹었다고 명예를 훼손했지요?"
"글쎄요, 그런 말을 한 적은 없습니다."
"안 하기는! 여기에 써 있는데."

갑자기 조사관의 눈에서 생기가 돌고 조합원들과 함께 작성한 8월 4일, 7일, 10일의 안내문을 펼쳐보인다.
"어디에 돈 먹었다고 써 있습니까? 찾아봐도 그런 말은 없는데."

조사관이 지적하는 곳을 쳐다보았다.
"'잘못된 지출 내용을 발견하고'가 있는데 왜 거짓말을 하는 거야!"
"그 말이 돈 먹었다는 말과 무슨 관계가 있습니까?"
"그 말이나 그 말이나 같은 뜻이 아니요?"

갑자기 말씨가 부드러워졌다. 아무튼 경찰관은 범죄를 만들려고 안간힘을 썼고 나는 걸려들지 않으려고 조심하면서 조서를 작성했다. 일을 마치자 경찰관은 읽어보고 서명하라며 밖으로 나갔다. 경찰관이 작성한 조서를 꼼꼼히 확인해 보니 신경전을 벌였던 '잘못된 지출 내용을 발견하고'를 '돈을 먹었다'고 기재한 게 아닌가!

경찰관이 들어오기를 기다렸다가 그가 오자 물었다.

"내가 언제 돈 먹었다고 했습니까? 이 부분을 수정해주세요."

"백나명 씨! 그 말이나 마찬가지지 뭘 그리 따져요."

"귀하는 마찬가지인지 모르지만 내 생각은 마찬가지가 아니요."

"내가 녹음기인줄 아쇼! 그러면 당신이 대신 타이핑을 해봐!"

"그래서 못 고치겠다는 거야! 뭐 이런 사람이 다 있어."

그러자 그는 못마땅해 하며 그 부분을 볼펜으로 수정하고 도장을 찍었다.

"사문서를 위조했다고 한 사람들한테서 확인서나 받아오시오."

뭐(?) 같은 조사를 마치고 가뜩이나 머리가 혼란스러운데, 아내는 먹고살기도 힘든 세상에 경찰서에서 숙제까지 받아 왔다고, 그리고 통장은 남편인 이무식 씨가 아무 말도 못했다고 서로 불평이다.

"당신은 누구를 위해 이런 일을 하고 있어요! 동네 사람들이 그렇게 좋으면 왜 나하고 결혼했어요? 알지도 못하는 사람들한테 어떻게 사실 확인서를 받아 와요?"

"이사님이 대답을 다하여 애기 아빠는 아무 말도 못했잖아요!"

"당신은 내가 조합장과 같이 사기나 치면서 살기를 바라오? 그리고 통장님! 누가 이런 곳에 들락거리고 싶겠습니까? 부군이 아무것도 모르면서 아내를 위한다고 엉뚱한 말을 했다면 어떻게 되지요?"

그때서야 두 사람은 힘없이 고개를 끄덕였다.

"악법도 법이라고 경찰관의 말이나 따릅시다. 오늘 경찰관이 호명한 네 사람은 누구요? 가까운 시일 내에 그 사람들의 확인서를 받아오세요. 오늘 경찰관은 조합에 매수되었다는 냄새가 물씬 풍기지요? 검찰청도 깊이 연관되었나 봅니다."

며칠 뒤.
원본은 통장이 보관하고 사본을 준다며 네 사람의 확인서 복사물을 가지고 찾아왔다. 네 사람 중 한 사람은 호프집을 하는 사람으로 이무기가 술을 마시러 와 조합에서 필요하니 서명을 하라기에 서명했고 문맹(文盲)인 시어머니가 직접 또 대필해 달라하여 써주었다는 등 사연은 갖가지였다.
다음날 경찰관한테 이것을 제출하면서 말했다.
"여보시요. 경찰관! 며느리한테 시어머니를 고소하라고 하세요."
"……."
그리고 조합원 법무사의 말을 듣고 조합장을 무고로 고소했다.
얼마 뒤에 대질신문이 있다고 하여 경찰서에 나갔다.
조사관 앞에 나와 왼쪽에 조합장, 그리고 오른쪽에 이무식 씨가 앉았다.
성냥갑만한 연립을 아파트로 바꿔보겠다는 서민들의 조그마한 꿈을 부동산 업자가 사기를 쳐 이에 대해 정당한 운영을 요구했을 뿐인데 고소를 당하고 공무원들까지 동조한다고 생각하니 피가 거꾸로 솟는 것 같았다.
"조합장님! 지금 당신 나이가 몇이요?"
"……."
"예순 넷으로 알고 있는데, 그 나이면 인생을 어떻게 살았는가를 뒤돌아보고 어떻게 살아야 할 것인가를 정리해야 될 것이다. 그런데 그 나이에 할 게 없어 서민들의 성냥갑만한 집을 가지고 사기를 쳐! 개 같은 놈아!"
"C8! 아침부터 시끄러워 근무를 못 하겠네!"
사무실의 경찰관들이 불평하는 걸 보니 내 목소리가 너무 컸나 보다.
"미안합니다. 내가 수양이 덜 되었나 봐요. 조심하겠습니다. 이선생! 자리를 바꿉시다. 이놈 옆에 있다가 무슨 일을 저지를 것 같아요."

이무식 씨와 나는 자리를 바꿔 앉았다. 경찰관이 능글맞게 웃으면서,
"백나명 씨! 할 말 있으면 나한테 해요. 나하고만 얘기하자고."
대질조사를 마치고 경찰관은 조서를 읽어보고 서명을 하라고 한다.
사기꾼과 공범이라고 생각했던지라 나는 조서를 꼼꼼히 읽어 내려갔다.
"폐도 구입비와 조합 통장에 돈이 들어왔다는 내용은 조합장과 한패인 감사가 조합원들에게 말했다고 합니다. 그래서 조합장에게 이러한 내용을 조합원들에게 알려달라고 한 것은 당연한 조합원의 권리요, 임원이라면 조합원들의 물음에 대답하는 것이 당연한 의무가 아니겠습니까? 오히려 이 사람처럼 숨기고 속이며 조합원의 막도장이나 파는 것이 죄가 아닐까요?"

경찰관은 꽉 막힌 귀머거리가 되었고 이무기에게 불리한 말은 가능한대로 작성하지 않았다. 경찰 조사를 마치고 집으로 돌아왔다.

아무래도 꺼림칙하여 이 방면에 잘 아는 친구한테 물어봤다. 그 친구는 그래도 경찰관인데 절대 그럴 리가 없을 것이란다.

조서를 검찰에 송치하지 않았다(2001. 10 초)고 한다.

법원의 임시총회 허가 결정(11. 7)을 받고 경찰서를 찾아가 사건을 검찰에 송치해 줄 것을 종용했다. 그래도 검사는 사법고시로 엄선된 사람이라 경찰보다 합리적일 것이라는 막연한 기대를 하고서.

검찰청에는 조합장인 이무기가 나왔고(11. 22) 이무식 씨는 보이지 않았다.
"이무기, 백나명! 이리와!"
"예."
험악한 분위기가 경찰서와 전혀 달라 긴장하고 검사 앞에 앉았다.
"이무기는 선임계(?) 제출한 것을 알고 있나?"
"……"
"조사 받으러오는 사람이 그런 것도 모르고 있었어!"
검사는 숨쉬는 사람이라면 모두가 친구로 생각되는 모양이다.

경찰서에서 지적했던 부분이 또 문제가 되었다.
"백나명은 이무기가 돈을 썼다고 했네."
"그런 말이 어디에 있습니까?"
"여기 지출했다고 되어 있잖아!"
"지출 내용을 발견하고 해명을 해 달라고 되어 있지 않습니까?"
"지출이라는 것은 돈을 썼다는 거야. 그렇지 않아?"
"'지출한' 이라면 썼다는 말이고 '지출할' 이라면 쓸 것이라는 말인데 이런 것들을 해명해 달라는 말이 잘못되었습니까?"
"그렇다면 그런 줄 알지 말이 많아! 쯧."
눈을 흘기며 혀를 찬다. 기가 막혔다.
"(설계도 밑의 수기를 가리키며) 이것은 뭐야!"
"그것은 건설회사 직원이 총무한테서 사업설명을 들을 때 받은 서류를 복사해 온 것으로 확실히 모르겠습니다."
"그래! 내일 아침 9시까지 이 사람을 데리고 와."
"자기네 회사로 출근하는 사람을 제가 오란다고 바로 나오겠습니까? 더구나 그 회사에서 재건축사업을 수주한 것도 아닌데."
"나오지 않으면 당신이 처벌받을 수 있어."
점심도 굶고 2시경까지 융숭한 대접(?)을 받고 조사를 마쳤다.
그리고 이무기는 집으로 나는 컨설팅회사로 발길을 옮겼다.
무작정 그 회사를 방문했는데 다행히 그 사람은 자리에 있었다.
오늘 있었던 일을 설명하고 물었다.
"검사가 내일 아침 9시까지 출두하라는데 가능하겠습니까?"
"죄송합니다만 검찰에 나가는 것은 불가능하겠습니다. 사장님의 허락도 받아야 하고 자존심도 있지 않겠습니까? 죄 지은 건 없지만 검사라면 뻔하지 않습니까? 만약 법원에서 증인 출석을 요청하면 나갈 테니 사장님께는 비밀로 해주십시오. 정말 죄송합니다."

"그럼 (복사물을 보여주며) 이것은 무엇입니까?"

"그것은 조합에서 총무가 사업설명할 때 메모해준 것입니다. 저는 별도로 메모했어요."

"집에서 총무의 필체와 비교해 봐야겠네!"

"분명히 총무가 써 주었습니다."

예상대로 출석 요구는 거절 당했고 검사가 불가능한 일을 일부러 요구하고 내가 걸려들기를 바랐을 것이라고 생각했다.

조합원들 앞에서 필체를 대조하니 모두가 총무의 필체와 같다고 한다.

이튿날 아침 9시에 검사한테 가서 사실을 그대로 전했다.

"검사님! 이무기가 고소한 것 중에서 사문서 위조라든가 하는 사항은 하나도 묻지 않고 왜 애매모호한 것만 물어보는 것입니까?"

"그것은 수사관의 고유권한이야! 가 봐."

"……"

뚫어지게 쳐다보다가 검사실을 나올 수밖에 없었다.

세상에 태어나 죽을 때까지 이러한 수모는 당하지 말고 살아야 하는데….

얼마나 지났을까!

검찰로부터 엄연한 사실을 공연하여 명예훼손이라는 죄명으로 벌금 100만 원을, 불려나오지 않은 이무식 씨는 70만 원의 벌금통지를 받았다. 나는 조합장에게 지출 내역을 물었다고 하여 명예훼손, 이무식 씨는 통장의 남편이라는 죄로 벌금형을 받은 것이다.

칼 가진 자가 검사(劍士)라더니….

이 말을 전해들은 조합원들은 자기들로 인하여 벌금이 부과되었다고 갹출하여 벌금을 부담해주었고 나는 정식 재판을 청구했다.

제4장 사실은 처벌, 사기는 보호하라! 221

정식 재판에 대비하여 사건 기록을 복사하여 읽어보는데 이상한 기록들이 많았다.

먼저 경찰이 전화로 접수받았다는 사실 확인서를 비롯하여 검찰에서 대질 신문을 하던 날 같이 앉아 신문을 받고 점심시간이 훌쩍 넘어 집으로 돌아왔다. 그 날 조합장이 제출한 서류는 나중에 검사가 무마한 태양건설의 장기 차입을 한 돈이 계약 중인 대한주택에서 받았다는 내용증명 뿐인데 명예훼손을 제외한 나머지의 모든 고소를 취소하는 등 믿지 못할 서류들이 많았다.

이는 검찰 조사를 마치고 집으로 갔는데 다시 이무기를 불러 고소를 취소했는지도 믿기지 않았고 일방적인 고소 취소는 무고의 죄가 성립된다고 알고 있는데….

내게 벌금이 부과되자 조합장은 무고에 대한 무고로 또다시 고소했다.

범 없는 산중에 여우가 대장이라더니 한국은 고라니가 대장인가 보다.

명예훼손의 벌금형에 대한 첫 재판(2002. 7. 11)이다.

10시에 진행한 민사재판 후 30여 명의 조합원들이 형사 법정에 왔다.

점심시간이 넘었어도 10시의 사건들도 끝나지 않았다. 변호사가 선임된 사건은 바로 진행하고 없는 사건은 뒤로 밀려났다.

아침 일찍 법원에 나온 조합원들을 너무 오래 기다리게 해서 미안했다.

현역 시절에도 근무 수칙 1호는, 'First Come, First Service!'

공정을 최우선으로 하는 법정이 군대만도 못하다는 생각이 들었다.

순서대로 진행하자고 부탁하려고 진행 중인 사건이 끝나기를 기다려 앞으로 나가니 방금 들어온 변호사가 나오자 판사가 들어가란다.

오후 2시가 넘어서 피고석으로 불려나가자 판사는,

"엄연한 사실일지라도 명예훼손이 될 수 있습니다. 공익을 위한 일이 아니라면…."

"판사님 저는 무엇이 명예훼손에 해당되는지 이해가 되지 않습니다. 조합원이 조합장에게 사실을 해명해 달라는 것이 어찌 명예훼손입니까?"

"오늘은 너무 늦었으니 다음에 다시 진행하도록 합시다."

이것으로 시간만 기다리다가 변론도 못하고 돌아왔다.

오늘(7. 23) 민사재판은 없었지만 많은 조합원들이 따라 나와 복도에 있는 자판기에서 커피를 하나씩 뽑아 마시고 있었다. 법정 앞 일정표를 들쳐본 조합원이 눈이 휘둥그레지며 선고라 한다. 그럴 리가 있느냐고 조합원들과 확인해보니 엄연한 사실이었다.

법원 측의 착오일 것이라며 조합원들을 안심시키고 법정으로 들어갔다.

판사가 나를 호명하여 피고인석으로 나갔다.

"피고는 사실을 사실대로 말했다 하더라도 경우에 따라 명예훼손이 될 수 있다는 것을 알아야 합니다. 예를 들어 병신한테 병신이라고 하는 것은 사실이지만 대중 앞에서 이런 말을 했다면 명예훼손이 될 수 있다는 것입니다. 아시겠습니까?"

"지난 재판에서 말을 못했지만 조합원이 조합장한테 사실을 해명해 달라고 한 것이 판사님께서 말씀하신 것하고 무슨 관계가 있습니까? 저는…"

판사가 말을 가로막는다.

"피고! 피고는 말할 권리가 없어요! 오늘이 선고란 말입니다."

"판사님!…"

"피고 백나명은 벌금 100만 원에 처한다!"

"이게 무슨 재판이야!"

"그래! 재판이 아니고 개판이여!"

"조합에서 판사한테 돈 먹였다는 말이 맞나 봐!"

"맞아! 판사가 돈 먹었다!"

흥분한 조합원들의 항의 소리에 판사는 눈이 휘둥그레져 앉아있고 내가 밖으로 나오자 조합원들도 우르르 밖으로 몰려나왔다.

공정한 판결을 해야 하는 곳이 이렇다.

판사의 어설픈 판결에 항의하는 민초들의 원성을 새겨들어야 할 것이다.

이것은 사법(司法)이 아니고 아주 좋게 표현해서 사법(私法)이다.

엄연한 사실을 문의하면 처벌을 받고 엄연한 사기를 단행하면 보호를 받는 것이 우리나라, 우리 사회 사법부의 공정한 법률 집행이란 말인가.

학생이 선생한테 질문을 했다고 명예훼손으로 고소하면 어떻게 될지?

"여기 파출소인데요. 벌금을 냈습니까?"
"지금 재판 중인데 무슨 일이죠?"
"한번 확인해 보려고 전화했습니다."

파출소 전화를 받고 조합에서 협조 요청을 했을 것이라 생각해 본다. 그렇지 않으면 파출소에서 어떻게 이 일을 알았겠는가. 다른 곳에 물어봐도 다들 그 말이 맞을 것이라고 한다.

경찰관이 부동산 사무실에서 고스톱을 한다더니 사실이었던가 보다.

지난해 시공사에서 변제해 달라는 서류를 총무한테 받을 때 파출소장이 부동산 감사하고 조합에서 나를 보고 수군거리면서 메모하던 일, 아내의 사업장 주위를 돌아다니면서 신상을 묻더라는 말, 바둑 둘 때 잘 가는 사장한테 신상을 물어보더라는 말 등이 떠올랐다.

이튿날, 검찰청에서 벌금을 내라는 통지가 도착했다.

검찰청에서 벌금통지를 할 때 도주할까봐 파출소에 연락하고 보내는가?

벌금납부 고지서를 받고 이무식 씨와 법원을 찾아갔다.

법원에 항소했는데 이에 대한 통지가 없는지를 물었다.

법원 사무실에서 그런 일은 없을 거라며 확인하더니 항소 접수가 되어 있지 않았고 같은 날 다른 사건의 정식 재판 청구기록이 있다고 한다.

내가 착각을 했나?

"법원에서 선고한 후 피고에게 판결문을 송달하지 않습니까?"

"판결문은 보통 송달되지 않습니다. 그것이 민사하고 다릅니다."

"그럼 선고 후 판사는 재판 절차라도 안내하는 것이 옳지 않을까요? 형사재판에서 항소할 수 있는 기간은 얼마나 됩니까?"

"선고받은 날부터 7일 이내에 항소할 수 있습니다."

"그럼 지금이라도 항소하면 어떻게 됩니까?"

"항소시간을 넘겼기 때문에 할 수가 없습니다."

"저는 항소를 해서라도 억울한 누명을 벗어야 됩니다. 재판받을 방법은 없겠습니까?"

"굳이 하신다면 항소권회복 신청을 해야 하는데 받아들여질는지는 모르겠습니다."

선고할 때 부당한 판결이라고 조합원들이 법정에서 떠들었고 판사는 입을 다물고 어리둥절해 하던 표정이 떠올랐다.

그때 재판 절차를 안내하는 판사의 말은 전혀 없었다.

이무식 씨와 변론재개 신청을 하고 돌아왔다.

이무식 씨한테 물어보니 기억이 잘 나지 않는다고 한다. 항소권회복 신청은 기각되었고 집에 보관된 재판 자료를 샅샅이 뒤져봐도 항소에 대한 증거가 나오지 않았다. 다른 사건과 착각한 것 같아 사무직원에게 떼를 쓴 것이 미안했다.

다음날 재판 절차의 말을 듣지 못했다고 다시 항고장을 접수했다.

그러나 이것도 기각되어 벌금을 내지 않으면 불이익을 당할까봐 벌금을 낼 수밖에 없었다.

3. 저 사람이 레슬링 선수인가요?(2001년 12월 8일)

조합원들과 부동산 집단가처분과 법원에서 허가받은 임시총회 개최에 대한 상의를 하다가 조합원들을 조합사무실에서 기다리라 하고 조합장을 모시러 부동산 사무실로 내려갔다.

조합장은 비슷한 또래의 사람과 얘기를 하고 있었다. 나는 등기부등본을 보이며 물었다.

"조합장! 이게 무슨 짓이요. 남의 집에 집단으로 가처분을 하다니."

"야 임마! 너도 신탁을 해! 그러면 풀어줄게."

그는 의자에 앉은 채로 쳐다보지도 않고 말했다.

"뭐라고! 무슨 권리로 남의 재산에 집단가처분을 해놓고 큰소리를 쳐! 조합원들이 있는 조합사무실로 가서 따져보자!"

쳐다보지도 않는 조합장의 허리띠를 잡아 당겼지만 꼼짝도 않는다.

"내가 거기는 왜 가!"

다시 힘을 주어 잡아끌자 일어섰다.

조합장보다 훨씬 왜소한 내 힘으로는 한 손으로 문설주를 잡고 당겨도 끄덕하지 않는다.

약 5분여 동안 실랑이를 하다가 조합원들이 있는 사무실로 돌아왔다.

다음에 소개할 노가리 감사의 고소사건으로 경찰서에서 조사를 받고 있었는데 조합장이 허리에 손을 받치고 형사과로 들어오자 당직경찰관이 물었다.

"무슨 일로 오셨습니까?"

"저기 저 사람이 내던져서 다쳤습니다. 그래서 고소하려고요."

"저기서 조사 받는 사람 말입니까?"

"예, 그렇습니다."

"어디를 다쳤습니까?"

"왼쪽 머리가 부었고 허리도 아파서…."
금방이라도 죽을 것처럼 엄살을 부린다.
"어디 봅시다. 왼쪽이 부었다고 하는데 내가 보니 오른쪽이 더 나온 것 같아요. 어떻게 던져서 머리를 다쳤어요?"
"(배지기 흉내를 내면서) 땅바닥에 내던져 머리를 찧고 허리를 다쳐."
"에이! 여보쇼. 말도 안 되는 소리하지도 마쇼. 저 조그만 사람이 어떻게 당신을 내던져! 저 사람이 레슬링선수인가요?"
"그래도 다쳐서 아픈데요."
"그럼 조사를 받고 고소하겠다는 거요!"
"예, 그렇습니다."
"저기 앉으세요. 만약 거짓이 밝혀지면 무고죄가 성립됩니다."
경찰관이 내려오자 조합장은 괜찮다며 종종걸음으로 걸어나갔다.
얼마나 지났을까!
출두 통지를 받고 경찰서에 나가보니 조사관은 젊었다.
그런데 이게 웬일인가!
경찰관이 커피를 타서 권하더니 폭행사건을 조사한다고 한다.
"폭행한 일로 조사를 해야 되겠습니다."
"뭐라고요! 피해자가 누굽니까?"
"연세도 되신 분이 무슨 폭행입니까? 이무기입니다."
"지난 12월 8일 이무기가 형사과로 찾아와 내가 내던져 땅에 머리를 찧고 부었다고 했었는데 그것 때문입니까?"
"예! 12월 8일에…. 맞습니다."
"그날 고소한다고 이무기가 형사과에 왔다가 경찰관이 조사하자고 하니까 종종걸음으로 걸어나갔는데 또다시 조사를 한다는 말입니까?"
"경찰은 수사권이 없어요. 여기서는 고소에 대한 조사만 하니까 서로의 말씀을 기록해서 검찰에 올리는 것뿐입니다. 하실 말씀이 있으면 검찰에 가서 하시고 선생님 말씀만 하세요."

당시 경찰관의 호통만 듣고 돌아간 이무기는 잘 길들여진 검찰청에 상해진단서를 첨부하여 다시 고소했던 것이다.

경찰관들한테 수사권이 없다는 말이 사실인지 알아보았으면 한다. 내가 듣기로는 수사권이 없는 게 아니라 사건종결권이 없다고 알고 있다.

고소내용은 '등기부등본을 이무기에게 팽개치고 업어치기로 내동댕이쳐 머리를 부딪치고 뇌진탕 3주의 상해진단서를 발부받아 1주일을 입원했다' 는 것이다.

검찰에서 조사할 것이라 믿었는데 70만 원의 벌금 고지서만 송달되었다. 조합원들이 이 벌금도 부담했지만 허위 고소와 검찰의 횡포에 변호사를 선임하여 정식 재판을 청구(7. 23)했는데 앞서 소개한 명예훼손항소와 착각한 것 같다.

검찰청에서 고소 서류를 열람해보니 증인의 진술서에는 업어치기로 내동댕이쳤다는 말도 없었고 머리를 부딪쳤다는 말은 더더욱 없었다.

정식 재판을 청구하고 처음 재판을 받는 날(9. 25)이라 내 신분을 확인한 후 내 말을 변호사가 전한다.

"판사님, 고소인은 업어치기로 내동댕이쳐 머리를 부딪치고 12월 8일부터 16일까지 병원에 입원을 했다고 했는데 고소인의 부동산 사무실은 고소인의 책상과 소파들로 사무실은 꽉 차 내동댕이칠 공간도 없습니다. 고소인을 증인으로 채택합니다."

"좋습니다. 다음에 이무기를 증인으로 채택하도록 합시다."

재판을 마치고 변호사는 증인신문 사항을 작성하여 내게 주고 조합장 사무실의 약도를 그려 오라고 했다.

집으로 돌아오다가 조합장 사무실에 들러 사무 집기들의 위치와 크기를 익혀 도면을 그려 변호인에게 전달했다.

내용이 길어지니 허무맹랑한 부분만을 기술한다.

두 번째 재판일(10. 23)이다.
고소인인 조합장이 나와 증인으로 변호인의 증인신문이 시작되었다.
고소인인 조합장의 모순된 진술은,
내가 업어치기로 내동댕이쳐 머리를 부딪쳐 입원했다는데 조합장의 체중이 85kg이고 피고의 체중이 64kg인데 업어치기가 가능하겠느냐고 묻자 그는 대답을 못했다. 또 병원에서 무슨 검사를 받았느냐고 묻자 아무 검사도 받지 않았다고 하며 입원기간 동안 병원에서 한번도 나오지 않았다고 했다. 그래서 거짓말을 한다고 하자 총회 때 한번 나왔다고 했다.

너무나 황당한 거짓말에 변호사는,
"판사님, 경찰서에 진술서를 제출한 참고인을 증인으로 채택합니다."
"그 사람은 지금 국내에 없고 해외에 있어 불가능합니다."
판사는 대답을 준비했는지 스스럼없이 대답했다.
"그럼 진단서를 발부한 의사를 증인으로 채택하여주십시오."
"좋습니다. 다음 재판에 의사를 증인으로 부르겠습니다."

세 번째 재판(11. 20)을 받는 날인데 변호사와 착오가 있었다.
나는 20일로 알고 있다니까 변호사는 21일이 맞는다며 확인하여 전화를 주겠다고 한다.
아무 말이 없어 멀리 나가 고객과 수주상담을 하는데 변호사가 다급한 목소리로 재판 일자를 확인하지 않아 미안하다면서 바로 법정으로 나올 수 없느냐고 물었다. 어이가 없어 나는 지금 출발해도 일과 시간을 맞출 수가 없으니 잘 처리해 달라고 이르고 변호사 혼자 증인인 병원장을 신문했다.

내가 법정에 참석하지 못해 전해들은 변호사의 말이다.

'병원장은 전 날 당직의사의 말을 듣고 부어있는 것 같아 아무 검사 없이 진단서를 발부했고 바쁜 사람을 불러내지 말라고 호통쳤다.'

건강보험공단에 확인해 보니 입원했었다는 기간에 입원했었다는 기록은 없고 동네의 다른 의원에서 감기치료를 받았다는 기록만 남아있었다.

변호사의 말과 건강보험공단의 확인으로 추정하건데 이는 돈만 받고 상해진단서를 발부했다는 말이 틀림없는 사실일 것이다.

인체의 가장 중요한 머리의 뇌진탕을 아무런 검사 없이 진단서를 발부한 이 병원은 이렇게 돈을 긁어들였는지 상당히 큰 규모로 확장 이전, 영업을 한다.

서푼도 되지 않는 원장의 도덕성이 사망진단서는 올바르게 발행하는지 생각만 해도 끔찍하다.

조합장 폭행에 대한 선고일(2003. 1. 20)이다.

"피고의 폭행이 인정되어 벌금 70만 원을 선고합니다. 판결에 이의가 있으면 7일 이내에 항소할 수 있습니다."

말도 안 되는 선고였지만 재판 절차라도 알려주니 다행이라면 다행이다.

선고 후 항소장을 작성하고 이사한 주소도 보정하여 접수하고 돌아왔다.

5월 어느 날 전화가 왔다.

"백나명 씨가 맞습니까?"

"예, 그렇습니다만 어디십니까?"

"서울지방법원 항소부인데요 항소를 청구하였지요?"

"예, 그렇습니다."

"우편물이 반송되었는데 그날 그냥 나오시면 안 되겠습니까?"
"귀찮겠지만 송달을 부탁합니다. 증거 자료를 모으고 있으니까요."
"알겠습니다. 주소를 불러주세요."
"원심에서 주소 보정 신청을 했는데 잘못되었나보죠?"
며칠 후 항소심 통보가 도착했는데 국선변호인 명단도 들어있었다.
그날 저녁 항소 이유서를 작성하고 법원 근처의 국선변호인 사무소를 찾아가 소송 절차를 문의해 보았다. 변호사는 자리에 없었다. 국선변호인은 선택하는 것이 아니라 법원이 지정하며, 재판 전 통보가 있을 것이라고 사무장이 설명했다.
변호인이 확정되면 상의하려고 항소 이유서를 지니고 다녔는데 통보가 없어 그대로 법정에 나갔다.

첫 항소심(2003. 5. 30)에서,
"원고는 폭행 당했고, 피고는 폭행하지 않았다고 하여 항소하셨네요?"
"예, 그렇습니다."
지금 변호인석에 앉아있는 변호사가 국선변호인라고 소개해주었다.
변호인은 경찰서에 진술서를 제출했던 참고인을 증인으로 신청했다.
"이상하네! 원심에서 왜 증인 채택을 안 했지! 여보시오. 검사님! 출입국관리소의 1번이 출국이고 2번은 입국이 맞죠?"
"예, 맞습니다."
"그럼 참고인을 증인으로 채택합시다."
이것으로 현장에 있었던 유일한 증인을 외국에 있다고 원심에서 판사가 고의적으로 채택하지 않았는가 하는 의심을 하게 되었다.
고소인의 행적을 조사해 보니 서울의 후암동에 살았고 참고인도 후암동이며 나이가 비슷해 친구일 것이다.

법정에서 거짓 증언을 한다면 어쩌나 하는 불안감마저 들었다.

국선변호인을 만나보고 오려다 재판을 진행하고 있어 그냥 돌아왔다.

국선변호인을 선정해주려면 일찍 알려줘 재판에 도움이 되도록 해야지 도움을 받지 못하거나 불이익을 당한다면 쓸데없는 국민의 혈세 낭비다.

이튿날(5. 31) 국선변호인 선정 통지가 도착했다.

변호인의 이름을 몰라 난감했는데, 정부에서 배려한 공짜라 그렇지 하는 마음으로 다음날 변호사를 찾아가 항소 이유서에 대하여 물었더니 바로 접수하라고 이른다.

다음날인 6월 1일은 일요일이라 2일에 항소 이유서를 제출했다.

그러나 판결문에 재판장은 6월 5일에 받아보았다고 했다.

나중에 법원에 제출한 항소 이유서의 날짜를 계산해보니 19일 만에 제출한 것이다(?).

재판(6. 20)에 증인이 불려나왔다.

재판장이 증인의 신원을 확인하고 변호인의 증인신문이 있었다.

'등기부등본은 던지지 않았고 업어치기로 내동댕이친 일도 없으며, 조합장은 체구가 크고 피고는 작아 업어치기할 수도 없다. 또 넘어지지도 않았지만 부동산 사무실은 한 평 반이나 두 평 정도밖에 되지 않아 업어치기할 공간도 되지 못한다. 피고가 나간 후에 머리가 아프다는 말을 들었다.'

여자 검사가 증인에게 물었다.

"증인은 경찰 진술에서 넘어졌다고 했는데 왜 번복합니까?"

"경찰 진술에서 넘어졌다고 하지 않았습니다."

법원 직원이 검사의 접혀있는 서류철을 증인에게 보여주었다.

"어디에 넘어졌다고 써 있습니까?"

"……."

"증인은 돌아가세요. 수고하셨습니다."

재판진행 중에 입을 연 검사는 처음이었다.

대부분 다른 일을 하다가 재판장이 물으면 가지고 온 서류를 읽는 게 고작인데, 이 여검사는 진술내용과 다르더라도 성의라도 보여 조금 나은 것 같다.

조합장의 고소내용이 모두 거짓말이라고 확인되니 다행이었다.

괜한 걱정을 했었나 보다라고 한숨을 돌리는데 재판장이 물었다.

"피고는 법원에서 보낸 통지를 언제 접수했나요?"

"오래된 일이라 날짜가 기억나지 않습니다. 왜 그러시죠?"

"잘 생각해 보세요."

"재판장님! 우편물 영수증에 나와 있을 것입니다. 제대로 기재되었겠지요."

"피고는 통지서의 내용을 읽어보았습니까?"

"예 읽어보았습니다."

"항소 이유서는 얼마 만에 접수하라고 되어 있지요?"

"…글쎄요."

"자세히 읽어보시면 20일 이내에 항소 이유서를 작성하여 제출하라고 되어 있습니다. 확인하였습니까?"

"…변호인이 선정되고 그 이튿날 바로 접수했습니다."

할 수 없이 동문서답을 했다.

"항소 이유서는 21일 만에 접수되었습니다. 아시겠습니까?"

아니! 항소 이유는 고소인은 폭행 당했다 하고 나는 폭행 사실이 없다 하여 항소한다고 자기가 말도 했고 항소장에도 표기했는데 이제 와서 무슨 말꼬리를 잡으려고 꼬치꼬치 묻는 것일까.

이 속에는 분명히 무슨 술수가 숨어있을 텐데….

그리고 이유서 접수 절차에 약간의 문제가 있다면 국선변호인 선정 통지를 재판 전에 받아보았다면 절차를 상의했을 텐데 재판진행 후에 송달해준 것은 법원의 정당한 절차인가? 또 허위 고소로 인격모욕을 당한 사실이 중요한가 아니면 이유서 접수 절차가 더 중요하단 말인가.

그러나 다음에 소개하는 위증이란 공판에서 해답은 쉽게 풀렸다.

이것은 바로 말로만 듣던 청탁 메모일 것이다.

원심에서 허위 고소가 밝혀지니까 덮어씌우기는 해야 할 텐데 이것을 항소 이유서로 마무리하려는 의중이 역력했다.

증인은 나갔고 재판은 미루어졌다.

재판(7. 3)에서 검사가 서류를 주며 영수증을 요구했고 재판장은,
"피고는 지금 받은 서류의 사실을 인정합니까?"
검사가 준 서류를 읽어보니 '고소인 이무기에게 등기부등본을 던지고 그를 업어치기로 내동댕이치고'를 삭제하며 '허리를 두 손으로 잡고 흔들어'를 추가한다고 되어 있다.
"재판장님! 이런 행동도 하지 않았습니다. 그러므로 인정할 수 없습니다. 그리고 영수증을 해주면 재판 결과에 무슨 영향을 미칩니까?"
"…피고는 마지막으로 하실 말씀이 있으면 해 보시지요. 다음 재판에서 선고하겠습니다."
"좋습니다. 저는 재판부의 공정한 판결만을 바랄 뿐입니다. 이상입니다."

재판장이 말하는 선고를 한다(7. 23)는 날이라 법정 피고인석에 섰다.
"피고는 법원에서 보낸 통지를 언제 받았습니까?"
"글쎄요. 통지 받은 날짜를 확실하게 기억하지 못하겠습니다."
"잘 생각해 보시지요."
"우편물 수취 일자를 확인하면 알 수 있지 않겠습니까? 집배원이야말로 거짓말은 하지 않을 것입니다."
"집에 전화 받을 사람은 있습니까?"

"예, 아내가 있기는 합니다만….."
"그럼 전화하여 확인해 보시지요. 확인하고 속행합시다."
"아내가 있어도 찾기는 힘들 겁니다. 이 사건을 집필 중인데 3,000여 쪽에 달하는 재판 자료 중에서 송달 서류를 찾는 것은 불가능할 것입니다."
법정을 나와 병석에 누워있을 아내한테 전화했다.
"여보! 나야. 미안하지만 조합장 폭행으로 항소심을 알리는 우편물 접수일자가 언제인가 수취 일자를 확인해서 전화해줘요."
"그걸 왜 찾아요? 그리고 선고라고 했잖아요."
"재판장이 찾아보래. 허위 고소가 드러나자 생떼를 쓰려는 것일 거야."
"그게 무슨 말이에요?"
"무죄를 선고하자니 원심 판사를 무시하는 것 같고 원심대로 선고하자니 양심에 걸려 어쩌면 좋을지 고민할 거란 말이야."
"그래도 고등법원 판사인데 그럴 리가 있겠어요?"
병석에서 애태우는 아내를 생각하니 가슴이 저려온다.
"담배 한대 태울 테니 움직일 수 있으면 서류나 찾아 전화해 줘!"
흡연실에서 담배를 피워 물고 생각하니 법을 팔아 먹고사는 이들의 행태에서 헤어나기란 힘들 것 같았다. 아래층으로 내려가 자판기 커피를 뽑아 들고 다시 집으로 전화했다. 생각했던 대로 아내는 아직도 서류를 찾고 있는 중이란다.
법정에 들어가니 다른 재판은 모두 끝나고 법원 직원들 뿐이었다.
"재판장님! 예상했던 대로 서류를 찾지 못했습니다."
"피고! 피고는 지금 녹음기를 가지고 계십니까?"
"……."
갑작스런 질문에 어이없어 재판장을 빤히 쳐다보았다.
'무슨 말을 하려고 저러는 것일까?'

"가지고 있지 않습니다."
"법정에서는 녹음 및 촬영이 금지되어 있는 것은 아시죠?"
"……."
"피고는 항소 이유서를 21일 만에 제출하였습니다. 피고는 이 재판에서 선고를 받겠습니까? 아니면 기각을 할까요?"
'이 사람 되게 웃기는 사람이네! 지금까지 재판을 진행하고 허위가 확인되니까 이제 와서 무슨 뚱딴지같은 소리야. 상주가 밤새도록 울고 나서 아침에 왜 울었냐고 묻는다더니! 뭐라고 대답할까?'
"…선고해주세요."
"피고는 고소인과 화해하지 않았습니다. 원심대로 벌금 70만 원에 처합니다. 이의가 있으면 10일 이내에 항소할 수 있습니다."
어휴! 이런 것이 재판이라니 피땀어린 민초들의 세금이 아깝다!
좋은 머리에 양심은 있었는지 아무도 듣지 않는 곳에서 선고하려고 나갔다 오라더니 결국은….
고소인인 조합장이 서류를 휙 던졌다는 말, 업어치기로 내동댕이쳤다는 말, 머리를 부딪쳤다는 말들이 모두 거짓으로 밝혀졌다. 그렇다면 상해진단서, 입원했었다는 말 모두가 거짓말이 아닌가!
그리고 여자 검사가 고소내용도 모르고 '두 손으로 잡고 흔들어'라는 것을 멋대로 추가하고 이걸 재판이라고 하다니….
지면으로나마 권하건데 시나리오 작가로 진로를 바꾸는 것이 훨씬 나을 것 같다는 생각을 해 본다.
너무나 당혹스러워 항소장과 판결 등본을 신청하고 돌아왔다.
얼마 후 검찰청으로부터 이 재판의 벌금 통지서가 송달되었다.
항소심에서 다시 항소한 것은 어떻게 되었으며 판결등본 송달 요청은 어찌되었는지 아무런 통보가 없어 벌금만 냈다.

법원을 방문(2004. 4. 12)하여 사무직원에게 물었다.

"나는 백나명이라 합니다. 귀원에서 선고받고 항소하여 판결등본을 신청했는데 아직까지 아무런 통보가 없어 알아보려고 왔습니다."

"상고장이 접수된 것은 없고요. 판결문은 보내드렸는데요."

"재판장이 분명히 항소라고 했는데 왜 상고장을 찾습니까?"

"항소장을 접수해도 저희가 상고처리하고 있으니 걱정 마십시오."

컴퓨터로 확인해보았다.

"2003년 7월 23일에 항소 이유서와 등본이 신청되어 있네요."

재판 절차를 몰라 항소장을 제출하지 않고 항소 이유서를 제출했나 보다.

그리고 판결등본 송달인데 원심에서 주소 보정을 했는데 옛 주소로 보내고 다시 보정을 했는데도 또 그곳으로 보냈든가 아니면 보내지 않았든가 둘 중의 하나일 게다.

그것이 우리나라 공무원의 현주소일 테니 그만 두기로 하자.

그래서 보관하고 있는 판결문은 원본이 아닌 복사본이다.

'피고는 동종 전과가 있고 잘못을 반성하지 않고 피해자와 합의가 이루어지지 아니한 점 등을 비롯하여 연령, 성행, 환경, 범행동기, 수단, 결과, 정황 등…'

누가 피해자이고 가해자인지, 그동안 허위고소로 꼬박꼬박 벌금을 잘 내는 만만한 사람이니 이번에도 벌금을 내라고 중조세징수 판결을 한 것으로 사법부가 사회의 필요악(必要惡)이란 말일까.

4. 확실히 어디서 맞았어요?(2001년 12월 8일)

앞 사건과 같은 날 조합장 부동산에서 나와 조합원들이 기다리는 조합사무실로 갔다.
 사무실에는 떼쟁이로 소문난 검사 아버지란 노가리 감사와 총무가 우리 집에서 나간 조합원들과 동문서답을 하고 있다.
 "조합장을 데리러 갔는데 힘이 모자라 그냥 돌아왔습니다."
 "이사님, 혼자서 거기를 왜 가셨어요? 무슨 일을 당하려고요. 이사님이 정말로 가실 줄 알았으면 우리가 따라갔어야 하는 건데."
 "무슨 일이야 있겠습니까? 그런데 무슨 얘기들을 하고 있습니까? 조합장도 없고 이 사람들은 책임자도 아닌데. 자! 나갑시다."
 처음부터 눈을 흘기던 검사 아버지가 갑자기 일어서면서 대들었다.
 "니가 내 아들한테 밥을 줬냐. 떡을 줬냐!"
 대꾸를 안 하자 계속해서 시비를 건다.
 "이사님! 그 사람 건들면 큰일납니다. 빨리 밖으로 나가세요."
 조합원들이 밀어내어 조합사무실을 나왔고 뒤돌아보니 통장과 조합원들이 나를 따라 나오고 감사는 조합사무실 옆으로 돌아가는 것이 보였다.
 마당에서 조합원들과 몇 마디 주고받다가 집에 와보니 방에는 다른 조합원들이 가득 앉아 기다리고 있었다.
 이들은 조금 전의 일은 모르고 가처분에 대한 토의를 하고 있었다. 그런데 문 두드리는 소리가 나서 열어보니 경찰관이 내 이름을 확인하고 폭행했다는 고소가 접수되었다면서 파출소로 가자고 한다.
 "보다시피 조합원들과 회의 중이고 폭행한 일도 없으니 다음에 가면 안 되겠습니까?"
 "안 됩니다. 지금 고소인이 파출소 안에 있습니다."
 할 수 없이 나는 따라나섰고 20여 명의 조합원들도 뒤를 따랐다.
 파출소에는 노가리 감사와 그의 아내가 옆에 서 있다.
 "몸도 성치 않은 아픈 사람을 때려!"

주위를 둘러보니 아무도 없다.
"아주머니, 지금 저한테 하시는 말씀입니까?"
"그럼 누구한테 그래요. 저 병신 같은 사람을 왜 때려?"
"누가 누구를 때렸다고요?"
"그럼 니가 안 때렸냐? 조합사무실에서!"
죽는시늉을 해가면서 자기 아내한테 약을 사다달라고 한다.
이거 미칠 노릇이다.
파출소에 끌려갔다는 말을 듣고 조합사무실에 있었던 사람들까지 파출소 안으로 들어왔다.
"야, 임마! 내가 너를 언제 때려. 저거 개 같은 인간이네."
그랬더니 떼쟁이 옆에 있던 젊은이가 나한테 욕을 했다. 갑작스런 일에 당황하여 젊은이는 누구냐고 물어보았다.
"저 사람! 노가리 감사의 아들이여!"
"그럼 저 사람이 검사란 말입니까?"
"검사는 무슨 검사! 순경이여."
조합원 누군가 대답했다. 그래서 내가 말했다.
"너 지금 뭐라고 했니? 이 놈 봐라!"
"당신 아버지한테 반말을 하는데 당신은 가만히 있겠어!"
"억지 부리는 애비와 효자 아들이 바퀴벌레 한 쌍 같구먼. 아주머니! 살아가시는데 참 힘들겠네요."
이러는 사이 파출소 안은 장터로 변해버렸다.
조합원들의 화살이 자기 남편에게 집중되자 감사의 아내가 소리쳤다.
"이 사람들은 저 사람과 한패거리로 한 사람을 모함하고 있어요!"
"아주머니, 누가 누구를 모함해요! 당신 남편이 떼쓰고 있구먼."
또 조합원들 속에서 누군가 외치고 있었다.

파출소에서는 조사권이 없다고 하며 경찰관은 메모와 함께 우리를 경찰서로 연행, 형사과로 갔다. 파출소에서는 사무실에서 폭행을 당했다고 하던 노가리가 경찰서에서는 조합사무실 계단에서 주먹으로 맞았다고 했다.

그러다가 또 둔기로 맞았다고 억지를 부렸다.

감사는 조합원의 배우자로 장애인인데 어디에서나 쉽게 풀려나 부동산 사기집단은 이를 앞세워 사기행각을 계속하고 있다.

노가리와 내가 조사 받고 있는데 우리를 태우고 왔던 파출소 경찰이 안으로 들어와 조사관과 귓속말을 하더니 밖으로 나갔다.

이때 조합장 이무기가 허리를 감싸고 형사과로 들어오면서 내가 자기를 내던졌다고 한다.

조합장 이무기가 벌인 사건은 바로 앞에서 소개했다.

자정이 넘어서 조사를 마치고 아내와 경찰서를 나와 해장국을 사 먹으며 세상을 원망하며 귀가했다. 행정편의로 구민들의 복지와 민원을 외면하는 구청, 범죄 조작의 충견인 경찰과 검찰 등 제대로 된 관공서는 없는 것 같았다.

이튿날 저녁.

조합원들이 어제의 조사과정을 묻고 모두가 증언하자고 한다.

"여러분들 모두 증언하시겠다는 말씀은 고맙지만 많은 분이 동원될 필요는 없습니다. 컨테이너 안에 계셨던 분만 증언해주십시오."

"아닙니다. 이사님! 조합장하고 윤중재 감사가 국회의원 사무실에서 나오는 것을 보았는데 아무래도 검찰에 부탁을 했을 것입니다. 가능한대로 많은 사람들이 증인으로 나갑시다."

"너무 걱정하지 마세요. 많은 사람이 증언해도 결과는 마찬가지일 것입니다. 물먹은 경찰과 검찰의 공정한 수사는 이미 글렀고 증인이 너무 많으면 차에 태우고 다니지도 못합니다. 진심으로 나를 도우시려면 출판하는 책이나 많이 구입하여 주위 분들하고 돌려보세요."

"아닙니다. 마을버스를 타고 다니면 돼요. 걱정 마세요."

"제 말씀에 따르는 것이 저를 도와주시는 것입니다."

그래서 컨테이너에 있었던 조합원들만 증언하기로 결정했다.

검찰청에 조사받으러 나오라는 통지가 송달되었다.

조사를 받기 전 경찰 진술내용들이 허위임을 증명하려고 컨테이너 사무실의 계단을 촬영하고 규격을 재는데 총무와 감사가 문을 열고 나와 이 광경을 물끄러미 쳐다본다.

그래서 검찰에 제출한 참고자료에 그들의 얼굴이 선명하게 나와 있고 정리하여 검찰청에 접수했다.

검찰에서 조합원 3명, 총무가 진술서를 작성하고 감사와 나는 대질신문을 받았다. 검사가 조합원들의 진술서를 받으면서 물었다.

"여러분들이 사건현장을 목격했다고 했지요?"

"예, 저희들이 보았는데 저 사람들은 옷깃도 스치지 않았어요."

"그건 조사해보면 알 것이고 조사하려면 여러 번 나와야겠는데…."

참고인 진술을 은근히 방해(?)하는 게 아닌가?

"나오라면 열 번이 아니라 백 번이라도 나올 테니까 걱정 마세요."

화가 난 통장이 퉁명스럽게 대답하자 다른 조합원들도 거들었다.

"맞아요!"

또 감사와 내가 대질신문을 하는데 황당한 일이 벌어졌다.

파출소에서는 조합사무실 안에서 폭행 당했다던 감사가 경찰서에서는 계단에서 주먹과 둔기로 맞았다고 번복하더니 이제는 조합사무실 앞에서 맞았다고 말을 바꾸었다. 그러자 수사관이 다그치듯 물었다.

"여보세요! 노가리 씨 경찰서의 진술과 검찰 진술이 왜 이렇게 틀립니까? 어디서 맞았는지 확실히 대답하세요?"

"……."
"어떤 것이 맞는지 확실하게 대답해 보세요!"
"…담당 검사를 바꿔달라고 해야 되겠습니다."
노가리 감사의 자신에 찬 말에 수사관은 입을 다물어버렸다.
검사는 참고인들의 진술서를 받고 수사관은 대질신문을 했는데 전체적으로 크게 잘못되고 있는 것을 직감할 수 있었다.

검찰청에서 조사 받으러오라기에 또 조합원들과 나갔다.
조사하는 검사실은 교체되고 대질조사를 반복하여 받다보니 긴장했다.
이 사람 말대로 아들이 현직 검사로 있다고 했는데 누군가 있는가 보다.
검사의 말씨가 처음부터 이상하리만큼 부드러웠다.
"노가리 씨, 계단이 맞습니까? 아니면 사무실 앞이 맞습니까? 어떤 것이 맞는지 확실히 하세요. 어디서 맞았어요?"
"가만히 생각해 보니 이 놈이 동네로 올라가는 계단에서 나를 때리고 도망가 쫓아갔어요."
이를 지켜보던 조합원들이 흥분하여 말했다.
"당신은 사무실 옆으로 돌아 동네 밖으로 도망갔지 무슨 동네로 들어와. 이 사기꾼 놈아!"
횡설수설하는 장애인 감사의 말을 조서라고 꾸몄는지 몰라도 가관이다.
"이 사건은 내가 조사할 수가 없겠는데…. 다른 곳으로 옮겨달라고 해야 될 것 같은데요"
검사는 아주 난처하다는 듯 입맛을 다시고 중얼거렸다.
이상해서 나중에 알아보니 조사관은 검사가 아니고 사무국장(?)이란다.
그러면 그렇지! 어쩐지 공손하며 사람 같은 말을 많이 하더라니.

얼마 후 검찰청의 결정문을 받고 내용을 읽어보니 감사가 진술을 번복하여 나는 혐의 없음이라 되어 있고, 감사는 무고의 혐의가 없다는 '천사표 글귀'로 표기되어 있었다.

그러나 사실대로 법률 적용을 한다면 연인원 수십 명씩이나 동원된 허위 고소는 무고죄로 처벌해야 당연한 것이 아닌가. 만약 이 사건을 진짜 검사가 조사했으면 또 어찌 되었을까?

그나마 사실대로 수사하려고 했던 사무직원(?)의 덕이라고도 생각해 본다. 이것으로 사건은 종결되었다.

5. 조합장 대신에 했다고 진술했습니다

조합에서 도장을 위조하고 서면 동의서를 작성했다는 것을 알고 추진위는 근처에 사는 조합원을 상대로 사실 확인서를 받으러 다녔다.

"조합원들의 막대한 재산 피해가 예상되니 다같이 협조하여 우리 재산은 우리가 지킵시다."

그러나 법률에 휘말리기 싫어 집을 판다는 사람도 있고 심지어 고소할 테니 돈을 달라는 사람도 있었다.

어느 날 모르는 조합원이 찾아왔다.

"선생님께서 백이사님이십니까?"

"그렇습니다만 누구시죠?"

"저는 집을 전세 주고 밖에서 살다가 들어왔습니다. 옆집 언니가 애기아빠의 서면 동의서가 있다고 하여 왔는데 사실입니까?"

"(책을 펼치며) 한번 확인해 보시겠습니까?"

"어머! 이것은 우리 애기아빠 도장이 아니에요! 우리도 모르게 도장을 파다니요. 가만두지 않을 거예요. 그리고 이사님, 재건축은 하고 있어요?"

"물론이지요. 그럼 총회 때 조합에서 연락이 없었습니까?"

"몇 년 동안 한번도 연락 받은 적도 없고 지금까지 총회에 참석도 하지 않아 재건축이 취소된 것으로 알고 있어요."

우여곡절 끝에 8명이 자기 도장이 아니라는 사실 확인을 했고 네 명은 검찰에 고소하여 경찰서에서 조사가 시작되었다.

경찰서에서 조사받는 조합원들이 하나같이 전화로 하소연을 했다.

'당신들 몇 사람이 고소했어도 재건축사업은 진행되니 조합장한테 밉게 보이지 말고 고소를 취소하는 것이 좋을 겁니다.'

'무고가 밝혀지면 벌을 받아야 하니 일찌감치 취소하세요.'

이들은 두렵다며 성가실 정도로 전화했다.

한 사람은 위조한 도장이 의사결정에 영향을 미치지 않는다고 검찰이 일방적으로 고소를 취소했고 다시 접수해도 결과는 마찬가지라고 한다.

"오늘 경찰서에서 이것이 왔는데 무엇인지 모르겠어요. 노가리란 사람이 누구세요?"

경찰의 민원사건처리결과 통지(2002. 3)로 피의자 이무기는 불기소 의견을, 노가리는 기소의견으로 송치했다고 되어 있었다.

"노가리는 조합원의 배우자인 감사인데 우리도 조합원 명부를 보고 알았습니다. 이것은 인장 위조로 고소한 사건의 경찰측 의견입니다."

"조합장을 고소했는데 왜 감사가 처벌받지요? 왜 그렇죠?"

조합원들이 따지고 들면 항상 비슷한 대답이라 짜증도 난다.

"술값 내는 사람이 '크으' 소리 합니까? 술 마신 사람이 하는 거지."

"이사님! 경찰에서 고소를 취소하라는 말을 너무 많이 하여 의심이 생겨 그렇습니다. 자세하게 말씀해주세요."

나는 또다시 녹음기가 될 수밖에 없었다.

"여기 검찰인데요. 백나명 씨 맞죠?"
"예, 제가 백나명인데 무슨 일이시죠?"
"주민들에게 인장 위조로 고소시키고 고소장도 써주었습니까?"
"내가 조합원 도장이 위조되었는지 어떻게 알겠습니까? 그것은 당사자들한테 물어보시지요."
"고소인들은 당신이 시켰다는데 왜 거짓말을 하는 거요?"
"여보세요. 그 사람들이 미성년자입니까? 당신은 검찰이 맞아요?"
"예, 검찰이 맞습니다. 서면 동의서는 어디서 나온 것입니까?"
"구청에서 복사해 왔습니다. 내가 검찰에 들어가 볼까요?"
"그럴 필요 없습니다. 고맙습니다."

그 뒤에도 조합원들의 전화는 수 없이 걸려왔고 검찰청에서도 고소를 취소하라고 협박하는데 경찰보다 심하다고 푸념들이다.

검찰의 협박에 어찌했으면 좋겠느냐고 애원 반 원망 반이다. 세상에 이럴 수가 있을까. 아무튼 이들은 고소를 취소하지 않고 검찰 조사를 마쳤다.

한 사람이 검찰청에서 발부하는 공소부제기이유 고지서를 가져와서 내용을 읽어보았다. 인장 위조로 조합장을 고소했는데 경찰과 같이 조합장은 혐의 없음으로 되어 있고, 조합원의 배우자인 노가리 감사에게는 사문서 위조로 벌금 150만 원을 결정한다고 기재되어 있었다.

조합을 견제하고 조합원을 대변해 달라는 감사가 협잡하여 조합원 죽이기에 앞장서는, 이것을 재건축조합의 현실이라고 검찰은 믿었는가 보다.

민사소송(10. 17)에 나갔다가 우연히 고소한 조합원들을 만나 무슨 일이냐고 물어보았다. 그랬더니 증인으로 나오라고 해서 나왔는데 대체 우리가 무슨 증인이냐고 오히려 내게 묻는다.

　조합원들을 모두 만나 검찰청의 벌금 결정에 감사가 고소인들을 회유하여 벌금을 감하거나 면해보려고 정식 재판을 청구했다고 설명하고 조합원들과 방청석에 앉았다.

　고소인 세 명 중 한 명은 조합의 설득에 이미 넘어간 것 같았다. 그의 아내는 사실대로 대답하라고 했지만 본인은 나를 슬슬 피했다.

　증인들이 불려나온 것으로 내가 모르는 사이 재판이 진행되었다.

　피고석에는 노가리가 서 있고 조합장과 그 일행도 방청석에 앉아있었다.

　판사는 지난번 재판에서 내 변론도 듣지 않고 선고했다가 조합원들의 원성을 들은 사람이다. 나를 보더니 아는 척을 한다.

　"지난번 이 법정에서 재판 받은 적이 있지요?"

　판사를 쳐다보니 지난 일이 생각나 가증스러워 쓴웃음을 지어보였다.

　증인들이 한 사람씩 불려나와 신문을 받고 있었다.

　"왜 피고는 조합원들의 도장을 위조했어요?"

　"위조하지 않았습니다. 증인들이 거짓말을 하고 있습니다."

　"증인들이 무슨 거짓말을 해요! 피고가 거짓말을 하는구먼."

　"아닙니다. 백나명이가 고소하라고 시켜서 고소한 것입니다."

　"아니! 이 사람들이 미성년자입니까? 남이 시킨다고 고소해요!"

　판사가 호통을 쳤다.

　"저는 조합원들을 위해서 검찰에서도 조합장 대신 했다고 진술했습니다. 정말입니다."

　조합원들을 위해서 조합장 대신 했다고 검찰에서 진술했다.

　방청석에 앉아있는 조합장을 쳐다보니 아주 어색한 표정을 지었고 민사법정에서 온 조합원들이 욕을 해댔다.

　조합장 대신 도장을 팠는지 아니면 조합장이 교사를 했는지는 판사가 밝혀줄 것을 기대하고 있는데 판사는 들은 척도 않는다.

"어디서 팠어요?"

"동네에서 팠습니다."

"왜 팠어요?"

"몸이 불편하여 조합원들한테 갈 수가 없어서요."

"조합원들한테 갈 수 없으면 오라고 하면 되지 그렇다고 남의 도장을 파요! 안 그래요?"

"판사님! 이걸 보십시오."

노가리 감사는 서류 한 장을 꺼내 판사한테 건넨다.

이를 받아든 판사가 핀잔을 주듯 말했다.

"이게 뭔데요? 가져가세요."

"저 사람들은 백나명이가 시켜서 아니라고 하는 것입니다."

"왜 말도 안 되는 소리를 하세요. 잘못했으면 잘못했다고 시인하고 용서를 빌어야지! 들어가세요. 다음에 선고하도록 하겠습니다."

소행으로 봐서 수사관이 이 방법을 가르쳐주지 않았을까 하는 생각이 지배적이다.

남의 도장을 파고 서류를 위조했다면 범법행위다.

그런데 조합 운영을 감시하라는 감사가 조합의 범법행위에 직접 참가하여 그것도 조합원 도장을 위조한다는 것이 말이나 되는가. 그리고 이 말을 들은 판사는 조합장 대신에 허위 진술만 하는지, 적어도 조합장이 교사했는지 정도는 확인하고 넘어갔어야 될 게 아닌가.

혹시나 했더니 역시나 하고 치부해야 될 것 같았다.

선고 일자(10. 29)를 알았으니 법원에 나가 보았다.

"피고 노가리는 사문서를 위조했다는 사실은 인정되나 전과가 없고 미미

하여 검찰의 결정대로 벌금 150만 원을 확정합니다. 이의가 있으면 7일 이내에 항소할 수 있습니다."
"판사님! 용서해주십시오. 조합장 대신 그렇게 했습니다."
그리고 피고석 왼쪽 끝으로 걸어가더니 꿇어앉으면서 떼를 썼다.
"판사님이 용서하지 않으면 절대로 일어나지 않겠습니다. 용서해주십시오."
발을 굽히지 못한다는 말도 무릎 꿇는 걸 보니 말짱 거짓말이었다.
"피고! 일어나세요. 이게 뭐하는 짓이요!"
방청석에서는 웃음소리와 야유소리가 뒤섞여 들려왔다.
내가 들어도 이 재판은 사실을 확인하고 추궁하려는 목적이 아니라 사건을 봉합하려는 재판부의 각본으로 밖에 보이지 않았다.

6. 내가 그랬습니까?

조합원 8명이 변호사를 선임하여 조합장을 사문서 위조 및 횡령, 배임 등으로 고발(2002. 9)하기로 했다. 그리고 일이 성사되면 선임료를 지불하기로 조합원들이 합의하고 자료들은 조합원 법무사를 통해 법률사무소에 제출했다. 그런 후 연락이 오기만을 기다렸다.
그러나 20여 일이 지나도 응답이 없어 법무사한테 물으니 오히려 연락이 없었느냐고 반문하여 아내와 같이 변호사를 찾아갔다.
"변호사님을 만나러왔습니다."
"예약은 하셨습니까?"
"예약은 없었지만 사건을 의뢰했는데 연락이 없어 찾아왔습니다."
한참동안 기다려 변호사와의 면담이 허락되었다.
"저는 만월동에서 온 백나명이라고 합니다. 귀 사무소에 사건을 의뢰했다는데 아무런 응답이 없어 궁금하여 찾아왔습니다."

"저희들한테 사건을 위임했다고요? 이상한데…."

"무슨 말씀이신지."

"우리 사무실에 잘못 찾아오신 것이 아닌지요."

"그렇지 않습니다. 다시 한번 확인해 보겠습니다."

법무사한테 확인해 보니 맞는다며 사무장을 찾아가란다. 변호사는 사무장을 불렀고 서류 보따리를 가지고 들어오는데 아직 풀어보지도 않은 상태였다.

"법 일을 하려면 비용이 문제인데 아직 선임료도 정하지 않았는데 이렇게 많은 서류를 검토하기가…."

미심쩍은 생각도 있었지만 하루빨리 사건을 해결하려고 날짜를 정하여 변호사는 서류 검토, 우리는 선임계와 돈을 건네기로 했다. 퇴근 후 법무사를 집으로 오라고 했다.

"낮에 전화로 얘기했었지만, 자네가 소개한 변호사는 사건을 전혀 모르고 있었네. 어떻게 된 일인지 설명해주게나."

"이사님, 제가 변호사님하고 직접 상담한 게 아니라 사무장하고 얘기했습니다. 사건 내용을 듣고 충분히 엮을 수 있다고 하기에 사건을 의뢰하고 서류 보따리를 주었습니다."

"그러니까 사무장이 변호사한테 보고도 않고 서류를 가지고 있었구먼. 앞으로 어떻게 해야 하지?"

"먼저 사무장과 상의하고 변호사를 만나는 게 낫지 않을까요?"

"알았네. 먼저 사무장과 얘기하고 필요하면 자네한테 전화하겠네."

다음날 법률사무소를 다시 찾아가 사무장을 만났다.

사무장과 변호사의 집무실은 분리되어 있고 변호사는 형제였다.

동생은 조합장 폭행사건을 맡았다. 변호사 집무실에도 사무장이 있었으나 우리가 만난 사무장하고는 별로 친근해 보이지 않았다.

혹시 하는 생각도 들었지만, 그것은 내 선입견이라 치부하자. 사무장은 변호사 자랑을 장황하게 늘어놓더니 금방이라도 해결될 것처럼 대답했다.

그런데 우리 부부가 듣기에 민망할 정도로 'C8'을 입에 달고 상담을 하면서 성사시키려면 상대와 식사라도 해야 되니 돈이 필요하단다.

이상했지만 거절하면 손을 놓을까봐 필요한 금액을 물으니 100만 원이라고 하여 반으로 줄이고 빨리 진행하자고 채근했다. 변호사 선임료를 먼저 주고 사건 진행에 따라 사무장한테 돈을 주라고 아내한테 일렀다.

변호사와 약속한 날 법률사무소를 찾았다.

서류철 몇 군데가 접혀있는 것으로 보아 검토한 것 같았고 다음과 같이 고발하겠다고 하여 선임계를 작성하고 800만 원을 건넸다.

- 사문서 위조 : 구청에서 입수한 서면 동의서 중에서 인장을 위조했다는 사실 확인서를 제출한 7명을 증거 자료로 제출.
- 횡령 : 외부 감사 보고서를 근거로 2000년 10월 21일 이전에 시공사인 대한주택으로부터 1억 8천만 원을 차입했다는 공증서.
- 배임(背任) : 조합장의 공증 서류를 근거로 1억 8천만 원을 태양건설에서 차입하고 이듬해 태양건설과 수의계약.

얼마 후 경찰서에서 조사 일자가 잡혔다고 통보가 왔다.

변호사를 찾아가 어떻게 대처해야 되는지를 물어보자 변호사는 고발내용을 기초로 경찰서에 하고 싶은 말을 정리하여 가져오라고 했다.

내친김에 사무장을 찾아가 이야기를 전했는데 입에 담기 싫은 거친 말들을 토해내고 앞으로 자기를 찾지 말라는 듯한 달갑지 않게 말을 한다.

점점 거칠어지는 사무장의 말을 그대로 묵인할 수가 없어서 한마디했다.

"여보시오. 사무장님! 누가 사건 의뢰인이고 누가 수뢰인입니까? 사무장님은 사건 의뢰인 모두에게 이같이 대합니까?"

"그야, 백이사가 의뢰인이지요. 그런데 무엇이 잘못되었소?"

"무엇이 잘못되었는지 지금도 사무장님께서는 모른단 말씀입니까?"

"백이사가 나이도 아래고 동향이라서 가깝게 대했는데 그게 잘못이요?"

"좋습니다. 내가 어리고 동향이라 친근하게 대해주셨다니 고맙습니다. 그러면 특혜는 무엇입니까? 사건을 변호사한테 보고 없이 그대로 방치한 것입니까? 이건 저를 알기 전이라고 합시다. 뒤에도 사무장님은 저한테 돈을 요구했고, 다른 일을 물으면 귀찮다고 했습니다. 저도 나이가 지천명이 넘고 제 아내가 동석한 자리에서 최소한의 예의는 지켜주셔야지 'C8' 이 무엇입니까! 한두 번도 아니고 말씀마다 앞뒤에 'C8' 이라니. 이게 동향이라는 친근감에서 하시는 말씀입니까?"

"……."

사무장은 아무 말이 없다. 그래서 내가 말했다.

"사무장님! 저는 누구든 한번 무시하면 뒤돌아보지 않는 못된 성격이 있습니다. 지금까지 사무장님과 여러 번 이야기했지만 별로 기억하고 싶지 않습니다. 앞으로 일에 관해서 더 이상 얘기하지 말도록 합시다."

이로써 사무장과 단절하고 변호사하고만 사건을 의논했다.

그 후로도 아내는 변호사를 자주 찾아다녔다. 때로 비굴할 정도였지만 환심을 사기 위해서란 아내를 탓할 수도 없어 보고만 있었다.

경찰서의 첫 조사가 있던 날이다.

변호사가 경찰서에 동행한다기에 고마워 약속 시간보다 한 시간 먼저 사무실에 도착했다.

"강변호사님! 경찰과 대면하는 게 불편하시면 저 혼자 가지요. 이대로 말하면 되겠습니까?"

변호사는 내용을 보더니 지적한 말만 하라고 이르고 자신도 가겠단다.

변호사는 검찰에서부터 변론할 것이라는 법무사의 말을 듣고 조심스럽게 물었는데 의외의 대답에 너무 고마웠다.

그런데 경찰과 약속 시간이 다 되어 가는데 변호사는 자기 일만 하고 일어날 생각을 않는다.

"변호사님! 약속 시간이 다 되어갑니다. 저 혼자 가볼까요?"

"할 일이 아직 남아있습니다. 약간 늦을 수도 있지 무얼 그렇게 걱정하십니까? 내가 경찰서에 전화하지요."

이런 이유로 약속보다 늦게 도착하여 변호사가 진술하고 경찰관이 조서를 작성하는데 경찰관의 표정이 별로 달갑지 않게 생각하는 느낌을 받았다.

조서 작성을 마친 경찰관은 조합장한테 전화를 한다.

"나는 경찰서 조사계 김○○입니다. 백나명 씨가 당신들을 고발했으니 ×월 ×일에 경찰서로 나오세요."

"…!$#@^%$&#$."

"당신이 그 사람들하고 아는 건 나하고 상관없으니 나오세요!"

언성이 높아져 조합장의 전화 목소리가 들렸다.

"내가 누군 줄 알아! 경찰서 ○○○도 알고. !$!%##^$&."

"그래도 조사는 해야 하니까 ×월 ×일 12시에 나오시오."

조합장이 호통을 치자 조사관은 갑자기 부드러워졌다.

변호사가 자리를 비운 사이 경찰관이 물었다.

"변호사 수임료는 얼마나 주었어요?"

"예! 그건 왜 물으시죠?"

갑작스런 질문에 웃어넘겼다. 변호사가 밖에 있어 다행이었다.

대질신문 일자에 나오라며 들어가라기에 변호사를 데려다주고 오는 길에 아내에게 물었다.

"여보! 변호사와 경찰이 이상하지 않아?"

"왜요! 약간 거슬리더라도 참아요. 잘 해달라고 부탁하는 입장이니까."

"아무리 그렇다지만 경찰관의 눈치가 이상했어. 당신도 변호사한테 조심하도록 해. 지나친 겸손은 비굴하게 보일 수도 있으니까."

"뭐가 잘못 되었어요?"

"내가 잘못 보았는지 모르지만 변호사는 친절을 교만으로 받아들이는 것 같아서 그래. 변호사의 인품이 틀린 것 같단 말이야."

"왜 그런 생각을 해요?"

"변호사가 이상하여 친구 이야기를 했더니 자기도 알고 있다더군."

"쓸데없이 그런 말은 왜 해요!"

"좀 신중해 달라고 부탁한 거야. 오늘도 신중하기를 바랐는데, 경찰과의 시간을 어기는 등. 아무튼 조심해서 처신하도록 해요."

"알았어요."

경찰서에서 대질신문이 있다는 토요일이다.

오늘도 한 시간쯤 먼저 사무실에 도착하니 변호사는 또 기다리라고 한다.

경찰서는 자동차로 채 5분도 걸리지 않는 거리라 너무 일찍 오지 않았는가 하는 생각도 들었지만 피의자인 조합장이 법률사무소에 찾아왔었다는 말을 듣고 혹시 조합에서 변호사와 뒷거래를 하지 않았는가 하는 의심을 떨칠 수가 없어 감시하는 뜻도 약간은 숨어있었다.

고발한 8명의 조합원 중에서 조합에 부동산을 매매하기로 합의한 5명이 포기하고 조합과 변호사를 중재한다는 말을 들었기 때문이다.

약속 시간인 12시가 다가와도 변호사는 일어설 생각을 않는다.

"변호사님! 토요일인데 시간이 다 되어갑니다. 지난번 경찰관의 눈치가 별로 달가워하지 않는 것 같던데…."

"경찰이 시간 좀 어겼다고 무슨 일이야 있겠습니까? 피의자들한테 조금 기다리라고 하면 될 텐데. 그런 걱정은 마세요."

그러더니 경찰서로 전화하고 곧 고성이 오갔다.

"30분쯤 늦는다는데 왜 그렇게 불만이 많소! 대한민국 경찰이 다 그렇습니까?"

한동안 경찰관과 다투더니 씩씩거리고 도착한 시간은 12시 34분.

조사계에 담당 경찰관이 없어 다른 직원에게 물어보았다.

"조금 전까지 있었는데 퇴근한 것 같습니다."

변호사는 화를 내고 이럴 수가 있느냐고 소리를 질러댔다.

월요일에 경찰관이 있는 것을 확인하고 같이 경찰서로 향했다.

"당신! 경찰이 맞소!"

"……."

"고발인이 약간 늦는다고 전화했는데도 불구하고 퇴근하다니!"

"……."

"피의자들한테 잠깐 기다리라면 되지 그냥 보낼 수 있습니까?"

"지난번에도 늦었고 또 늦으면 우리는 어떻게 하라는 말입니까?"

경찰관도 무시하지 말라고 같이 큰소리를 쳤다.

"대한민국 경찰이 언제부터 이렇게 민주화되었습니까? 언제부터 피의자들에게 이렇게 관대했습니까? 서장실이 몇 층에 있습니까?"

경찰관이 대답하자 변호사는 밖으로 뛰어나갔다.

'섬마을 총각과 갯마을 처녀가 연애하면 우체부가 가장 고달프다' 더니 이들의 다툼으로 우리가 좌불안석(坐不安席)이다.

"자기가 변호사라고 괜히 한번 해보는 거예요. 괜찮아요."

경찰관의 말이 끝나고 변호사가 돌아왔다.

"경찰이 이래도 되는 겁니까? 민중의 지팡이라는 경찰이…. 피의자를 조금 기다리게 하는 게 인권을 무시하는 일입니까?"

"아따! 사건을 수임해드리면 되잖아요!"

경찰관의 한마디에 변호사의 찡그린 얼굴이 펴지고 다독이듯 말했다.

"경찰서장이 없어 청문감사실에서 항의했습니다. 무슨 조치가 있을 것입니다. 자! 가시죠."

변호사를 데려다주고 생각해 보니 이상한 점이 한두 가지가 아니었다. 조합장의 호통에 경찰관이 왜 달라졌는지, 실제로 경찰서에서 피의자인 조합장 등을 불렀었는지, 또 그 사람들이 나왔었는지, 나왔다면 4분 늦었다고 정말 돌려보냈는지, 경찰관이 변호사 수임료를 왜 물었는지, 경찰관이 변호사에게 사건을 수임해준다는 말이 무슨 뜻이며 이 말을 듣고 변호사의 태도가 180도 달라진 이유는 무엇인지, 변호사가 일부러 시간을 어기지 않았는지. 변호사가 조합장과 내통하고 허풍을 떤 것은 아닌지 등의 의문은 지워버릴 수가 없었다.

며칠 후 변호사한테서 전화가 왔다.

담당 경찰관이 교체되어 연락이 있을 것이라며 찾아봐도 괜찮다고 한다.

우리 현실에서 빈손으로 관공서를 찾는다는 것은 오히려 역효과를 낸다는 사실로 잘 알려진 비밀이라 통보가 오기를 학수고대하며 기다렸다.

너무 시일이 흘렀다고 생각하여 변호사를 찾아가 진행 상황을 물어보며 점심을 대접했다. 그리고 사건의 속행을 다시 한번 부탁했다. 변호사는 검사들하고 식사라도 해야 된다면서 돈을 요구했다.

그런데 이게 무슨 일인가! 변호사의 말을 듣고 집에 들어와 경찰서에 확인해보니 사건을 정리하여 검찰로 송치했다는 것이다.

변호사가 청문감사실에 항의하여 경찰관이 교체된다고 하여 기다렸는데 사건을 그대로 종결했다니 황당하지 않을 수 없었다.

"여보세요. 변호사님! 우리 사건이 지금 어떻게 되어 있습니까?"

"예, 확인해 보겠습니다. 내가 요즘 바빠서…."

"변호사님! 경찰서에서 사건을 종료하여 검찰에 송치했답니다. 세상에 이럴 수가 있습니까?"

"검찰에 송치했다고요? 확인해보고 대책을 마련하겠습니다."

아무런 조사도 없이 사건을 그대로 정리하여 종결했다는 말을 듣고 아는 경찰관에게 청문감사실의 역할을 물어보니 현실과 거리가 먼 감언이설(甘言利說)만 잔뜩 늘어놓더니 현직 경찰관으로서 대답하기 어려운 부분이 있어서라고 말끝을 흐려버렸다.

뒤에 이 사람을 불러 내용을 알아보려고 했다. 그러나 대답을 회피하고 경찰 간부로 있는 친구한테 부탁해 보란다.

"어떻게 그 사람들이 이 사건에 개입하게 되었습니까?"

"(중략) 당신도 경찰이지만 이런 일이 있을 수 있는 일이요?"

"저도 그 이상 드릴 말씀이 없습니다. 먹고살기 위해 경찰에 몸담고 있지만 환멸을 느낄 때가 많이 있습니다."

"……."

"책을 내시기 전에 저한테 한 부만 주세요. 부탁드리겠습니다."

"그래야지요. 선불을 받아야 되겠는걸! 술값은 귀하가 내시게."

"예, 제가 내겠습니다."

"문둥이 콧구멍에서 마늘씨 조각을 빼먹지 경찰관한테 술을 다 얻어먹다니 세상 오래 살고 볼일이야! 하하하"

"앞으로 제가 숙부라 부르면 안 되겠습니까?"

"이 사건이 마무리되면 그렇게 지냅시다. 그러나 지금 내 옆에 있으면 불이익을 당할 수 있어 거절하니 사건이 종료될 때까지 조심하세요."
며칠 뒤 변호사를 찾아갔다.
"변호사님, 확인해 보았습니까?"
"확인해보니 사건이 검찰에 송치되어 부탁해 두었습니다."
변호사의 대답은 없고 또 며칠이 흘렀다.
"변호사님, 검찰에서 뭐라고 합디까?"
"검사가 사건을 취소하라고 하던데요."
변호사는 대수롭지 않게 대답했다. 어이가 없었다.
"변호사님! 내가 조합장한테 얼마나 어처구니없는 고소를 당했는지 아십니까? 범법행위로 경찰이나 나이 어린 검·판사들한테 수모를 당했다면 이렇게 억울하지 않았습니다. 사기 고소와 억지 조사로 시달린 생각을 하면 지금도 치가 떨립니다. 그래서 변호사한테 돈을 들여 고발했습니다. 아시겠습니까?"
"그럼 어떻게 합니까? 검사는 자꾸 사건을 취소하라고 하는데."
변호사는 노골적으로 조합과 검찰 편에서 변명을 했다.
"변호사님! 검사한테 수사비를 얼마나 바쳐야 조사하려는지 물어보세요."
"……"
요즘 보도되는 사건 브로커가 아닌가 하는 생각도 들었고 조합장이 변호사와 협상한다는 말도 거짓이 아닌 것 같았다.
변호사가 상대와 협상하여 사건을 무마한다는 말을 많이 들어 수임료는 이쪽에서 받고 저쪽에서 합의금을 챙기지 않았을까?
그동안의 정황으로 돈만 날리고 속은 것 같다는 생각이 들었다.
조합장 폭행 사건과 맞물려 형제 변호사가 다같이 그랬을지도 모를 일이다.

하루는 변호사를 보기 싫어 아내를 사무실 앞에 내려주고 다시 한번 사정해 보라 이르고 법원 주차장에서 기다렸다.
 한참 뒤 아내의 다급한 목소리와 왁자지껄한 전화소리가 들린다.
 무슨 일인가 싶어 법률사무소로 급히 뛰어올라가니 사무실 앞에는 구조대원들이 서 있고 아내는 집무실에서 거품을 물고 엎드려 있었다. 변호사는 책상에서 무엇인가를 쓰고 있었다. 직원들한테 어찌된 영문인지 물어도 고개를 숙이고 말이 없다.
 아내를 병원으로 후송하고 다시 올 테니 변호사에게 기다리라고 하고, 응급조치를 마치고 돌아와 변호사와 마주했다.
 "일을 하는데 아주머니가 찾아와 사건 진행을 묻기에 검사가 사건을 취소해 줄 것을 요청하여 그대로 할 수밖에 없다고 했더니 화를 내면서 변호사를 괜히 샀느냐고 해서…."
 "그래서요?"
 "……."
 "변호사님! 의뢰인이 변호인을 선임한 것은 석연히 않은 일이 있었기 때문입니다. 그런데 강변호사는 처음부터 이상했습니다. 서류를 귀 사무소에 인계했는데 한 달이 넘도록 검토도 하지 않았고 사무장은 별도로 접대비를 요구했습니다. 경찰 조사에 늦었던 일도 일부러 취한 행동이 아닌가 생각합니다. 또 경찰관이 사건을 수임해준다는 말을 듣고 태도가 돌변한 것은 기억하시죠? 그 뿐입니까? 경찰관이 교체되어 무엇이 되는구나 했는데, 이번에는 경찰이 사건을 종료하여 검찰로 송치한 것도 모르고 이제와서 사건을 취소하라니. 당신이라면 어떻게 하겠습니까? 역지사지(易地思之)라고 입장을 바꾸어 생각해 보십시오."
 "……."
 "자존심에 관한 표현이라 말은 안 했지만 피의자와 변호사가 협상한다는 말도 들었어요. 나는 지금 변호사한테 사기 당했다고 생각합니다. 내가 너무

과한 말을 했나요?"

"……."

"강변호사! 수임료를 반환해주시겠습니까?"

"수임료요? 전체의 8분의 1만 내주면 되겠지요?"

"왜 그렇죠?"

"고발한 사람이 8명이니까 이것만 내주면 되지 않습니까?"

"이 사람! 안 되겠네. 사건 의뢰인은 나요. 그것은 알고 계시죠? 조합원을 대표하여 내가 귀하에게 사건을 의뢰했다는 말입니다. 변호사의 인격이 이 정도 밖에 안 된단 말이요?"

"그렇게 말씀하신다면 할 말이 없습니다."

"그럼 어떻게 하시겠습니까?"

"내드릴 수가 없습니다. 경찰서에도 갔었는데 돈을 돌려달라니요? 법에다가 말씀하세요!"

"역시 법조인다운 대답입니다그려. 경찰서에 간 것은 사실이지만 그로 인해 더 꼬였다는 것은 인정하시죠? 그리고 내가 변호사한테 같이 가자고 했습니까? 사건 의뢰인이 경찰에 제출할 서류를 보여주고 상의하는 것쯤은 의뢰인으로서의 당연한 권리가 아닌가요?"

"……."

"좋습니다. 돈을 돌려줄 수 없다니 법쟁이들과 무얼 따지겠습니다. 하지만 법을 다루는 변호사의 윤리가 이래서는 안 되지요? 변호사한테 사기 당했단 말입니다. 세금계산서나 발부해주시죠."

"세금계산서는 발부할 수가 없습니다."

"그건 왜죠?"

"개인 앞으로는 발부할 수가 없습니다."

"걱정 말아요. 내 사업자등록이 있으니."

"당사자가 아닌 아주머니 앞으로 되어 있어 안 됩니다."
"여보시오, 강변호사! 당신은 자꾸 이상한 말만 하는데 세금계산서는 주민등록번호만 있으면 얼마든지 발행할 수가 있습니다. 혹시 세금을 포탈하려는 것이 아니요?"

그제야 변호사는 세금계산서를 발부하라고 직원에게 일렀다.

여직원이 주는 계산서는 200만 원으로 되어 있고 두 장으로 나누면 안 되느냐고 묻는다. 이유를 물으니 머뭇거리며 말을 못했지만 그 이유를 내가 왜 모르겠는가.

여직원이 무슨 죄랴 싶어 600백만 원짜리를 더 발행해 받아왔다.

이튿날 아내의 말을 들으니 가관이었다.

검사가 고발을 취소하라니까 검사가 시키는대로 하는 것이 이사님이나 아주머니를 위해서 좋을 것이라는 은근한 협박에 화가 난 아내는,

"일방적인 고발 취소는 무고죄가 성립될 수 있을 텐데 돈을 들여가면서 왜 고발하겠습니까? 변호사님께서 성사시켜야지요."

"그럼 내가 어떻게 해야 되겠습니까?"

변호사는 짜증스럽게 대답했다. 어이가 없어 하며 아내가 말했다.

"변호사님이 사건을 성사시켜야지요. 그게 변호사의 능력이고요."

"현직 검사가 취소하라니 손을 쓸 수 없습니다. 괜한 일을 맡아 가지고…."

아내는 변호사의 이 말에 기가 막혔다.

"변호사님! 처음부터 사건 수임을 거절했으면 돈이나 아끼고 부탁하지 않았습니다. 우리가 억지를 부리면서 사건을 의뢰했습니까?"

"뭐요! 나가시오. 업무 중이니 방해하지 말고!"

"의뢰인이 사건에 대하여 묻는데 나가라니요."

"이런 C8! 안 나가면 경찰을 불러. 나가란 말이야! C8년!"

"야! 변호사면 변호사답게 놀아라. 네가 변호사냐?"

"야! 경찰에 신고해! 빨리 주워가라고 하란 말이야!"

여직원이 112로 신고했고 출동한 경찰관이 사태를 보고 심상치 않아 119로 전화했다. 아내는 억울하여 책상에 엎드려 실신해버렸다.

내가 도착했을 때 경찰관은,

"이상하게 이 사무실은 이런 일이 가끔 있어!"

며칠 뒤 사무장한테서 전화가 왔다.
다른 사건 의뢰인들과의 마찰과 변호사협회와의 일은 생략한다.

얼마나 지났을까!

검찰청에서 불러 나가 보니 검사가 말했다.

"사건을 조사해보니 태양건설에서 대한주택에 1억 8천만 원을 지불한 것으로 확인되어 횡령이 아닙니다."

"검사께서 사건을 잘못 이해하고 계신 모양인데 조합장이 계약 중인 대한주택에서 1억 8천만 원을 빌렸고 태양건설에서 갚아주었으니 횡령이란 말입니다. 지금 검사님께서 말씀하신 그대로 입니다."

"조합장이 개인적으로 돈을 썼다는 증거가 없는 한 횡령은 될 수 없습니다. 아시겠습니까?"

"내가 조합장한테 고소당하고 검찰에서 조사받을 때 태양건설에서 돈을 빌리고 다음해에 그 회사와 계약을 한 것을 설명해 달라고 하니까 조합장은 계약 중인 대한주택에서 1억 8천만 원을 빌렸다는 내용증명을 가지고 왔습니다. 이것이 횡령이라는 것입니다. 또 조합원들의 도장을 위조한 건도 8명의 사실 확인서를 붙였습니다. 이것을 기초로 30명이 넘는 다른 조합원들도 조사해야 되지 않겠습니까?"

"조합장은 실제로 돈을 빌린 것이 아니고 서류로만 만들었다는 것입니다.

꼭 인장 위조를 고발하겠다면 사실 확인서를 다시 받아오시오."

"검사님! 피의자가 나를 고소했을 때에는 경찰서에서 전화로 고소 접수를 받았다고 아주 적극적인 조사를 하더니 그 사람을 고발하니까 다시 확인해 오라고 조사를 회피하는 것은 너무 불공정한 수사가 아닌가요? 이러한 사실을 해명하라 했다고 해서 명예훼손이라며 100만 원을 벌금으로 부과했는데 이것이 죄가 됩니까?"

"내가 그랬습니까? 확인서를 받아오지 않으면 취소시킵니다."

즉 말도 안 되는 조사와 벌금 부과는 자기하고 관계가 없다는 말이다.

검찰의 고발사건처분결과 통지(2003. 4. 30)를 받고 아연실색했다.

조합장은 혐의가 없다고 표기되어 있었다.

그러나 다른 검사가 했으니 자신하고 관계가 없다는 말은 검찰 조직 내에서 검사들끼리 사용하는 말이고 일반인들은 검찰 자체를 지칭하는 말이다. 하나의 조직에서 한쪽에서는 죄를 만들고 한쪽에서는 덮어두려는 것은 검찰의 온당한 법 집행이라 할 수 없을 것이다. 검사는 검찰이란 수풀 속의 나무라는 사실을 인지해야 할 것이다.

7. 지문 나오는 손·발가락을 다 찍으면 대조하지

나는 민사소송(2002. 3. 27)에서 조합 규약을 배포하지 않았다고 증언했다.

조합의 증거 자료는 집행부의 엇갈린 구두 증언과 합성사진 그리고 위조한 지문뿐이다.

위증내용은 4차 총회(1997. 9. 7)에서 규약을 나누어주었단다.

자기들처럼 돈이나 챙기려한다면 모르지만 누가 부질없이 위증을 하겠는가.

조합측 참고인들은 부동산 업자인 조합장과 감사, 무직인 총무와 장애인 감사 그리고 대의원이다. 이들이 바로 조합원들의 서면 동의서를 위조한 사기사건의 주범들이다.

경찰 조사에서 조합의 거짓을 증명하려고 조합원 3명이 반대 진술을 했다.

경찰서에서 출두하라는 말을 듣고 내가 먼저 조사를 받았다.
"백나명 씨, 경찰서에 자주 오네요."
"경찰관들이 제대로 수사를 한다면 이런 일은 없을 텐데 사기꾼들과 어울려 협잡이나 하니까 불가피하지 않겠습니까?"
경찰을 매도했다고 하겠지만 접해본 사람이라면 공감하리라 믿는다.
조사관은 조합장이 사문서 위조 등으로 고소했을 때 전화로 고소내용을 받아 적고, 사건 당사자가 조사를 받겠다는데 이를 거절했고, 내용을 조작하려다가 나와 다투기도 한 사람이다.
"백나명 씨, 이무기 씨가 위증했다고 고소하여 진술을 받습니다. 이에 대한 조사를 하니…."
경찰은 조사하기 전에 통상적으로 하는 절차를 말한다.
"조합장은 1, 2차 총회 회의록을 위조하여 법원에 제출했다는데 규약에는 총회 개최 일주일 전까지 통보하도록 되어 있었습니다. 때문에 이 자체도 거짓입니다. 변호사의 말에 의하면 이것들은 참석자 명단이나 확인자도 없고 통보한 우편 영수증도 없는 메모에 불과하다고 하자 이들은 4차 회의록이라는 것을 또 위조하여 제출했습니다. 1, 2차보다 진전된 것은 조합원 명단도 위조하고 반상회 사진을 컴퓨터로 합성하여 제출한 것으로 2002년 3월 27일 재판에서 증언했습니다. 그러니까 더 주도면밀하게 범법행위를 했다는 것으로 서민들한테 무슨 이득을 보겠다고 위증하겠습니까? 회의록에 있는 지문도 내 것이 아닙니다."

경찰관의 사기 조작에 항의하자 경찰관은 지금도 마찬가지로,
"우리는 검사가 시키는 대로만 할 뿐이요. 할 말이 있으면 검사한테 하세요. 경찰한테 수사권이 있는 것 봤소?"
"그럼 검사가 죄를 만들어 올리라고 합디까?"
"……."
"내가 할 말은 다 했습니다. 참고인들이 나왔으니 나머지는 그 사람들한테 물어보시오."
참고인들의 진술을 받으면서 나온 말들을 요약해 본다.
"백나명 씨가 내집지키기 추진위원회라는 것을 만들고 조합원들을 선동하여 재건축사업을 방해했다고 하는데 사실입니까?"
"당치도 않습니다. 그 사람이 단체를 만든 것도 아니고 조합원들을 선동하지도 않았고 글자 그대로 내 재산을 지키자고 조합원들이 동참했으며 그는 조합원들을 도와줄 뿐이요."
"백나명 씨가 조합원들에게 신탁등기를 하지 말라고 한다는데요?"
"말도 안 되는 소리 마세요. 그 사람은 조합장이 소송으로 조합원들을 협박하고 부동산을 헐값으로 전매하는 것을 보고 조합에 신탁등기를 하여 아파트가 완공되어 살거나 팔면 오히려 경제적으로 이익이 된다며 신탁등기를 권하고 있어요."
"그런데 왜 재판에서 위증했다고 고소했을까요?"
"부동산 업자들이 부동산 전매로 한몫 챙기려는 뜻이겠지요."
"고소인의 말은 서로 이권다툼이라고 하던데 맞습니까?"
"업자들한테는 이권이겠지만 우리 재산을 지키자는 것도 이권입니까?"
"……."
조합장이 고소한 내용과 동문서답을 하였다. 조합원 한 명이 물었다.
"여보시오. 경찰관님, 경찰서에 불려나오면 교통비는 안 줍니까?"

"…잠깐 기다리세요."

밖으로 나와 참고인들 사이에 웃음거리가 생겼다.

"아이! 형도, 여기 와서 이게 무슨 짓이요. 빨리 갑시다!"

"무슨 말이야! 경찰관이 교통비를 주나 국민들 세금이지. 또 그냥 간다고 국고로 환수되지 않아. 어차피 저희들이 회식비로 쓸 텐데 뭐! 여보쇼. 당직 경찰, 얼마나 기다려야 돼요?"

"조금만 기다리십시오."

조사계 앞에 있는 당직경찰은 위로 올라가더니 한참 있다가 내려왔다.

"여기 있습니다. 영수인 난에 서명해 주시고요."

나는 이런 줄도 모르고 경찰서를 찾아다녔다가 전말을 듣고 웃음이 터졌다.

"형! 기는 놈 위에 뛰는 놈, 뛰는 놈 위에 나는 놈이 있다는 말은 옛날 말이고 요즘에는 나는 놈 위에 얹혀 가는 놈, 얹혀 가는 놈 위에 붙어 가는 놈이 있다더니만 형이야말로 경찰한테 돈 뺏어가는 놈이구먼! 하하하."

이 돈으로 8월 31일 앞마당에서 조합원들과 소주 파티를 벌였다.

그러나 경찰서나 검찰청에 불려 다닌 참고인들은 한번도 교통비를 받지 못했고 이러한 사실을 아는 사람도 드물 것이다.

추석이 며칠 남지 않았다.

"백형! 경찰서에서 참고인을 다시 나오라는데 어떻게 하지?"

"또 나가서 교통비 좀 받아와요. 불경기에 경찰서장 덕분으로 삼겹살에 소주를 마셨다고 고맙다는 인사도 하고요."

"그렇지만 요즈음 일도 바쁘고 경찰서에서 주는 돈이 너무 적어."

"이유가 뭐라고 합디까?"

"검사가 재건축을 반대하는 이유를 물어보라고 한대!"

"그 검사가 집을 지어줄 모양이지. 그런 것을 왜 묻는데요!"

"몰라! 바빠서 그러니까, 잘 해결해봐!"
경찰서로 전화했다.
"나는 백나명이요. 지난번 참고인들을 다시 나오라고 했습니까?"
"예, 그래요."
"명절 전이라 바쁘다는데 추석이 지나고 나가면 안 되겠습니까?"
"알았어요. 추석이 지나고 백나명 씨가 나오세요."
"그 사람들한테 나오라고 하세요. 그게 나을 것 같은데."
"아니요. 당신이 나오시오."
"그 사람들을 나오라고 해서 서민들한테 교통비도 좀 주고요."
"……"

참고인들을 나가라고 하려다 검사가 정말로 재건축을 반대하는 이유를 알아보라고 했는지를 알아보기 위해 추석 후에 경찰서로 나갔다.
"재건축하고 무슨 관계가 있다고 검사가 위증과 관계없는 엉뚱한 질문을 한다는데 그 말이 사실입니까?"
그러자 경찰관은 재건축을 반대하는 이유를 조사하여 보고할 것이라는 글이 선명하게 적혀 있고 서명도 되어 있는 서류를 보여준다.
그래서 이 사건의 본질은 위증이 아니고 모든 조작이 검찰에서부터 시작되었음을 직감적으로 알게 되었다.
"조합장이 검사한테 집을 짓게 해달라고 청탁한 모양이지요? 우리는 재건축을 반대하는 것이 아니라 남의 도장을 다량으로 위조하고 조합원 분담금을 가구당 4천여 만 원씩을 더 내라하여 그 이유를 밝히고 합리적으로 진행하자는 것이요. 그리고 이무기가 제출한 조합원 명단에 내 지문도 있는데 내 것인지 위조한 것인지 지문 대조를 부탁합니다."
경찰관은 한참동안 말없이 앉아있다가 일어서면서 어이없는 말을 했다.
"지문 나오는 손·발가락을 다 찍어주면 나중에 대조해 줄께!"

"경찰관! 통상적인 지문 날인은 엄지손가락인데 무슨 말이요?"

"지문은 검지도 찍고 새끼손가락으로도 찍을 수 있지 무슨 규정이 있대?"

이티(ET)같이 눈알이 튀어나온 인상의 능글맞은 경찰관의 비웃는 눈매가 꿈에 나타날까 두렵다.

"당신 같이 범죄 조작에 혈안이 되어 있는 사람한테 무슨 일을 하라고 지문을 모두 찍습니까?"

"안 찍으려면 말고!"

조롱하는 조사관의 말을 마지막으로 재조사는 끝을 맺었다.

경찰과 검찰의 부동산 사기 동조는 아주 단단하게 결속되어 있다는 것쯤은 쉽게 짐작할 수 있을 것이다. 또 정년퇴직을 했다는 이 경찰관은 재직시절 민중의 지팡이 노릇을 했다고 할는지 의문이다.

검찰청에서 수사관한테 대질 조사를 받는 날이다.

"고소인은 60명이나 서명을 받았는데, 이 쪽은 40여 명밖에 안 되네요. 위증이 확실한 것 같은데 조사나 해봅시다."

처음부터 조작 수사로 속내를 드러낸 신문이 다시 시작되고 고소인이 수사관에게 사진을 보인다.

"고소인이 제출한 서류나 한번 봅시다."

"그런 건 볼 것 없어요."

"그 사진을 검찰에서 보관해주시오. 나는 출판·인쇄업을 하는 사람으로 그걸 보면 위조했는지 촬영했는지 알 수 있으니 보여주시겠습니까?"

"안돼요! 원본은 이것 한 장밖에 없어서 죽어도 안 됩니다."

조합장은 반색을 하며 사진을 주머니에 집어넣었다.

"그래 이 사진도 위조했는가 보지?"

대질신문을 마치고 복도에서 참고인들에게 부탁했다.

"형들! 검찰이 사기꾼들과 한 패거리입니다. 나한테는 숨기려하니 조사 받을 때 이무기가 제출한 서류를 잘 살펴보고 수상한 것이 발견되면 나한테 말씀해주세요."

참고인 조사가 끝나고 검찰청을 나오면서 의견을 들었다.

"백형! 교통비나 줘! 경찰서는 주는데 검찰은 왜 안주지?"

"검사한테 달라고 해 봐! 소급해서 받아줄 테니까 기다려!"

우리들끼리 한바탕 웃었다.

그들이 위·변조한 흔적이 나타나는 것들을 정리해 본다.

첫째, 고소인의 확인서 서명은 조합장을 포함 20명이다.

둘째, 서명부는 근래에 작성한 깨끗한 종이의 원본이다.

셋째, 회의 참석 조합원 명단은 거의 위조한 지문이다.

넷째, 거기에 찍힌 참고인의 지문도 자기 것이 아니다(3인중 1인).

다섯째, 민사소송에서 받은 사진은 촬영 일자가 없는데 선명하게 있다.

여섯째, 소장의 서면 동의서와 인감증명의 도장도 일치하지 않는다.

일곱째, 같은 시기에 위조한 서면 동의서 양식도 틀리다.

검찰에서 100만 원의 벌금 결정을 통지받고 정식 재판을 신청했다.

법원에 제출한 자료는 대부분 조합장이 민사소송에서 제출했던 것으로 몇 가지 서류들을 모아 증거 자료로 제출했다.

정식 재판 첫 날(2003. 4. 11) 판사는 신원 확인을 마치고 재판을 진행했다.

법정에서 조합장을 증인으로 신청했고 판사는 이를 허락했다.

나는 민사소송 자료들을 뒤져 사기와 위증에 합당한 자료들을 찾아 증인

신문 사항을 작성했다.

두 번째 재판(5. 7)에서 증인신문에서 조합장이 말했다.
"조합원들이 신탁을 하지 않아서 재건축사업에 차질이 있다. 고소장에 제출한 사진은 조합원이 이사 승인할 때 인사하는 장면이다."
"내가 임원 승인에 감사한다고 조합원들에게 인사했는데, 그날 조합 규약을 만들어 조합원들에게 배포한다는 것이 이치에 맞습니까?"
"……."
조합장이 대답을 못하자 판사가 말을 막고 나섰다.
"피고! 내가 생각하기에는 위증과 관계없는 말들이오. 사건과 관계된 말만 신문하시오!"
판사는 몹시 화가 난 어조로 나를 다그친다.
임원 승인을 하는 날 임원들이 만든 조합 규약을 나누어주었다는 말이 타당한가 물어보는데 관계가 없는 말이라니….
어쩌면 다음 질문을 못하게 하려는 의도가 숨어있을지도 모른다.
이런 생각이 들자 말이 막히고 다음 신문사항은 제대로 하지 못했다.
"판사님! 경찰과 검찰에서 재건축을 반대하는 이유를 물어 조사를 받았습니다. 지금도 벌금형의 이유가 위증인지 사업방해인지 확실히 모르겠습니다. 이 사건을 고소할 때 조합 참고인으로 진술했던 조합 임원들을 신문하게 허락해주시기 바랍니다."
"알았습니다. 그 사람들을 증인으로 채택하겠습니다."

수사 기관은 물론 법원까지 부동산 사기에 동조한다고 생각하고 있는데, 전화(6. 9)가 와서 받아보니 재판 일정을 변경한다고 한다.
"백나명 씨죠? 6월 11일의 재판을 변경해야 되겠습니다."

"모레가 재판인데 갑자기 재판 일자를 변경한다니 무슨 일이 생겼습니까?"
"법원에 피치 못할 사정이 생겼으니 이해하세요."
 모레가 재판인데 피치 못할 일이라니 집에 있는 아내한테 전화했다.
"법원에서 갑자기 재판 일정을 미루자는데 집히는 것 없어?"
'틀림없이 무슨 음모가 숨어있을 텐데 그것이 과연 무엇일까? 지금까지의 소행으로 법원 사정은 아니고 공모자들 사이에서 문제가 있을 것 같은데…'
"……."

 6월 12일에 법원에서 송달된 우편물 소인은 6월 11일로 되어 있고 6월 27일로 재판 일정을 변경한다고 되어 있었다.
"이사님, 저예요."
"무슨 일이십니까?"
"어제 노가리 감사한테서 전화가 왔는데 어제 무슨 재판을 했어요?"
"작년 곰달래 민사재판에서 위증했다고 조합장이 고소한 재판인데 일자를 연기한다는 전화를 받고 이상하게 생각하던 차에 지금 통지가 도착했네요."
"아! 그래서 그랬구나!"
"무슨 일이 있었나요?"
"어제 노감사가 이사님께 불어버린다면서 조합과 다투었대요."
"무슨 음모가 있을 거라고는 생각하는데 감이 잡히지 않아서…."
"무슨 말인지 모르지만 조합에서 자기를 무시한다면서 이사님께 직접 말할까 하다가 전화번호를 몰라 저한테 전해준대요. 그리고 자기 말을 들어주지 않으면 이사님한테 모든 걸 일러바치겠다고 하던데요! 그게 무슨 일이에요?"
"아하! 무슨 일인가 했더니 그것이었구먼! 조합장이 조합원들의 도장을 위조했다고 당사자들이 고소한 사건은 아시죠?"
"알고 말고요. 그 문제로 우리들이 이사님 댁에 여러 번 갔었잖아요."

"그 사건을 경찰과 검찰이 고소를 취소하라고 협박했으나, 거절하자 노감사가 조합장 대신에 자기가 했다고 했어요. 그리고 노가리는 벌금 150만 원을 선고받았지. 아마 이걸 조건으로 조합에다 무얼 요구했는데, 이를 거절당하자 감사가 양심선언을 하겠다고 했나보지. 그래서 11일까지 합의가 불가능하게 생겼으니 연기해달라고 법원에 요청했을 거야."
"무슨 말씀인지 이해가 가네요."
"앞으로 무슨 말을 하는지 잘 들었다가 나한테 전화해줘요."
며칠 후 그 사람한테서 또 전화가 왔다.
"이사님! 노감사가 조합에서 월급을 받는다고 자랑을 하대요."
"무슨 말인데?"
"노감사가 조합에서 한 달에 50만 원씩을 받기로 했대요."
"조합장 대신 방패 역할을 한 대가를 받는 것이겠지."

오늘(6. 27) 재판에서 증언할 사람들은 사기 사건의 주모자들로 두 명은 감사, 한 명은 총무, 다른 한 명은 대의원(이사?)이다.
개정되고 증인들이 불려나와 증언이 시작된다.
"판사님! 증인을 한 사람씩 법정으로 입장시켜 신문하도록 하고 나머지는 밖에서 기다리게 해주시면 고맙겠습니다."
"증인들은 밖에서 기다리다가 호명하는 증인만 들어오세요."
제일 먼저 증언대에 오른 사람은 장애인 감사였다. 증인신문 항목에서 맨 처음 질문은 증인들의 조합 직책이다. 노감사는 처음 한두 항목을 대답하다가 장애인이라며 대답을 회피해버렸다. 그의 증언이 끝나자 판사가 말했다.
"증언하시느라 수고하셨습니다. 집으로 돌아가십시오."
"판사님, 증인이 법정에서 나가는 것을 철회하여 주십시오. 저 사람이 나가 신문사항을 상의하여 대답하면 곤란하지 않겠습니까?"

"저는 장애인이라 먼저 끝내고 집에 가서 쉬라고 하려 했는데, 증인은 방청석에 앉으세요."

판사의 배려는 고마우나 진실을 밝히기 위해 어쩔 수 없었다.

그러나 이 말이 괘씸죄에 해당되었는지 다음부터 판사가 신문한다고 한다.

그런데 가장 중요한 첫째 항목에서 직책을 묻지 않고 조합원이냐고 물어보는 게 아닌가! 즉 일반조합원이라면 규약을 배포했다는 사항 외에 아무 관계없는 질문으로 머리 좋은 판사가 이것을 감지하였을 것이리라.

아니나 다를까, 이들은 규약을 나누어주었다는 말만 빼고 나머지는 대부분 일치하지 않았다.

방청석 조합원들의 말을 들으니 대답이 틀릴 때마다 안타까워 어쩔 줄을 모르더란다.

네 번째 증인이 신문을 받기 전 부동산 감사가 증인석에서 서약을 했다.

"판사님! 여기에서 위증하면 벌을 받나요?"

---

1. 증인은 (조합 직책)이 맞는가? - (장애인 감사 외에는 조합원으로 대답)
2. 총회 참석자 명단이 실외에서 작성한 적이 있었는가? - 있었다(4명).
3. 조합 규약은 누가 만들었나? - 모른다(2), 임원(2)
4. 조합 규약은 어디서 검토했는가? - 조합사무실(2), 조합장 부동산(1),
   조합장의 부동산인 조합사무실(1)
5. 조합사무실(컨테이너)은 누가 설치했나? - 모른다(1), 시공사(3)
6. 컨테이너는 언제 설치했나? - 모른다(3), 1997년 말에서 1998년 초(1)
7. 조합 규약을 받은 사람 수는? - 모른다(3), 100여 명(1)
8. 이 소송에 제출한 사진은 보았나? - 모른다(1), 보았다(3)
9. 사진의 장면은? - 모른다(1), 임원 소개(2), 임원 승인과 규약 승인(1)

"… 지금 위증에 대한 재판을 하는 것 아닙니까?"

방청석에서 킥킥대며 웃는 소리가 들렸고 네 명의 신문이 끝났다.

그래도 총무가 정리된 대답을 하는데 이것은 서류 위조는 총무가 전담했다는 증거일 것이다.

가계약체결(1997. 10. 2) 후 컨테이너를 지원해주고 여기에서 규약을 검토하다가 재건축사업이 중단되었으니 사무실 설치는 1997년 말경이 맞을 것이다. 그런데 임원 승인을 받는 날(1997. 9. 7)에 규약을 제정하고 나누어주었다는 말은 누가 들어도 앞뒤가 맞지 않는 부동산 사기라고 알 수 있고 법원에 제출한 서류 중에는 이날 이전에 규약 동의서의 일자가 대부분이란 서류로 제출되어 있었다.

아무튼 판사는 다음에 선고한다며 재판 일자를 정하고 폐정했다.

위증에 대한 선고일(7. 23)이라 피고석으로 불려나가자 판사는,

"지난번 증인들의 증언을 듣고 판단해 본 결과 증인들의 주장이 옳다고 판단됩니다. 그래서 피고에게 명예훼손과 폭행 등을 감안하여 실형을 선고해도 되겠으나 벌금 500만 원에 처합니다. 이의가 있으면 7일 이내에 항소할 수 있습니다."

증인신문을 할 때 이상하다고 생각했는데 직감은 적중했다.

재판이 경찰이나 검찰보다 훨씬 지능적으로 우롱한다는 생각도 들었다.

"이거야말로 재판을 한 것인가 개판을 치는 것인가!"

그것도 판사가 생각해서 벌금을 5배로 올린단다.

항소장을 제출하고 집에 돌아와 애꿎은 소주를 마시고 죄 없는 삼겹살만 질근질근 씹었다.

항소심 첫 재판(10. 5)에서 재판장은 신원을 확인하고 변론을 듣는다.

"재판장님! 이 재판은 조합장이 위증으로 고소했고 검찰의 결정이 부당하여 정식 재판을 청구했는데 원심의 선고가 너무나 황당하여 항소했습니다. 조합원들한테 무슨 득을 보겠다고 벌금을 받으면서까지 위증을 하겠습니까? 서민들한테 돈을 받겠습니까?"

말이 막히고 목이 메어 고개를 숙였다.

아내는 고등법원의 민사소송 합의사항을 이행해달라고 조합장한테 찾아갔다가 폭행 당하고(9. 20) 입원해 있어 법정에 나오지 못했다.

마음 같아서는 당장이라도 쫓아가 사생결단을 내고 싶었지만 일이 마무리 될 때까지 보류하기로 하자.

재판을 마치고 아내가 입원해 있는 병원으로 향했다.

아내는 병원에 누워있고 두 번째 재판(11. 6)인데 답답하기 그지없다.

"재판장님! 이 사건은 100억이 넘는 부동산 사기사건입니다. 그리고 이들의 협박에 무지하고 순진한 서민들은 살고 있는 집을 헐값으로 팔고 뿔뿔이 흩어졌습니다. 내가 왜 여기에 서 있어야 됩니까? 조합원한테 무슨 대가를 받고 위증을 하겠습니까? 고소인이 제출한 사진과 민사재판에서 제출한 사진도 다릅니다. 재판장님! 본인의 증인 신청을 허락해주십시오."

"누구를 신청하겠습니까?"

"고소인 이무기를 신청합니다. 나와 뜻을 같이하는 조합원은 내 말이 옳다고 대답할 게 뻔하지 않겠습니까? 그래서 재판장께서 반대 의견을 들으시고 판단하는 것이 옳다고 생각하기 때문입니다."

재판장은 아무 말도 하지 않는다.

"그리고 조합장은 위증으로 고소하고 수사 기관은 재건축을 반대하는 이유로 조사했습니다. 그런데 법원은 다시 위증이라고 재판하고 있습니다. 어느 것이 맞습니까? 무엇이 어떻게 돌아가는지 혼란스럽습니다."

재판은 다음으로 미루어졌다.

아내는 퇴원(11. 19)하고 아직 회복되지 않아 병석에 누워있어 세 번째 재판(12. 4)에도 나오지 못했다.
재판장에게 또다시 조합장을 증인으로 신청했다.
"조합원을 증인으로 신청하시고 주소를 알려주시기 바랍니다."
드라마의 재판 장면을 실제라고 생각하면 착각이다. 조합장은 부르지 않을 모양이다.
고소인이 참석하지 않고, 사건을 조사했던 검사도 없이 사건과 관계없는 검사가 앉아있다가 차례가 되면 준비해온(?) 글을 읽는 것이 고작이다. 한마디로 사건과 관련 없는 사람들의 인성에만 의존하는 자체가 생각해볼 문제이며 올바른 판결을 내릴지도 의문이다.
"패소판결을 받고 강제집행을 당하고 흩어진 조합원들의 주소를 알 수가 없습니다. 다음 재판일 전에 서면으로 제출하면 안 되겠습니까?"
"좋습니다. 그렇게 하시지요."
이렇게 하여 재판은 미루어졌다.
그러나 증언이 판결에 영향을 미친다고는 생각하지 않는다.
이미 짜여진 각본대로 재판장의 양심(兩心) 중에서 이미 선(善)보다 악(惡)으로 기울었다고 생각했으므로 그저 말장난에 불과할 뿐이라고 생각했다.
그런데 누구를 증인으로 채택할까?
경찰서에 나갔던 참고인들을 부를까 아니면 민사소송 당사자들을 부를까?
그래도 자기들 재판에 증언했다가 불이익을 당한 당사자들을 부르기로 하자.
집에 들어와 먼저 몸이 불편하다는 주○○ 노인에게 전화했으나 받지 않아 다른 사람에게 부탁했다. 그런데 재판 하루 전 병마에 시달리다가 세상을 떠나셨다는 주노인 아들의 연락을 받았다.

'어르신! 당신의 생전에 약속했던 대로 서민들의 억울한 삶을 세상에 알리고 당신의 영전에 내가 지은 책을 꼭 바칠 것입니다. 법을 팔아먹고 사는 자들의 횡포로 제 신변에 이상이 생긴다면 영혼이라도 힘이 되어 주소서.'
주먹을 불끈 쥐고 다시 한번 다짐했다.

오늘 재판(2004. 1. 15)에 처음으로 아내가 증인과 같이 법정에 나왔다.
"박선생님, 번거롭게 해드려 미안합니다."
"저희들 재판에 증인을 섰다가 이런 고초를 겪으시니 뭐라고 사과드려야 될지 모르겠습니다. 죄송합니다. 지금은 고통스럽겠지만 앞으로는 잘 풀릴 것입니다. 주씨는 어제 세상을 떠났습니다."
"알고 있습니다. 서민이라 버림받지 않는 좋은 곳으로 가셔야 될 텐데."
"그렇고말고요. 죽일 놈들한테 시달리다가 결국에는…."
말을 잇지 못하고 눈물을 글썽거린다.
"법보다 주먹이 가까운 것을 보여줘야 한다는 사기꾼들은 법의 보호를 받고 돈 없고 순진한 사람들은 누명을 쓰거나 알토란같은 집을 빼앗기고 쫓겨나다니 세상이 원망스럽습니다."
토요일(2003. 1. 18) 아침 나를 찾아와 억울하다고 우시면서 해장국을 맛있게 드시던 일, 노익장을 과시하며 소주병을 들고 마시자던 때가 엊그제 같은데 돌아가셨다니….
이것이 인생무상(人生無常)이요 세상만사 새옹지마(塞翁之馬)던가….
형사 법정의 신문에서 증인의 증언 내용이다.
'증언 당시 조합은 1, 2차 총회 회의록만 법원에 제출했고 변호사가 조합원 명단도 없고 확인자도 없는 메모에 불과하다는 말에 4차 총회 회의록을 위조했다. 당시 조합 설립도 되지 않고 규약 동의서는 4차 총회 전에 작성되었으며 명도소송에서 한번도 사실을 입증하지 않았다. 판사는 합의부 판결을 기다려 조합원 패소를 선고했다. 조합 규약 배포와 게시는 재판 중인 2002년 4월이다. 조합장 일행은 조합원들의 목도장을 위조하여 벌금을 받았고 판사한테 돈을 먹여 자기들이 이긴다는 말도 했다. 함께 재판 받은 주씨는 과도한 음주, 흡연, 억울한 판결 등으로 병을 얻어 세상을 떠났다. 피고의 아내는 고등법원 합의대로 조합장한테 가처분을 풀어달라고 했다가 폭행을 당하고 오랫동안 입원했다가 퇴원했고 지금도 치료를 받고 있다.'

또 이를 뒷받침할 만한 자료들을 법원에 제출하기도 했다.

조합원이 증언하다가 울어버리자 재판장이 물었다.

"피고는 더 할 말이 없습니까?"

"재판장님! 고소인이 제출한 조합원 명단에 제 지문도 찍혀있습니다. 경찰에서 지문대조를 부탁하니까 경찰관의 '손·발가락을 모두 찍고 가라'는 어이없는 대답에 포기했습니다. 여기에서 확인을 해주시면 고맙겠습니다. 제가 밑에서 지문을 채취했으니 대조하시기 바랍니다."

그리고 내가 가져간 서류를 제출했다가 돌려받았다.

"이번이 마지막 변론인줄은 아시죠?"

"……."

"마지막으로 할 말이 있으면 해 보시오."

"재판장님! 누가 서민 편에서 무슨 대가를 받겠다고 위증하겠습니까? 공정한 판결을 기대합니다. 아울러 내편에 있는 사람의 증언은 별 의미가 없다고 사료되오니 고소인을 불러 신문한다면 진위 여부를 쉽게 판단하리라 생각합니다. 고소인을 증인으로 채택하여 주십시오."

끝까지 사실을 은폐하려는지 대답은 없고 재판은 미루어진다.

"이사님! 저희들 재판에 증인을 섰다가 이렇게 되어 정말 죄송합니다. 너무나 억울합니다. 판사들 눈이 멀었지 이걸 말이라고 합니까? 애들을 데려다놔도 이것보다 낫겠어요!"

"사모님! 아무리 억울해도 저보다 더하겠습니까? 이 사건이 모두 끝나고 연루된 공무원들을 모두 심판대에 올리도록 합시다. 그때는 필히 참여해주셔야 합니다."

"당연히 그래야지요."

선고한다는 날(2. 26) 아내와 같이 법정으로 나갔다.

법정에 들어가 보니 재판장을 비롯한 판사들이 모두 바뀌었다.

지난번 증인신문에서 허위 고소가 확인되자 민사소송에서 보았듯 재판관들의 양심에 걸려 재판부가 교체된 모양이다. 원심 판결과 다른 판결을 회피하려는 법정의 횡포라고 생각하고 공정한 판결은 아예 포기할 수밖에 없는 실정이었지만 교체된 판사들한테 사실이나 알려주고 싶었다.

개정되고 재판장은 고소인을 꼭 신문하겠느냐고 묻기에 그렇다고 대답하고 재판을 마쳤다.

재판(3. 25) 전 병원에 누워있어 법정에 나오지 못하겠다고 아내한테서 전화가 왔다.

법정에는 조합장과 장애인인 노가리 감사가 나왔다. 노감사는 조합에서 돈을 받아서인지 아주 잘 따라다녔다.

개정되고 증인으로 불려나온 조합장을 신문했고 그의 증언은,

'원심에서 증언한 노가리는 조합 감사고 조합 규약은 반상회에서 제정하고 4차 총회에서 임원들이 조합원 승인을 받고 조합 규약을 조합원들에게 나누어주고 설명했다.'

그는 원심의 임원들 증언하고는 전혀 다른 대답을 했다.

조합원의 배우자인 감사가 임원 자격이 있느냐고 묻자 조합장은 가만히 있고 재판장은 조합원의 배우자인 노가리는 임원이 아니라고 한다. 그렇다

면 노가리는 감사 자격도 없이 조합원 도장을 대량으로 위조한 부동산 사기범이 아닌가!

주택조합 규약을 반상회에서 제정했다는 자체도 말이 안 되지만 원심에서 조합 임원들이 제정했다고 3명이 증언했는데 조합장 혼자만 반상회에서 제정을 했다는 말이다.

과연 이 말을 판사는 어떻게 받아들였을까.

나의 미숙한 소송 기법에 재판장은 여러 번 주의를 주었다.

조합장은 민사항소 화해조서 내용을 이행하여 달라는 아내에게 폭행을 하여 2개월이나 입원했다. 그 이유가 무엇이냐 물어보자 조합장은 전혀 모른다고 하여 나는 이성을 잃고 말았다.

"뭐라고! 증인 너의 사무실에서 경찰차로 병원에 후송했는데 모른다고?"

"여자가 혼자 대들어서 밖으로 나갔습니다."

"증인! 나하고 인생 결산을 해야 된다는 걸 꼭 기억하시오!"

"피고! 여기는 법정이요. 품위 있게 말을 해야지! 원심에서도 재판 받는 태도가 불손하다고…. 싸움만 하려고 해…."

재판장이 뭐라 하는지 끓어오르는 분을 참지 못해 눈을 감아버렸다.

'맞아! 나는 지금까지 개판치는 사기 재판만 받았어. 하급심 판사가 판결 청탁 메모를 상급심에 올린다더니 그 말이 맞아. 이런 재판은 3심이 아니라 3000심을 해도 진실이 밝혀지기는커녕 시간과 정력만 낭비되고, 세금 파먹는 공무원 숫자만 늘어나고, 국민들 허리만 휘어질 거야. 인권보호나 공정성에 도움이 되지 못하는 재판의 본질이 판사들을 얼마만큼 신처럼 모시느냐에 달려있을 테니까.'

"피고 마지막으로 할 말이 있으면 하세요."

"(흥분이 가라앉지 않고 말이 막혀) 공정한 판결을…."

"4월 20일에 선고하겠습니다."

방청석에서 눈을 감고 엎드려 있다가 법정을 나왔다.

돌아오는 버스 안에서 생각해 보니 내가 너무나 어리석고 무모했다. 재판의 성격을 어렴풋이나마 알았으면서도 혹시나 하고 바른 길을 고집했다니. 아무리 발버둥쳐봐도 부처님 손바닥에 있는 손오공인데….

법조인들의 무소불위(無所不爲)의 위세가 이 정도나 되니까 고시촌이라는 골방에서 젊음을 불사르고 있는 모양이다.

오늘(4. 20) 선고를 한다기에 모든 걸 포기하고 법정에 들어갔다.
조합장 신문을 마치고 집필중인 책자를 출력하여 법원에 제출한 탓인지 재판장은 말을 아끼고 재판 절차를 자세하게 안내했다.

"피고는 증인 박○○ 씨의 증언만으로 위증이 아니라고 할 수 없습니다. 그러므로 피고에게 원심과 같이 선고합니다. 7일 이내에 상고할 수 있고 판결 등본은 신청한 경우에만 받아볼 수 있습니다."

다음날 다른 법원의 친구를 찾아가 자초지종을 얘기했다.
"형사재판에서 벌금을 받았다면서 어떻게 할 셈인가?"
"벌금 낼 돈도 없고 국민들이 주는 공밥이나 먹어야 할 것 같아."
"아니! 상고를 안 하고."
"그까짓 것 하면 뭐하겠나! 결과는 뻔할 텐데. 내가 존경했던 직업의 최고 위상인 대법관들까지 망가뜨리고 싶은 생각은 없다네."
"아니야. 대법관은 우리나라에 12명뿐이야. 법원하고 다를 거야. 꼭 상고장을 제출하게. 그리고 출판은 제수씨하고 상의하여 결정하고. 자네 몸은 자네 혼자만의 것이 아니야!"

부자유스러운 몸이 될 수 있다는 친구의 솔직한 충고가 고마웠다.
하지만 친구! 재건축사업의 엄청난 공사 차액을 노리고 법률의 사각(死角)을 이용한 사기와 폭력은 이 땅에서 영원히 추방되어야 한다네. 더구나 그동안의 진행으로 미루어 볼 때 공무원들까지 매수되었다면….
 재건축 아파트는 시공비로 조합 아파트를 건설하는 것이 아니고 내 땅에 집을 지으면서 분양가를 주고 입주권을 사는 게 현실인데 무지하고 순진한 서민일수록 이러한 폐단에 희생당하고 있는데 정당화될 수는 없지 않은가!

 대법원에서 선고(2004. 7. 8)한다는 날이다.
 태어나 처음으로 대법원에 나가 재판과정을 볼 수 있었다.
 4명의 대법관들이 수백 건의 사건번호를 부르면서 번갈아 판결문을 낭독하며 대부분 기각한다.
 판결문이 송달되어 읽어보니 법률이 정하는 경우에 상고할 수 있다고 한다. 그래도 최고 법원답게 솔직한 답변을 기재하여 고맙기는 하다.
 하지만 우리나라 재판제도는 3심이라고 어려서부터 배웠는데 검토조차 하지 않는다는 것은 교과서 내용부터 고쳐야 할 판이다. 또 매일 수백 명에 달하는 국민들이 법률 횡포의 희생자가 되는 것이라면 이것은 국가보안법보다도 훨씬 중대한 사회악일 것이다.
 대법관의 인원에 비해 너무 많은 사건이 상고된다는 말은 TV토론에서 어느 변호사가 말했듯 그만큼 어설픈 판결에 국민들이 울고 있다는 말을 의미한다고 생각해 보라. 하나의 사건을 처리하더라도 합리적으로 공정한 판결이 정립되면 재판 건수는 자연히 줄어들고 억울한 불만도 해소될 것이다.

 11월 16일 오후 8시경.
 출판사에서 교열한 원고를 교정하고 있는데, 검찰의 전화가 왔다.
 "검찰청 집행과 오○○입니다. 벌금을 내지 않으셨네요."
 "그런데요? 먹고살 길도 없어 정부에서 주는 공밥을 먹어볼까 합니다."
 "많은 금액이네요!"

"그렇습니까? 벌금 낼 돈이 있으면 관련된 검·판사들을 처벌하라고 해야 되겠어요."

"허참!"

검찰청에서 통지도 않고 전화로 묻는 것은 갑자기 들이닥쳐 연행하던가 아니면 자신들의 소행이 정당하지 못하여 통지를 못하고 또 출판을 막으려고 협박하는 것이리라!

밖에서 아내가 들어와 문을 잠그고 있다고 짜증을 부린다.

내가 일에 열중하고 있어 아내의 문 여는 소리를 듣지 못했나보다.

"여보, 혹시 내 신변에 문제가 생기면 이 디스켓을 한개는 의원 친구에게 전해주고, 한개는 출판사에 그리고 마지막 한개는 부패방지위원회로 전해주구려. 미완성으로 책자가 발간될 지도 모르겠구먼."

2004년 12월 21일 지방에서 올라오던 중 도로의 경찰관이 자동차를 검문하더니 내가 수배중이라고 중앙 검찰청으로 인계하였다.

내용을 알아보니 지난 11월 10일에 지명수배를 해놓고 16일에 전화를 했던 것이다. 즉 벌금을 내라는 통보는 하지 않고 지명수배만 먼저 했던 것이다. 하기야 검찰청의 검사들이 사기꾼들과 협잡하여 서민 죽이기의 선봉장이 되어 있으니 그 사무직원의 행위는 조족지혈이리라.

당시 가지고 있는 돈이 없어 벌금을 내지 못하고 나는 구치소에서 불편한 생활을 할 수밖에 없었다. 거기서 다른 사람들의 말을 들어보니 생각했던 대로 웃기는 일이 절반은 되는 것 같았다. 그야말로 돈 없으면 걸려드는 곳이 우리나라 구치소라던가.

남의 물건을 쳐다보았다고 점유물이탈죄로 처벌받은 미친 사람, 경찰과 상인이 결탁된 밀수품을 운반했다는 이유로 폭행 및 절취죄로 처벌받는 근로자, 교통사고 피해자로 병원에 누워 있다가 가해자로 뒤바뀐 장사꾼…. 그야말로 돈 없으면 처벌받는 사람들이 너무나 많았다.

아무튼 우리 사회의 필요악인 경찰, 검찰의 수를 반으로 줄여야 하고, 무엇보다도 관련된 사람들을 철저하게 조사하여 처벌해야 할 것이다.

8. 누가 담당 검사를 바꿨어요?

고등법원에서 화해조서를 작성하고 서명(2003. 8. 18)을 했다.
그야말로 실익은 없고 명분만 있는 상처뿐인 영광이리라!
사기와 협잡이 정당시 되는 우리 사회에서 정의를 찾는 것은 무리라 생각하여 할 수 없이 현실에 순응하여 화해를 한 것이다. 즉 뭉칫돈 있는 곳에 비리가 숨어있고 비리가 있는 곳에 피해자가 속출하는 현실에 지고 말았다.
앞에서 기술했듯이 고등법원에서의 신탁등기의 화해 조건은,
'조합원은 신탁을, 조합은 가처분을 해지하고 재판 비용을 부담하며 조합원에게 다른 청구를 포기하고 제3자에게 집을 팔 경우 조합원의 지위를 그대로 승계하기로 한다.'
조서 작성 후 아내는 부동산 중개소에 집을 내놓고 돌아다녔다.
명함을 확인해보니 50여 군데도 더 되는 것 같았다.

그러던 어느 날.
"여보! 집을 사겠다는 사람이 조합에서 가처분했다고 하니까 해지되면 계약하겠다는데, 가처분은 언제쯤 풀리죠?"
"당신 같으면 가처분된 집을 사겠어? 변호사가 15일 정도면 풀릴 것이라고 했잖아. 한달이면 충분하겠지. 뭐."
직장이 없어진 관계로 생활이 어려워 집은 아내에게 맡기고 생업에 열중

했다.

토요일(2003. 9 .20)이라 일찍 일을 마치고 동네에서 바둑을 두고 있었는데 벨이 울려 휴대폰을 받아보았다. 무슨 말인지 알 수 없는 아내의 목소리가 들렸다. 집을 판다더니 혹시 조합장의 부동산 업소가 아닌가 싶어 물어보았다.
"여보! 지금 있는 곳이 어디야! 이무기이네 부동산이야?"
"#$%@&^%."
바둑 두던 손을 멈추었다.
"조사장님! 다음에 합시다. 아내한테 무슨 일이 생긴 것 같습니다."
"알았어, 지금 어디에 계시는데…."
혹시나 하여 조합장 사무실로 달려갔으나 실내에 불이 꺼져있어 돌아설까 하다가 내친김에 들어가 보니 윤중재 감사의 부인이 탈진해 있는 아내의 입에 병에 든 약을 마시라 하고 있었다. 바로 112에 신고했다.
"안녕하세요. 아주머니! 어떻게 된 일입니까?"
"애기 아빠랑 사무실에 앉아있는데 헌기 엄마가 들어와 가처분이 풀리지 않아 집을 팔지 못했다고 하대요. 그럴 리가 있느냐고 애기 아빠와 조합장님 사무실로 갔어요. 한참 있으니 애기 아빠만 들어와 헌기 엄마하고 조합장이 싸운다고 가보라 해서 와보니 이렇게 있어요. 그래서 청심환을 마시게 하고 몸을 주물러주고 있어요."
감사인 남편은 좋지 않게 생각하고 있지만 아주머니는 고마웠다.
부동산 사무실에 경찰관이 도착했다.
"가해자는 누굽니까?"
"이 사무실의 주인인데 도망가고 없습니다."
"어떻게 했으면 좋겠습니까?"
"우선 병원에 후송해주시고 다음에 조사하면 고맙겠습니다."

"그렇게 하지요. 어떤 병원으로 갈까요?"

"근처 ○○병원으로 갑시다."

순찰차로 병원 응급실에 도착한 시간은 오후 7시 5분이었다.

엑스레이(X-Ray)투시와 응급치료를 하면서 확인해보니 아내의 바지는 찢겨있고 속옷 단추가 풀려있으며, 의사는 말을 못하는 환자의 상태가 아주 위험하다며 응급처치를 마치고 응급실에서 하룻밤을 세우라 한다.

이튿날 오전 10시경 아내를 일반 병실로 옮기고 간호해준 윤중재 감사 부인한테 인사하려고 찾아가니 사무실 문이 닫혀있었다. 30미터쯤 떨어진 조합장 사무실에 들어가 보니 벌써 폭력배 둘을 대기시켜놓았다. 그들은 조합원들이 쫓겨날 때부터 동네에 머물렀던 젊은이들이었다.

"조합장, 어제 무슨 일을 했어!"

"가, 임마! 말하기 싫어!"

"이런 개자식이!"

옆에 있는 의자를 들려고 하자 젊은이들이 내 몸을 감싸 꼼짝할 수가 없었다. 오래 다투고 있을 수도 없어 환자가 있는 병원으로 향했다.

아내가 정신이 들어 다행인가 싶었는데 방뇨를 했다며 울고 있었다.

주치의 과장을 찾아가 어제부터 일어난 일을 설명했다.

"과장님! 아내의 병세는 지금 어떤 상태입니까?"

"글쎄요. 좀더 두고 봐야지 지금은 뭐라고 단언하기 어렵습니다. 엑스레이 판독을 해보니 머리뼈가 두 군데나 돌출되어 있고 이 때문에 심한 구토증세가 있었습니다. 지금도 병세는 상당히 위중합니다."

"자신도 모르게 방뇨했다며 우는데 어찌해야 좋겠습니까?"

"알고 있습니다. 정밀검사를 해야 될 것 같습니다. 주선해 드릴까요?"

"수술한 병원에서 하지요. 진단서도 발부해야 하니 잘 부탁합니다."

"아주머니께서는 전부터 치료받고 계셨었나요?"

"몇 년 전(2001. 6. 28)부터 신경과치료를 받아왔고 작년에 수술도 했습니다. 그래서 가장 염려되는 것이 재발이니 잘 보살펴보십시오."

"저희 병원은 신경과 전문의도 없고 비뇨기과도 없으니 큰 병원에서 정밀검사를 받고 진단서를 제출해주세요. 저희 신경외과 진단서에 참고해야 되니까요. 먼저 비뇨기과의 정밀검사부터 부탁합니다."

감사의 부동산 사무실에 전화했다. 그의 아내가 전화를 받는다.

"아주머니 접니다. 어제 너무 고마웠습니다. 인사하려고 찾아갔다가 문이 잠겨있어 그냥 돌아왔어요. 어떻게 된 일이지요?"

"안녕하세요! 교회에 간 사이에 오셨나봐요. 당연히 해야 할 일을 한 것인데 고맙기는요. 지금 헌기 엄마는 어때요?"

주치의 과장의 말을 자세히 설명했다.

"병원에서 보니 바지가 찢겨 있던데 어떻게 된 일이지요?"

"애기 아빠가 싸움을 말리느라 잡아당겨 찢어졌다고 하던데요!"

"아주머니! 뒤에서 잡아당겨 바지가 찢어졌다고요? 윗옷이라면 모르지만 바지가 찢어졌다는 말은 이상하네요!"

"모르겠어요. 애기 아빠가 그렇게 말했으니까요."

"감사합니다. 아주머니가 아니었으면 큰일 날 뻔했습니다."

대학병원에 비뇨기과 정밀검사와 진단서 발급을 예약하고 안정을 취하게 한 다음 주치의 과장을 찾아가 환자의 입원기간을 물어보았다.

"비뇨기과 정밀검사 결과와 신경과의 의견을 취합해야 되겠지만 장기간이 될 것 같아요."

경찰서에 사건의 진행 사항을 물어보니 경찰관은,

"조사를 받으러 바로 경찰서로 나오세요."

"피해자는 지금 입원 중입니다. 수사관이 배려할 수 없겠습니까?"
"경찰서에 나오지 않으면 임의로 조서를 작성하여 검찰에 올릴 수도 있으니 알아서 하세요. 조사도받고 고소장을 작성해야 되니까요."
경찰관의 퉁명스런 대답에 벌써 내통이 되어 있다고 생각했다.
언론계에서 퇴직한 선배에게 알리고 앞으로의 협조를 부탁했다.
그리고 주치의 과장에게 물었다.
"경찰서에서 조사 받으러 꼭 나오라는데 어찌하면 되겠습니까?"
"경찰서에서 입원환자를 꼭 나오라 한다고요? 지금 아주머니는 신경과민과 정신쇠약으로 절대 안정이 필요하여 외부에서의 조사는 불가능합니다."
아내는 주치의 과장 앞에서 울어버린다. 그러자,
"경찰관이 꼭 나와야 된다면 방법은 없겠지만 당분간은 안 됩니다. 정밀검사 예약을 했어도 나가실 때는 미리 말씀하셔야 합니다. 위험에 대비한 조치를 취해야 되니까요. 머리 손상으로 구역질과 정신을 놓았나 봅니다. 구역질은 머리 손상에서 일어나는 현상인데 머리를 다쳤습니까?"
"예, (한숨을 쉬며) 조합장이 욕을 하다가 재떨이를 던지려고 하기에 뒤로 물러서려 했습니다. 그러자 의자에 앉아있던 조합장이 제 바지를 힘껏 잡아당겼다가 밀어내 뒤에 있는 소파의 나무 모서리에 머리를 찧는 것까지는 알겠는데…. 얼마나 지났는지 흉물 떤다는 말, 맥을 짚고 정상이라는 말, 죽어버렸으면 좋겠다는 말들이 들렸어요. 또 정신을 잃었다가 눈을 떠보니 아주머니가 약을 마시라면서 팔다리를 주물러 준 후 남편의 전화번호를 눌렀습니다."
아내의 말을 들어보니 치가 떨렸다.
"여보! 그놈하고 같은 공기로 숨도 쉬지 말라고 했잖아."
"처음 윤감사한테 가처분이 풀리지 않아 팔지 못했다고 하니까 법원에서 서명했는데 그럴 리가 있느냐며 같이 가자고 해서 따라갔어요."

"그럼 그 사람도 조합장과 같이 폭행을 했단 말이야?"

"감사는 뒤에서 나를 꼼짝 못하게 잡고 있었어요."

"그 큰놈이 잡아당겨 당신의 바지를 찢었다면 집단으로 폭행을 한 것이지 그게 싸움을 말린 거란 말이야?"

"바지는 조합장이 찢었어요. 감사가 찢었다는 말은 어디서 들었어요?"

"그의 아내한테 고맙다고 했더니 자기 남편이 바지를 찢었다고 하더구먼. 그 큰놈이 바지를 찢었는데 그게 싸움을 말렸다고 할 수 있단 말인가? 또 응급실 의사와 확인해 보니 속옷 단추도 풀려져 있었는데 왜 그랬어?"

"……."

조합장, 감사라는 말들이 나오자 과장은 이상한 얼굴로 우리를 쳐다본다.

"이 사건은 재건축 문제로 조합장한테 폭행 당한 것입니다. 또 시행사가 병원 옆에 있으니 돌발 사태에 대비하여 세심한 주의를 부탁드리겠습니다."

아내가 대학병원에서 비뇨기과 정밀검사(10. 11)를 받는 날이다.

오늘 큰사위 부친의 회갑이라 부산에서 형님이 형수와 같이 올라온단다. 서울역으로 마중을 나가야 되는데 일이 있어 회갑연에 바로 참석하겠다고 했다.

검사도 복잡했지만 탈진까지 겹쳐 예상보다 시간이 더 걸렸다. 검사를 마치고 병원에 후송한 후 회갑연에 나가니 형님 내외가 무슨 일이냐며 문병을 해야겠다고 난리를 피웠다. 가까스로 병문안은 막을 수가 있었지만 가족들이 알았다면 어찌 되었을까. 생각만 해도 끔찍한 일이 벌어졌을 것이다.

대학병원 비뇨기과 정밀검사에 대한 진단서를 발부 받았다. 결과는 비뇨기 계통에는 큰 이상이 나타나지 않는데 방뇨 증세는 신경계통 이상으로 병원치료보다 요양이 좋을 것이라는 소견이다. 또 신경과의 검사 결과는 거의 정상으로 완치되어 가는데 우려했던 대로 재발 가능성이 농후하다는 것이다.

며칠 후 경찰관이 나와 병실에서 조사해 갔다.

병실의 답답함을 호소하며 우는 아내에게 의사의 눈을 피해가며 차에 태우고 밤바람을 쐬기도 하고 우울증세가 심할 때는 새벽녘까지 병원 밖을 배회하기도 했다.

병원에서 조사를 받아간 경찰관은 아무 소식이 없다.

아내가 전화로 문의하자,

"가해자들이 자기들은 모른다니 어쩔 수가 없습니다."

"이게 말이 된다고 생각하십니까? 가해자 사무실에서 까무러쳐 현장에서 응급처치도 하고 신고를 받고 출동한 경찰관의 차로 병원 응급실에 실려갔는데 가해자들이 사건현장을 도피했다고 사실이 의심스럽다니요!"

이것이 물먹은 우리 경찰의 현주소일 게다.

만약 내가 수사비를 넉넉히 집어주었다면 과연 이런 일이 있었을까?

사고 후 응급처치만 신속하게 했어도 환자의 증세가 이렇게까지 악화되지 않았을 것이라는 것이 전문의들의 공통된 의견이다.

경찰관에 의하면 조합장의 아내는 사람을 데리고 와서 일을 만들었다고 하고, 감사의 아내는 법원에서 화해조서에 서명했으면 그대로 지켜야 되는데 법을 어겨 일을 크게 만들었다고 서로가 원망하더란다. 그런데 가해자들이 모른다고 발뺌하는 것은 인정한단다.

아무튼 범법행위에 극진한 보호를 받은 조합장은 맛을 들여 지속적으로 반복했고 피해자를 방치하여 병을 악화시켰다. 그런데 가중처벌은 고사하고 경찰은 수사를 회피하고만 있었다.

며칠 후 경찰서에서 조사를 한다고 나오라 했다.

이나마 조사를 피하려던 경찰관한테서 아내가 울면서 얻어낸 결과였다.

조사가 있는 날 주치의 과장이 부른다.

"아직 사모님은 경찰서에서 조사받을 정도로 정서가 안정되어 있지 못합니다. 흥분은 금물이니 환자나 보호자는 각별히 유념하시고 만약을 위해 주사액을 주입하시면서 다녀오세요. 절대 안정입니다."

주치의 과장은 조심할 것을 거듭 당부했으며, 선배가 아내의 찢어진 바지와 속옷을 가지고 경찰서에 다녀왔다.

경찰서에 다녀온 선배는 이상한 수사에 조심하라며 수시로 입원실을 찾아와 병상 옆에서 기도를 했다.

어렵게 경찰 조사를 받았는데 또 말이 없다.

초조하고 억울한 아내는 경찰서에 전화하여 사건이 발생한 뒤 한 달이 넘도록 사건처리를 해주지 않는 이유를 물었다.

경찰관은 찢어진 바지를 국과수에 넘겼으니 기다리라고 한단다.

수사 기술상의 문제라 속단할 수는 없지만 섬유에 지문도 나오지 않을 텐데 무슨 확인을 한다는 것인지 이해되지 않는다.

"여보! 그 말을 믿어! 몸싸움하고 피를 흘린 것도 아닌데. 수사를 회피하려는 수작이겠지."

"경찰관까지 그럴 리가 있겠어요?"

"두고 봐! 뭐라고 하는지. 국과수의 결과를 들어보고 내 말이 틀리면 그때 가서 이야기해!"

얼마 후 경찰관은 국과수에서도 지문이 나오지 않아 수사에 별 도움이 되지 않아 의미가 없다는 답을 받았다고 한다.

바지에 지문이 나오지 않는다는 것은 처음부터 알고 하는 수작인데….

아내는 경찰관에게 통사정하여 겨우 대질 조사 허락을 받아냈다.

대질 조사가 있는 날에도 주치의 과장은 지난번과 같이 당부하고 진정제를 혼합한 주사액을 꽂은 채 선배를 동행하고 함께 나갔다.

선배는 사태의 진행만을 지켜보고 있다가 한마디한다.
"지난번에도 느꼈지만 이것은 공정한 수사가 아닌데…."
조합장과 감사가 하는 말이 대기석에서도 똑똑히 들린다.
"저 혼자 넘어지고 떼를 쓰는 저 여자는 정신이상자입니다."
"저런 개새끼들!!"
가해자의 이 말들을 경찰관은 그대로 적고 있는 것일까.
국민들의 혈세로 먹고사는 공무원들의 사기사건 공모를 세상에 알리고 사회 쓰레기들은 내 손으로 꼭 청산하리라고 다시 다짐해 본다.

2개월 만에 아내가 퇴원(2003. 11. 19)했다.
치료비와 입원비 등의 경비가 1천만 원도 넘는가 보다.
더구나 폭행으로 입원하니까 건강보험 혜택도 없고 더욱 힘든 것은 나한테 일을 해준 업체에 결제를 못해 결재 독촉까지 겹쳐 난리다.
진단서는 입원한 병원에서 6주, 대학병원에서 2주, 신경전문의원에서 6개월인데 공통적인 의사들의 소견은 진단서에 표시된 일자까지 완치가 되지 않을 것이라는 말이다.
퇴원하고 통원치료를 받으면서 경찰관한테 확인해보니 경찰에서는 검찰에 조서를 올리면 재조사를 하라고 다시 내려온단다. 처음부터 그랬듯 검찰에서 사건을 무마하고 경찰을 총알받이로 하려는 의도였으리라!

검찰청으로 사건을 송치했다는 말을 듣고 검찰청으로 전화했다.
이쪽에서 저쪽, 저쪽에서 또 이쪽으로 헤매다가 겨우 확인했는데 이번에는 사건이 300건이나 밀려있다며 또 기다리란다.
아무리 기다려도 답이 없어 전화로 알아보니 경찰서로 사건을 재조사하라고 내려보냈다고 한다.

병원에서 전화가 왔는데 이런 경우는 처음이라며 진단서를 발부했으나 경찰서에서 병상기록을 첨부하라는 공문이 왔다고 한다. 그러면서 복사 비용을 별도로 부담하라고 했다.

초기부터 이렇게 철두철미한 경찰관의 조사가 존경(?)스럽기도 했다.

그러나 눈이 빠지게 기다려도 연락이 없어 경찰서에 확인해보니 검찰청으로 송치했다고 하여 담당 검사실에 사건 진행과정과 엄정한 수사를 요구했다. 그랬더니 이번에는 담당 검사가 언론에 공개되고 있는 사건에 선발되어 대검찰청에 나갔으니 돌아와야 조사를 한단다.

얼마나 지났을까.

검찰 수사관과 언성을 높여가며 입씨름을 하고 나서 피해자의 말이나 들어보자며 검사가 나오라고 한단다.

혹시 일어날지 모르는 사태에 대비하여 나는 검사실 앞에서 기다렸다.

"검사는 형평성에 맞게 조사하고 곧 검찰의 인사이동이 있다면서 더 기다리라고 합니다."

"뭐야! 사건이 일어나고 6개월이 넘었는데 더 기다려야 된다고! 검사들이 대를 물려가면서 조사할 모양이지?"

조합장이 고소했을 때는 경찰과 검찰이 공모하여 범죄를 조작하더니 이들이 고소당하니까 조사를 회피하고 있다. 검찰이 경찰에 불기소의견으로 송치하라고 했는데 경찰이 말을 듣지 않자 말을 들을 때까지 조서만 셔틀버스처럼 왔다갔다하는가 보다. 만약 여기에 뇌물이 작용했다면….

최근 검찰이 경찰의 수사권 독립을 기를 쓰고 반대하는 이유를 알만하다. 힘센 놈이 흉기를 들고 설치면 힘없는 놈보다 그 피해는 훨씬 크다.

수많은 경찰관들이 검찰의 하수인으로 전락하고 있다면….

검찰청에서 전화(5. 18)가 걸려왔다.

대질신문을 한다고 검찰청으로 출두(5. 20)하라고 한다.

사건이 일어나고 만 8개월만에 이뤄진 검찰청 대질신문은 오후 1시 반부터 한다고 검찰에 나가니 2시경부터 조사했다. 검사실 안에서 진행되는 일이라 대기실에서 가해자의 가족들과 기다리고 있는데 전화가 걸려왔다.

"여보! 저예요."

"무슨 일이야."

"담당 검사님이 바뀌었고 우리가 조합장한테 분양 계약을 요청했는데 이행하지 않았다고 하니까 조합장은 그런 일은 없답니다. 그러니 우리가 내용증명을 보내고 조합장이 대답한 서류를 찾아와 주시겠어요?"

"찾으면 뭐해! 증거물이 없으니까 부정하지 서류가 있으면 말을 바꿀 사기꾼들의 농간에 헛수고는 말자고!"

"아닙니다. 그래도 찾아서 제출할 수 있도록 해주세요."

"집에 가서 찾으려면 상당한 시간이 걸릴 텐데 괜찮겠어?"

"늦더라도 제출해야 되니 찾아봐 주세요. 지금 몇 시죠?"

"응. 4시 반 정도 되었어. 바로 찾아가지고 올께."

집으로 들어와 아파트 동·호수 추첨 당시부터 내가 보낸 9통과 조합장의 4통을 복사해 검찰청으로 가지고 나갔다.

그리고 아내가 검찰 수사관에게 말했다.

"내용증명을 가지고 왔는데 조합장님이 분양계약을 거절하지 않았다는 것은 거짓말이니 확인해 보십시오."

"언제 분양계약을 안 한다고 했어요. 임원들과 상의해서 알려준다고 했지."

"고등법원에서 화해했으면 바로 시행할 일을 지금까지 상의를 못했단 말입니까? 그리고 화해조항에 나와 있는 가처분도 변호사를 통해서 우리가 풀었고, 신탁등기도 대법원 등기과에 알아보고 법원 등기소에서 압력을 넣으니까 마지못해 접수했잖아요!"

말을 마치고 아내가 조합장을 쳐다보니까 고개를 숙여버렸다.

헛수고를 한다고 한마디하려다 이마를 짚어보니 열이 올라있다.

어지럽다하여 검찰청 밖으로 나와 청심환을 사다주고 불안한 마음에 검사실 앞에서 조사가 끝나기를 기다렸다. 늦은 시간이어서인지 문이 열려있어 수시로 검사실을 들락거렸다.

"누가 이 사건을 이쪽으로 옮겼어요? 사건번호도 틀리고…."

갑자기 윤중재 감사가 수사관에게 물었다.

"글쎄, 보시다시피 이 두꺼운 사건 기록을 누가 맡으려하겠습니까?"

"그럼, 누가 담당 검사를 바꾸었죠?"

"그걸 제가 어떻게 압니까?"

내가 옆에서 자세하게 듣고 있으니까 집필을 한다는 것을 알았는지,

"여기에 있는 서류들을 공개하면 처벌을 받을 수 있습니다. 알았어요?"

그러면서 나를 유심히 쳐다보아 씁쓰레한 표정을 짓고 말없이 쳐다봤다.

항의하는 이 말을 듣고 사건의 진행 상황을 정리해 보았다.

나중에 검찰에서 조서를 열람해보니 경찰 의견은 기소의견으로 검찰에 송치한다고 적혀있었으나 검찰청에서 컴퓨터로 조회해보니 불기소의견으로 검찰에 송치한다고 되어 있다.

이것은 사건이 발발하고 8개월 동안 조서만 검찰청과 경찰서를 헤매다가 검찰에서 불기소로 송치하라는 말에 결국 경찰에서 수락했고 담당 검사는 이를 받아들였을 것이다. 그리고 검사는 다른 검사에게 사건을 무혐의로 처리하라 이르고 뒤로 빠졌을 것이다.

만약 이것이 재판에 회부되었다면 나의 경우처럼 판사까지도 검찰만을 인정하는 것이 우리의 현실이다. 이것이 내가 말하는 우리 사회의 가장 고질적인 병폐인 직업연(職業聯)이다.

'경찰이 무슨 힘이 있습니까? 조서를 올리면 재조사하라고 다시 내려오는데 나중에는 따를 수밖에 없는 것을요.'

'나이 먹은 우리가 새파란 검사한테 그런 말을 들으면 어쩔 수 없습니다.'

경찰관들의 하소연(?)을 어떻게 받아들여야 할까.

"피해자는 사건내용을 다시 정리해서 내일 제출해주시지요."

"아내는 신경쇠약으로 지금도 치료받고 있습니다. 오늘 이렇게 장시간 조사 받는 것도 무리이니 모레 제출하면 안 되겠습니까?"

"모레는 토요일이라 우리가 쉬고, 그러면 월요일 오후까지 잘 정리하여 제출해주십시오."

"예, 그렇게 하겠습니다."

오후 9시가 다 되어 조사를 마치고 집으로 돌아왔다.

전체의 사건을 정리하여 검찰청장한테는 탄원서를, 담당 검사에게는 고소인 보충진술서를 작성하여 제출(5. 25)했다.

아내가 대질신문의 진행을 알아본다며 전화(6. 4)했다.

"검찰청이죠? 이계장님 부탁합니다. 저는 공숙현입니다. 사건 진행을 알아보려고 전화했습니다."

"증거가 불충분하여 무혐의처리되었습니다."

"증거가 불충분하다니요! 사건현장에서 112에 신고하여 경찰관이 병원으로 후송했고 경찰서에서 두 번씩이나 조사를 받았습니다. 그리고 정확한 수사를 한다고 병상 기록도 공문을 띄워 직접 접수받았는데 증거가 불충분하다니 말이나 되는 일입니까?"

"…고소장이 접수되지 않았습니다."

"고소장이 접수되지 않았다고요? 그럼 고소하지 않은 사건을 경찰이 자진해서 조사하고 검찰에서 대질신문을 했습니까?"

"전임 검사가 사건을 이렇게 종결하라고 해서 무혐의처리했다니까요."

아내와 검찰 수사관의 입씨름은 울음소리와 뒤범벅되었다.

아내의 통화소리를 듣고 있자니 화가 나서 견딜 수가 없었다.

"검사들이 건설업자한테 돈 처먹고 헛소리들하고 있는 거야. 그만해!"

아내는 들은 척도 하지 않는다.

"제가 검찰에서 대질신문을 받을 때 고소인이라고 썼는데 고소장이 접수되지 않았다니 말도 안 되고 또 고소인이라고 쓴 부분이 잘못되었다면 검찰에서 지적했어야 되지 않습니까?"

"정식으로 접수한 고소장이 없기 때문입니다."

"그러면 제가 고소장이라고 표기해서 다시 고소해야 되겠네요. 알겠습니다. 변호사와 상의해서 정식 고소장을 제출하겠습니다. 이 사건은 이대로 묵과하지 않을 것인데 공소부제기이유고지서는 언제쯤 보내주시겠습니까?"

"고지서 송달은 검찰의 고유권한으로 송달할 의무는 없습니다."

맞는지 모르겠지만 사기꾼을 잡으라는 검찰이 사기꾼과 협잡하여 목숨 걸고 돕고 있었다.

"여보 그만둬! 처음부터 짜여진 검찰의 각본일 테니까."

8월 초, 검찰 서류에서 공소부제기이유고지서에는 정식 고소장이 접수되지 않았다더니 증거 불충분으로 무혐의라 되어 있었고 대질신문에서 고소인이라는 글을 모두 피해자라고 고치고 피의자인 조합장이 경찰서에서 쓴 진술서에 아내의 생리주간이라는 말도 들어있어 나는 화가 치밀었다.

"여보! 이리 와봐! 당신은 생리한다고 광고하고 다니나?"

"갑자기 무슨 말을…."

"뭐야! 이 ××× 이무기 골통을 쪼개든 너를 쪼개든 둘 중의 한 개는 쪼개 버릴 테니까 명심하도록 해!"

아직 치료를 받고 있는 아내하고 몇 년 만에 또 몸싸움을 했다.

그러나 검찰이 증거 불충분이라고 했다가, 정식 고소장이 접수되지 않았다고 했다가, 전임자가 시켰다고 하다가 이를 노출하기가 싫어 공소부제기 이유고지서를 발송하지 않고 슬쩍 마무리하려는 검찰의 속셈을 알게 되자 나는 아내한테 미안한 생각이 들어 사과했다.

경찰 조서는 기소의 의견으로 검찰에 송치했고 검찰은 불기소처분을 했다.

아하! 그래서 피의자 일당이 물먹인 검찰에서 담당 검사를 누가 바꾸었느냐고 했었나보구나.

검찰과 경찰의 수사권이 독자적으로 행해지고 경찰이 검사를 엮을 수 있고 고소고발이 관할이라는 지역 한계를 벗어나야 이와 같은 폐단이 근절될 수 있다는 것이 경찰관들의 설명이다.

이렇게 무소불위(無所不爲)한 검찰의 권력 남용의 개선이 하루빨리 수립되어야 할 것이다.

9. 내가 다 뒤집어쓰는 것 같은데!

아내가 검찰청 담당 검사실에 전화(7. 20)해보니 제출한 탄원서 내용대로 전 사건을 재조사한다며 경찰서로 보냈다고 했다.

아내가 검사한테 항의를 했다.

"재조사를 하든 하지 않든 민원인에게 통보는 해줘야 되지 않습니까?"

"내가 그런 것까지 알려줘야 되나?"

검사가 수사관한테 하는 말이 수화기를 통하여 들려온단다.

"언제 재조사를 합니까?"

"경찰서에 수사 지휘를 했으니 그쪽에 확인해 보세요."

퉁명스럽게 말하는 검사의 말에 경찰서의 조사 담당을 찾아 통화한다.

"저는 공숙현이라 합니다. 검찰청에서 저의 폭행 사건 재조사 지휘가 내려 갔지요?"

"예, 그런데요."

"언제쯤 조사를 하려는지 알아보려고 전화했습니다."

"서류에 이상이 없으니 내일이라도 경찰서로 출두하세요. 다른 사건보다 빨리 처리해드릴 테니까."

"아니죠. 이쪽에서도 준비할 시간을 주셔야지요. 아직까지 아무런 말도 없다가 확인 전화를 드리니까 갑자기 나오라니요."

"일도 밀려있고 휴가도 다녀와야 되니까 8월 초에 조사합시다."

"알겠습니다. 8월 초에 재조사하는 것으로 알고 있겠습니다."

아내는 검찰청으로 전화(7. 29)했다.

"경찰서에 무엇을 재조사하라고 내려보내셨습니까?"

"공숙현 씨 사건을 제외한 모든 사건을 내려보냈어요. 이럴 줄 알았으면 항고하도록 하는 건데 괜히 사건을 종결시켜가지고 관계된 검사가 한두 사람도 아닌데, 내가 다 뒤집어쓰는 것 같아."

검찰에서는 아내의 사건만 경찰서에 내려보냈다고 하는데, 경찰은 아내의 사건만 빠지고 나머지 사건을 조사한다고 전혀 다른 말을 한다.

그렇다면 모두가 나와 관련된 사건이 아닌가!

확인하기를 잘 잘했지만 탄원서를 아내 이름으로 접수하게 한 것이 후회가 되기도 했고 부부가 같이 검찰의 무소불위에 맞서 싸우는 것보다 다행이라는 생각도 해 본다.

8월 초 경찰서에 나가 담당 경찰관을 만났다.

그는 탄원서에 쓰인 내용들을 읽어보고 대답했을 것이다.

"이 많은 사건을 혼자 재조사하려면 1년도 넘게 걸려야 될 것 같은데."

하나하나 겹치다보니 10여 개의 사건에 대하여 탄원서를 올렸으니 경찰관의 하소연이 무리는 아닐 것이다.

그러나 아무 죄도 없이 허위 고소로 불려 다니면서 고통 당한 우리에 비하면 그 경찰관은 조족지혈이다.

"저도 마찬가지 입장입니다. 경찰서에서 재조사한다고 서류만 왔다 갔다 하느니 검찰에서 실질심사를 받도록 주선해주시기 바랍니다."

"잘 알겠습니다. 말씀대로 하겠습니다."

검사의 말대로 관계된 검사가 많아 자기가 모두 뒤집어쓴다는 말처럼 서로 미루고 손을 대기가 난감한 모양이다.

담당 검사가 또 바뀌었다.

이번에는 여자 검사다.

아내는 여자니까 여자의 마음을 헤아려줄 것이라는 희망의 말에 나는 그보다도 같은 검사로서의 직업연이 훨씬 더 진하기 때문에 희망을 버리라고 했다. 그런데 아내와 같이 검사를 만나보니 검사답지 않게 부드러웠다.

하지만 검사는 위에서 내려올 때 아내의 사건만 재조사하라는 말이나 정황으로 보아 사건을 되돌리기란 불가능할 것 같다고 한다.

얼마나 지났을까.

경찰서에서 아내한테 고소인출두명령서가 송달(11. 2)되었다.

재조사는 없고 계속해서 검사만 교체된 것이 지금 다섯 번째인 모양이다.

경찰서에 알아보니 아내의 폭행사건을 제외하고 재조사하라는 검찰의 수사 지휘가 내려졌단다.

검찰에서는 아내의 사건만 재조사한다고 하고 경찰은 이것을 제외한 내

사건만 재조사한다는데, 어느 것이 맞는지 알다가도 모를 일이다.

아내가 경찰서에 전화하여 다른 사건만 재조사한다면 아무런 의미가 없으니 출두를 못하겠다며 모든 사건을 병합하여 처리해줄 것을 요구했다.

다시 한번 더 기다려보자.

제5장
재건축·재개발 아파트 반값이면 된다

1. 재건축사업의 실태

 모든 건축물은 정도의 차이는 있겠지만 언젠가는 증축이나 개축, 또는 재건축, 리모델링 등으로 재시공해야 한다.
 단독주택의 경우에는 소유자의 경제적인 사정에 따라 아무 때나 재시공을 할 수 있지만 여러 사람이 거주하는 집합건물인 연립주택, 다세대주택, 아파트 등이나 단독주택을 포함하는 경우에는 먼저 소유자들의 동의를 얻어야 비로소 재건축을 시행할 수 있다.
 우리나라 도시의 주거실태는 단독주택 못지 않게 집합건물이 많은데도 불구하고 재시공에 대한 대책은 전혀 마련되어 있지 않다. 그러다가 시공에 임박하여 비로소 문제가 발생하는데, 일반가정에서 가장 많은 돈이 지출된다고 할 수 있을 것이다.

그러나 최근 재건축을 완료하여 입주한 지역 주민들의 말을 들어보면 지긋지긋하다, 새 아파트를 사는 것보다도 돈이 더 많이 들었다, 고생만 했다는 등의 말들을 어렵지 않게 들을 수 있다. 이것은 재건축의 취지를 잘 몰라서 시행방법이 틀린 경우나 시공사의 부도 등으로 차질이 있었다는 사실을 단적으로 표현한 말이다.

뉴타운·재개발이란 자치단체에서 구역을 정하여 주택정비사업을 권유하고, 재건축이란 주민들이 건축물의 노후 등의 이유로 자치단체의 허가를 받아 주택정비사업을 시행한다고 생각하면 쉽게 이해될 것이다. 이 두 가지의 공통점은 그 지역에 기존의 많은 사람들이 살고 있었다는 사실이다. 그러므로 재개발이나 재건축은 시공비 즉 건축비를 주민들이 부담하고 주택정비사업을 해야 하나 아파트 분양가를 해당 지역 원주민들이 내고 입주하는 게 현실인 것이다.

일반적으로 재개발은 규모가 크고 주민들이 추진하는 재건축은 작다. 따라서 재개발은 주로 시청, 재건축은 구청에서 관할하는 경우가 많아 주민들은 품질과 안정성 면에서 재개발을 선호한다. 왜냐하면 재개발은 1군의 대기업에서 많이 추진하고, 재건축은 중소 건설회사에서 시공하는 경우가 많다. 여기서 조합 업무를 대행하는 시행사인 컨설팅회사가 경제적인 부담을 안고 주택정비사업을 추진하는 경우가 대부분이다.

조합의 업무를 대행하는 시행사의 주 목적은 회사의 이윤추구이며, 이 돈은 고스란히 조합원들이 부담한다. 그렇지만 조합원들이 현금을 내지 않고 회사에서 먼저 부담하는데, 이것은 외상으로 물건을 구입한다고 생각하면 이해가 빠를 것이다. 이 비용이 많을수록 조합원들에게는 더 많은 부담이 간다는 사실도 잊어서는 안 된다.

우매한 서민들은 사업을 하기 전에 이주비를 얼마나 주느냐, 옵션은 무엇이 있느냐를 따져서 추진 회사의 좋고 나쁨을 판단하기도 한다. 하지만 이것은 정말 잘못된 생각이다. 이러한 조합원들의 생각을 이용하고 사업 중 발생되는 부당한 행위에 대한 불만을 무마하기 위하여 컨설팅회사는 조합장이나 임원들을 매수하고 경우에 따라서 폭력배를 동원하기도 한다. 그래서 시행·시공사에 의해 조합원들에게 부당하고 불리하게 적용되는 사건이 발생하면 조합은 회사를 대변하게 되는 것이다. 그 정도가 강할수록 매수 정도가 심하다. 다만 조합원들이 부조리의 현장을 보지 못했을 뿐이다.

문제는 이것이 증폭되어 법정 문제로 확대되었을 때 공정성을 찾을 수 있느냐 하는 것이다.

그래서 우리 조합의 예를 들어 다른 사람들에게는 여기에 사전 대비하라고 진행과정을 설명했다.

또 재건축이나 재개발에서 발생되는 공사 차액은 일반 사업에서는 감히 상상도 할 수 없을 정도의 막대한 금액이다. 이것을 노리고 벌어지는 재개발과 재건축의 파렴치한 행위에 대해 정당성을 주장한다는 것은 우리 현실 어디에서나 결코 쉽지 않은 일이다.

막대한 자금이 투입되는 재건축과 재개발사업의 필요성을 느낀 극소수 또는 개인이 시행사라는 컨설팅회사에 문의하여 제안을 받고 주위의 주민들을 설득하여 추진하는 게 대부분이다. 이 극소수 사람들이 주축이 되어 조합장을 내정하고 여론을 형성한다. 처음에는 재건축이 무엇인지도 모르고 사업에 참여했다가 그대로 대표자를 승인하는 게 일반적인데, 문제가 커져 법정 문제로까지 발전하면 대부분이 주민들의 동의를 받았다고 주장한다. 물론 처음에 주민들의 동의를 받은 부분도 있었을 것이다. 그렇지만 그렇지 않은 경우도 많다. 일단 사업 승인이 나면 처음 제시한 금액이 아닌 더 많은 돈을 요구하게 되는 경우가 가장 많다. 그렇기 때문에 사업 승인 후에 주민들은 눈을 부릅뜨고 그들이 추진하는 과정을 꼼꼼히 살펴봐야 한다.

모든 조합이 이와 똑같다는 것은 아니지만, 그 수가 적지 않다는 것이다.

재개발과 재건축은 본질이 같으므로 여기서는 재건축으로 설명한다.

다음 두 가지의 재건축 형태를 살펴보고 가장 경제적이고 믿을 수 있는 방법을 찾아보자.

(1) 조합이 공동 시행사와 공사를 발주하는 경우

이 방법은 문제가 가장 많으면서 일반적인 시행방법으로 무지하고 순진한 서민들이 거주하는 지역일수록 비리가 많고 조합원들에게 불이익이 많다고 할 수 있다. 특성은 단지가 작거나 '나 홀로 재건축 아파트'가 거의 이 경우에 속한다. 겉으로는 사업 주체인 조합이 시행사를 선정한다고 하나 실제는 한두 명이 시행사를 선정하여 조합원들의 동의를 받아낸다. 법률적으로 말하면 사업주체인 조합이 시행사가 되므로 재건축의 시행사는 조합과 공동 시행사 즉 재건축컨설팅회사가 맞는 표현이다.

기업의 최대 목표는 이윤 창출인데 가장 쉬운 방법이 추진하는 집행부나 조합장을 부추기거나 매수하는 일이고 사업을 추진할 때 봉사한다는 조합장이나 집행부가 시행사를 적극적으로 대변하는 것이다.

어떤 재건축 조합원이 자기 의견을 책에 꼭 써달라면서 한 말이다.

"조합장이 처음에는 순한 양처럼 보이더니 사업 승인을 받고나니 늑대로 변하다가 기존 건물이 철거되니까 악마로 변하더라."

이는 우리처럼 앞장서서 불법행위를 자행하는 경우가 많은데 다행히 조합원들이 초지일관 단결하여 재건축 조합장이 처벌받고 도중하차하는 경우도 많다는 사실을 알아두기 바란다.

재건축에서 조합원들의 가장 큰 피해는 분담금 인상이다.

사업 승인을 받고 난 첫 총회 때가 가장 빈도가 심하고 기존 건물을 멸실(滅失)하고 난 후가 두 번째로 많이 발생한다. 그렇기 때문에 이 시기를 특히 주의해야 한다.

이것은 사업 승인을 받기 전에는 다른 회사의 접근을 차단하거나 조합원들의 동의를 받고자 감언이설로 분담금을 적게 책정했다가 승인이 되고 나면 태도가 돌변한다고 할 수 있다.

만약 사업 승인을 취소할 경우 일정 기간 재건축사업 재인가가 되지 않기 때문에 사업을 취소하지도 못한다는 조합의 약점을 이용하는 말이기도 하고 사업 승인을 받기 전에 이미 법률에서 정하는 제반 서류들을 모두 작성했다고 해석해도 좋을 것이다.

문제는 집행부와 시행사가 어울려 부정을 저지르면 그 손해는 고스란히 조합원의 몫이 된다는 사실이다. 그래도 다행한 곳은 조합장이 시행사를 상대로 소송을 불사하는 조합인데, 이러한 조합장은 거의 없다.

문제는 비상대책위원회에서 기존의 조합을 무너뜨린다해도 같은 전철을 밟는다는 것이며 선임된 조합장도 회사에 말도 못하고 끌려만 다닌다. 이것 또한 은밀한 뒷거래가 있었다고 짐작할 수밖에 없다는 것이 안타깝기만 할 뿐이다. 즉 조합장이 법적인 처벌이나 극단적인 방법을 감수하고 부정을 저지를 경우에는 조합원들이 너무나 힘들다. 그리고 다른 업종과 달리 상상하지도 못할 거액이 거래된다는 사실이 이를 더 어렵게 하는 요인이다.

분담금 인상의 이유로는 용적률 하락, 설계변경, 건축자재 인상 등의 인상 요인이 발생했다는 경우가 많다. 그리고 시공계약서에 공사 중 암반 등이 발견되면 조합과 협의한다는 조그마한 문구가 들어 있기도 하기 때문에 꼼꼼히 살펴봐야 한다. 특히 분담금에 관한 부분(관리처분계획안)은 처음 분담금을 책정하고 조합원 전원의 결의가 있어야 됨을 알고 조합원들이 절대 흩어져서는 안 된다. 만약 분쟁 발생으로 법원에서 '소수니까 희생되어야 한다'는 단순 논리가 적용되는 경우도 있기 때문이다.

대부분의 주민들은 재건축이나 재개발에 대하여 무지(無知)에 가깝다가, 재건축이 무엇인지 어느 정도 알아차릴 때면 이미 모든 법적인 절차가 끝난 후가 대부분이므로 조합원들은 조합 서류를 처음부터 잘 보관하고 있다가 분쟁이 생기면 적극적으로 대처하는 일이 사는 길이다.

재건축의 무지 정도를 한 두 가지 소개해 본다.

먼저 이주비란 조합원들이 재건축이 완료되어 다시 입주할 때까지 외부에 임시로 거주할 곳을 임대하는 주거 비용으로 입주할 때는 갚아야 하는 돈이다. 겉으로는 무이자지만 실제는 분담금에 그 이자가 금융권보다도 훨씬 비싸게 포함되어 있다. 여기서도 기업의 목표가 이윤 창출이기 때문에 시행사는 금융권에서 돈을 빌려 조합원들한테 그보다 비싼 이자를 부담시키고 있다는 사실이다.

옵션도 마찬가지다. 옵션 항목이 많으면 많을수록 그만큼 부실 자재가 사용될 수도 있고 회사가 작을수록 이러한 속임수가 많다.

어떤 조합원의 말이다.

"이사님, 우리는 직접 은행에서 이주비를 받았어요."

이런 경우 은행에서 직접 대출을 받은 이유는 은행에서 조합원들의 지분을 담보로 조합에서 대출을 발생시키고, 시행사에서 보증을 하고, 회사에서 주는 것처럼 하는 것이다. 조합장한테 직접 돈을 주지 않는 이유는 조합장이 불법행위를 저지르면 은행이 감당하기 어려운 법률 분쟁이 발생할 수 있기 때문에 이를 방지하기 위하여 조합을 대신하여 대출 업무를 대행하는 것이다.

더욱 악랄한 경우는 우리처럼 시행·시공사를 변경하면서 이자가 분담금에 포함되고 또 은행에 별도의 이자를 내는 경우도 있으니 조심해야 한다.

일단 사업 승인이 나면 원점으로 되돌리는 것도 어렵고 또 보장도 없다. 그러므로 실타래는 엉키기 전에 잘 사려야 하듯이 처음부터 문제가 생기지 않도록 장치를 철저하게 하고 일단 문제가 발생하면 법률 전문가의 조언을 받아 조합원들이 흩어지기 전에 결집하여 초기에 진화해야 한다. 조합은 시간이 흐를수록 힘이 생기고 조합원은 그 반대로 힘이 없어진다.

그러므로 무엇보다도 조합장을 잘 선정해야 한다.

재건축사업의 승패 여부는 대표자에게 달려있다고 해도 과언이 아니다.

실제로 조합원들을 위해 봉사한다고 하지만, 우리 사회에서 자선봉사자가 그리 흔하지 않다는 것을 인식해야 한다. 또 처음부터 이권을 바라는 사람도 있겠지만, 그렇지 않은 사람도 추진 기간이 오래 걸리기 때문에 주위에서 부추기는 경우가 많아 부정에 물들기 쉽다.

우리 사회에 재건축 교육시설은 있지만 인성 교육시설은 없다.

따라서 재건축에 대하여 얼마나 많이 알고 있느냐가 중요한 게 아니라 그 사람의 도덕성이 얼마나 올바른가에 기준을 두어야 한다.

일단 사고가 발생하면 처벌을 한다 해도 없어진 돈을 회수하지 못하면 그것도 고스란히 조합원의 몫으로 남고 만다. 그래서 재건축 아파트에 입주해 보니 새 아파트를 사는 것보다도 더 많은 돈이 들었다는 경우가 바로 이러한 사실들 때문이다.

이러한 경우는 사업부지가 좁아 대기업에서 외면당하거나 작은 규모의 회사에서 추진하는 '나 홀로 아파트'에서 더욱 기승을 부리고 있으며 그리고 입주 후에는 가격 상승 폭이 적고 불량시공 등의 문제가 발생하여 이중고를 겪게 된다. 조합원과 조합장의 마찰이 많이 발생하는 곳이 대부분 이러한 경우다.

(2) 공동 시행사가 지분을 매입하고 재건축을 하는 경우

재건축 아파트의 완공 시기를 예측하지 못하는 이유는 크게,
①재건축을 이용하여 폭리를 취하려는 부동산 '알박이'
②재건축 자체를 반대하는 주민
③무리하게 사업을 추진하려는 집행부의 부정과 조합원과의 갈등
④과다한 시공비를 요구하는 시행·시공사의 분담금 인상 등이다.

①, ②는 재건축사업 시행 동의서를 받기 전부터 사업 중반에 많이 발생하고, ③, ④는 재건축정비사업조합 인가, 재건축사업 승인 후부터 발생되는 경우가 일반적이다. 이러한 문제를 해결하려면 돈이 필요하게 되는데 모든 경우에 조합이 선정한 공동 시행사가 공사 차질을 우려하여 비용을 전담한다.

그런데 ①, ②의 경우에는 시행사의 초기 투자금액이 적어 담보상태에 있거나 조합장이나 시행사의 퇴진 등으로 마무리 되는 경우가 많다. 그러다가 ③, ④의 경우까지 진행되면 원점으로 되돌리기가 거의 불가능하다는 점이다. 즉 조합장이나 조합원들이 희생되는 경우가 많지만, 조합원들의 희생이 훨씬 더 크다는 것이다.

그래서 조합원들로부터 지긋지긋하다, 아파트를 사는 것보다 돈이 더 많이 들더라는 말들이 나온다. 이유는 여러 가지가 있겠으나 이미 회사에서 많은 돈이 투자되었고 집행부에서 비리에 너무 깊이 개입되었다는 사실 때문이다. 따라서 조합은 시행·시공사를 대변할 수밖에 없다.

현행법에는 사업 승인이 나기 전에는 시공사를 선정할 수 없게 되어 있으나 현실은 시행사에서 시공사와 결속되어 있기 때문에 마찬가지다. 다만 서류상으로 표현만 못할 뿐이다. 그래서 시공사와 시행사는 공생관계라 할 수 있고 아주 단단하게 결속되어 있고 경우에 따라서는 시공사에서 시행사를

운영하는 곳도 있다.

　문제는 시행사가 돈이 많아 시공사를 움직일 수 있으면 좋은데, 현실은 시공사가 시행사를 움직이고 은행 대출부터 시공사의 협조 없이 시행이 불가능하다는데 있다. 즉 시공사에서는 누가 시행을 하든지 공사비만 받게 되어 있어 여러 이유로 인하여 공사가 지연될 경우 그 손실액을 보상받아야 하는데, 누가 손실액을 보상할 것이냐 하는 것이다. 이런 경우 겉으로는 시행사에서 부담한다. 그렇다면 조합에서 선정한 시행사에서 손해를 감수하느냐? 천만의 말씀이다. 이와 같이 일어날 문제를 감안하여 조합원 분담금에 미리 적용되어 있다. 그래서 재건축사업이 예정대로 진행되면 시행사에서 예정보다 많은 이익을 얻고 그렇지 않으면 추가 분담금을 요구하는 게 일반적이다.

　이러한 문제점을 보완한 방법으로 시공사는 시행사를 자체에서 운영하거나 결속된 시행사를 개입시켜 사업지역 내의 땅을 매입하여 재건축을 진행하기도 한다.

　아무튼 이 방법은 (1)에서 소개한 방법보다 안정된 진행이라 할 것이다. 장점은 조합과 조합원과의 갈등이 없어 공사 차질이 거의 없다는 것이다. 대부분 자금이 풍부한 회사에서 시공을 하기 때문에 사고가 날 가능성이 거의 없고 일반분양과 같은 품질을 보장받을 수 있다. 물론 조합원 지분을 회사에서 매입할 때 실거래 가격보다 약간 높게 매입하겠지만, 자신이 입주하지 못하면 분양권이라도 매매하여 약간의 개발 이익금을 보장받을 수 있다고 여겨진다.

　여기서 조합원들은 시공사에 옵션이라는 겉치레를 원하지 말고 일반분양 분과 조합원분양 분을 혼합하여 분양 받도록 해야 한다. 그래야 일반분양과 같은 양질의 아파트를 분양 받을 수 있기 때문이다.

　"우리는 시공사에서 직접 조합원 지분을 사들여 공사하는데, 분담금이 비싸요. 왜 그렇죠?"

"계약은 어디하고 했습니까?"

"○○하고 계약했습니다. 조합장이 이곳과 계약한다고 하던데요."

그렇다!

그래도 이곳은 조합장이 시공사의 이름과 비슷한 시행사를 올바르게 가르쳐주었다. 조합장이 가르쳐준 이 회사가 바로 조합과 공동 시행하는 회사다. 즉 시공사에서 시행사인 조합에서 직접 일을 발주 받고 분양가로 시공하면 과다한 공사계약으로 인한 불공정거래에 해당될 것이므로 시행사를 중간에 넣어 복잡한 재건축사업 업무를 분담하게 하고, 시공사는 공사비만 받고 재건축이나 재개발 아파트를 짓는 것이다.

그래서 서류만이라도 시공계약은 시행사와 이루어지는 것이다.

그래도 이 경우에는 (1)에서 설명한 방법의 단점을 보완하여 공사 기간의 유동이나 부실 공사가 적고 사업부지가 다소나마 넓어 입주 후 경제 차익이 어느 정도 보장된다고 할 것이다.

법률에서는 이것을 종합건설회사는 종합건설회사로 일괄 하도급을 줄 수 없다고 표기되어 있다고 한다. 즉 시행사와 시공사는 분리되어 있어야 한다는 뜻이다.

아무튼 두 가지 모두 조합원들도 일반분양가로 입주를 하는 셈이다.

2. 조합원에게 이상적인 재건축 절차 안내

우리나라는 통장과 반장이라는 제도가 풀뿌리처럼 결성되어 있다. 이들은 주민들을 위해 봉사하는 사람들이라고 1차 검증도 되어 있다고 볼 수 있다. 통장이 주축이 되고 반장이 협조하여 주민들의 의견을 수렴하고 모든 공사를 발주할 때 주민들이 입회하는 공개입찰로 공정성을 유지한다면 더 좋은 방법은 없으리라 생각한다.

과거 시행사의 부조리와 불법행위를 보완하여 2003년 후반부터 조합의 어렵고 복잡한 절차를 대행하여 주는 정비사업 관리회사가 합법적으로 운영되고 있는데, 문제는 조합원 편에서 사업추진에 얼마나 적극성을 가지느냐에 달려있다. 만약 적극적인 참여 없이 무성의하게 또는 적극 동참을 이유로 비리를 저지르면 폐단이 많던 과거 시행사가 부활하는 것이나 별로 다르지 않을 것이다.

어느 시공사든 재개발과 재건축에 대한 지식이 해박하고 전담 부서가 있으므로 조합원들이 적극 협조한다면 좋은 결과를 얻을 수 있으리라 확신한다.

그래서 대표자는 재건축에 대한 지식이 없다고 해서 걱정할 필요가 없다. 오직 중요한 것은 그 사람의 도덕성이 올바르면 되고 자치단체와의 접촉 경험이 있다면 더 이상 바랄 게 없는 것이다.

재건축사업의 분쟁은 조합 서류를 공개하지 않는 것에서부터 시작된다. 필자가 알아본 70~80여 곳의 조합 대부분이 이렇다.

그 이유로 조합은 사실을 공개하면 사업을 추진할 수 없다고 하고, 조합원은 조합에서 비리를 감추기 때문이라고 한다. 어느 쪽이든 투명한 재건축사업을 할 수 없다는 뜻이다.

이상적인 재건축을 위한 방법의 결론부터 설명하면 조합과 공동으로 사업을 시행하는 회사에 직접 공사를 의지하는 지분제보다 도급제로 시행하고, 일반분양으로 얻은 이익금을 조합원들의 건축비 부담을 줄여주는 곳에 사용하는 것이 가장 이상적인 방법이라 생각한다.

여기에서 가장 중요한 문제는 주민들의 의견수렴과 금융권의 활용이다. 이 문제를 금융회사에 직접 문의해보니 가능하다는 답변을 들었다. 그러나 현재 이와 같이 유통과정을 줄이는 경우는 거의 없다.

그 이유가 무엇이며 어떤 해결 방법이 있는지 알아보자.

(1) 재건축사업의 저해 요소와 잘못된 생각

재건축사업이란 모든 조합원이 자발적으로 참여하고 협조하여 경제적인 부담을 최소화하면서 주거환경 개선과 공동의 이익 추구를 목적으로 해야 한다. 그런데 이것이 변질되어 돈을 벌고자하는 하나의 방법으로 알려져 관련자가 불미스러운 처벌을 받거나 '개발 이익 환수'라는 정부의 정책까지 확정되어 빈축을 사고 있기도 하다.

1) 구성원인 조합원간의 지나친 이기심과 사욕이 사업 진행을 방해한다.
조합원들의 이기심과 욕심이 정비사업을 방해하는 요소로 가장 많이 작용한다.
조합장은 황금 알을 낳는 거위로 착각하고 범법행위로 인한 결과를 초래하거나 무리한 사업 진행으로 시행사의 경제적인 부담을 가중시켜 조합원들의 분담금 인상을 강요하여 빈축을 사는 경우도 많다.
그래서 이 경우에 서로가 추천하는 업체들끼리 사업권을 점유하려는 분쟁으로까지 나타나기도 하며 동의과정에서부터 사업 진행의 걸림돌로 작용하는 경우다.
내 집은 길옆에 있었으니까, 내 집은 중앙에 있어 내가 동의하지 않으면 타인에게 막대한 지장을 초래하므로 나는 남보다 특별한 대우를 받아야 한다는 등의 조건을 내세워 사업 진전을 저해하는 요소로 작용하는 경우도 많지만 이 모두가 전체 조합원들의 재건축정비사업에서 없어져야 할 이기심임을 알아야 한다.

2) 재건축정비사업은 돈을 버는 사업이다!

우리나라는 건축물이 노후 되어 재시공할 때를 대비한 재건축 분담금 예치에 대한 아무런 준비가 없다가 갑자기 재건축사업을 하는 것이 현실이다.

노후한 건물을 철거하고 그 곳에 새 건물을 신축하는데 그로 인해 취하는 경제적 이익이 정당화될 수 있는가?

재건축으로 차액을 남긴다는 말은 아파트가 수천, 수만 동이 밀집되어 있거나 그 지역에 살기를 선호하는 극히 드문 지역에 한한다. 이는 즉 서울의 강남구나 서초구 같은 곳을 말하며 공사를 수주하려는 건설업체의 상술이나, 이를 진행하려는 일명 추진위원들이 하는 말이다. 그래서 자신에게 돌아오는 재건축 분담금을 줄이거나 면제하려고 분양가격을 터무니없이 올려도 입주가 잘 되는 아파트 밀집지역에서나 가능한 이야기임을 알아야 한다.

물론 재건축정비사업으로 인해 재산 가치가 상승하는 것은 인정되지만 자칫 장밋빛 희망만을 앞세워 대부분 낭패를 보는 경우를 볼 수 있다.

실제로 입주민들의 말을 들어보면 원래의 조합원들은 자기들이 추진한 아파트에 입주하는 경우는 불과 몇 %밖에 되지 않고 입주한 사람들도 새 아파트를 사는 것보다도 더 많은 돈이 들어가고 고생만 했다는 말을 쉽게들 한다.

재건축사업에서 재산 가치 상승은 각자 부담한 분담금으로 대처하고 있음이다.

3) 구성원들은 재건축사업이 저절로 되는 것으로 알고 있다.

'재건축을 추진하려면 사업 시행 동의서를 받고 안전 진단을 받아야 하는 등의 수많은 절차들이 남아있다. 여기에는 노력과 비용이 필요한데 조합원과 동일한 조건으로 무료 봉사하라는 조합원들의 무언의 요구에 얼마씩을 달라고 할 수도 없다. 그렇다고 내 돈으로 할 수도 없어 선정한 시행회사에서 경제적인 지원을 받을 수밖에 없다'는 어느 조합장의 말이다.

어떤 조합장은 시행사가 처음에 검은 돈을 지원하고 그 대가로 법적인 위험부담은 자기가 지고 모든 이익은 시행사가 취한다는 말도 했다. 그러므로 조합원을 위하여 무료 봉사한다는 생각은 하지도 말고 믿지도 말아야 한다. 그 무료는 나중에 엄청난 이자까지 합산되어 돌아오는 외상임을 알아야 한다.

4) 자치단체에서 시행사의 개입을 은근히 권유하고 있다?

재건축을 진행하려면 관계 기관에서 많은 인·허가와 조율이 필요하다. 그러나 이 과정에서 담당자들은 주민(조합원)과의 대화를 회피하고 회사에서 시담해 줄 것을 권유하고 있는 게 현실이라고 한다. 이유는 재건축에 관한 지식이 부족하여 전문가와 대화하는 것이 이해가 빠르다는 것이다. 그런데 이것은 주민들과 비리 의혹 등의 문제 제기에 연결되면 말썽의 소지가 다분하여 관계 기관은 주민들을 피하고 안전하게 회사측을 부른다고 한다. 이는 시행사측에서 불편함으로 털어놓는 푸념이다.

따라서 여기에서부터 비리가 발생한다고 하는데, 조합원들은 시행사가 만원을 쓰고 이만 원을 썼다고 하면 그나마 적게 청구했다는 사실을 알아야 한다.

5) 조합원들의 무관심과 오만이 화를 자초한다.

재건축사업 시행 동의는 자신의 부동산 권리를 대표에게 위임하는 아주 중대한 일이다. 그런데 자세한 내용도 모르고 도장을 날인하거나 심지어 우리처럼 인감도장과 증명을 맡기기도 한다. 그것을 단순히 이주비의 높은 금액과 좋은 옵션을 최고의 혜택으로 믿고서 하는 말이다. 그러나 이것은 너무나 잘못된 생각이다. 앞에서도 서술했듯이 회사의 주 목적은 이윤을 극대화하는 것이기 때문에 나중에 조합원이 이윤까지 합해 몇 배로 갚아야 할 외상 거래라는 사실을 알아야 한다.

조합원은 도장이나 동의, 또는 금융, 공과금에 이르기까지 꼼꼼하게 점검하고 신중하게 대처해야 한다. 만약 일이 잘못되면 법률에 호소하여 진위를 가리면 된다고 믿고 있으나, 이것은 현실과 거리가 먼 생각이다. 즉 돈만 있으면 죽은 놈도 살려 내는 게 우리의 현실임을 다시 한번 깊이 생각하라.

집행부나 시행사에서 높여 부르는 말에 우쭐하여 화를 자초하는 일은 없어야 한다.

(2) 시공사에 직접 공사 발주를 못하는 이유

재건축사업이란 모든 조합원이 자발적으로 참여하고 협조하여 경제적인 부담을 최소화한 후, 모든 일들을 조합원들에게 투명하게 공개하여 1군의 시공사에 주택사업 시공을 발주하고 감시하는 체제를 마련하는 것이 최고의 방법이라고 생각한다.

그러나 이러한 방법은 결코 쉬운 일이 아니므로 그 이유를 알아보고 대책을 마련해보도록 하자.

먼저 건설업체에서는 새로운 개발사업 지구에 아파트를 건설하여 일반분양가를 받는 것보다 재건축사업을 수익성이 있는 사업이라고 생각하지 않는다. 이는 당연한 말이지만 새로운 아파트를 신축하여 분양하는 곳에 비하여 금융 비용이나 미분양으로 인한 피해가 거의 없어 단순히 수익성으로만 비교할 수만은 없을 것이다. 다만 안전하게 공사대금을 받는 만큼 이윤이 적다고 생각하면 될 것이다.

사채보다 은행의 이율이 현저하게 낮은 것은 그만큼 안전하기 때문이다.

1) 재건축사업 부지가 작다.

재건축 아파트가 많은 지역을 살펴보면 한두 개의 나홀로 아파트들이 질서 없이 우후죽순(雨後竹筍)처럼 즐비하게 있는 경우를 쉽게 볼 수 있다. 그것은 건설회사에서 사업성을 고려하여 집요한 설득 끝에 일정지역을 추진한 경우와 주택정비를 추진하는 사람에 의해 진행된 경우로 나눌 수 있다.

문제는 두 가지 모두 조합원들에게 별로 이익이 되지 못한다는 얘기다.

좋은 방법은 재건축 가능지역의 대표들이 연대하여 하나의 조합을 형성하고 건설회사의 수익성을 보장하게 만든 다음 공사를 발주하는 것이다.

대단지일수록 힘이 커지고 입주 후 경제적인 이익 즉 개발 이익을 보장받을 수 있다.

같은 평형의 가격 차이의 변수는 단지의 입지와 규모, 도로와 주차시설, 진입로, 사회시설 등이 그것인데, 대단위 주택단지로 조성해야 대기업이 재건축사업에 참여하고 현실에 맞는 도시계획도 자치단체와 상의하여 조율하면 좋은 결과를 얻을 수 있다.

'빨리 가면 사흘 걸리고 천천히 가면 이틀 걸린다'는 중국 속담을 생각하고 공존하는 길을 찾아 시공사를 선정하는 것이 오히려 빠를 수도 있다.

2) 조합원의 이기심이 공멸을 자초하고 있다.

어느 곳의 재건축지역이나 조그만 재건축 아파트들이 우후죽순처럼 건립되어 있는 가장 큰 이유는 조합원간의 이기심으로 자신들의 입장만을 고수하려는 데에서부터 시작된다.

아예 처음부터 불가능하다고 생각하여 서로의 의견이 통하는 사람들끼리 모여서 시행하는 곳이 대부분이며 단지가 작을수록 모두에게 불이익을 초래하고, 작은 구역일수록 재건축을 추진하는 주민 대표와 소규모 건설사들의 밀약이 많으며 입주 후 주민들의 부가적인 이윤 창출을 가로막고 있다는 사실을 알아야 한다.

기존 건물이 길옆에 있다, 우리가 빠지면 재건축사업을 시행할 수 없다는 등의 현실에 맞지 않는 작은 이유로 공동의 이익을 방해하지 말고 서로에게 도움이 되는 좋은 길을 모색해야 한다.

3) 금융권 이용이 어려워 시행사를 택할 수밖에 없다!

어느 재건축조합이나 시행사를 정하여 조합원들이 고통을 당하면서까지 사업을 강행하는 가장 큰 이유는 금융회사의 대출 문제라고 할 수 있다.

이는 조합원들의 지분을 담보로 한 대출액이 새로운 아파트 건축의 시공비와 이주비에 미치지 못하기 때문이고 대출을 일으킬 수 있는 건설회사에서 외면하기 때문이라고 한다.

그러나 여러 대표들이 연대하여 사업지역을 넓히고 큰 회사에서 수주할 수 있도록 여건을 갖춘다면 불가능한 일은 아니다. 이러한 일을 누가 효율적으로 시행하느냐에 달려있다.

불가능하다고 생각하면 정비조합 관리회사와 상담을 하는 것도 하나의 방법일 것이다.

꼭 명심해야 할 사항은 조합원들의 동의를 완전히 받거나 비조합원들의 매도 처리를 한 후에 시공사를 선정해야 불필요한 금융 부담을 줄일 수 있다는 사실이다.

(3) 재건축사업을 성공적으로 진행하려면

1) 재건축정비사업을 추진하는 방법부터 바꿔야 한다.

지금까지의 재건축 추진은 부동산 업자, 또는 의견 조율을 할 수 있는 사람들이 건설회사(시행사)의 주문으로 움직여왔다. 과하게 표현하면 자본가들의 투자 목적으로 사용되어 왔다는 것이다.

우리나라 속담에 '외상이면 소도 잡아먹는다'는 말처럼 우리나라 국민들의 허점을 이용한 사례가 대부분으로 주민들에게 아무런 대가도 요구하지 않고, 투자 또는 투기의 목적으로 동의를 받아 시행하고, 시행회사의 경제 지원을 받아 진행했다. 만약 마찰로 인해 사업에 지대한 방해물이 생기면 기득권을 주장하거나 많은 돈을 요구하여 다른 업자의 개입을 방해하여왔다.

이러한 폐단을 막는 방법은 오직 구성원들간의 대화와 타협으로 조합을 결성하는 것이다. 그리고 규약이나 동의를 서류로서 구비하고 이미 행정상으로 결성되어 있는 통장과 반장들이 조율하여 일을 추진하는 것이 좋다. 필자는 이를 적극 권장하며 이러한 곳이라면 좋은 방법을 알려주겠다.

2) 정직한 대표자를 선출하고 반드시 그 대가를 지불해야 한다.

외상을 너무 좋아하다보니 처음에 돈 한푼 들이지 않는다는 솔깃한 말에 현혹되어 소탐대실(小貪大失)하는 게 일반적인 재건축이다. 그래서 약간의 경제적인 부담을 인정하고 대표자나 임원들은 건축이나 법률에 대한 지식보다 그 사람의 도덕성을 중시하여 선출해야 한다.

피선정인의 근무 경력을 보고 선택하는 것도 하나의 방법이며 특히 부동산이나 법률 계통에 종사했던 사람은 피하는 게 좋을 듯하다. 이유는 재건축을 하나의 사업으로 변질시키기 쉽고 힘 센 놈이 흉기를 휘두르면 그 피해는 배가(倍加)되기 때문이다. 전문지식을 악용하면 그 피해는 훨씬 커지게 되며, 그 부담은 고스란히 조합원들의 몫으로 돌아간다.

그래서 발기인(조합장이나 집행부)이 자선 봉사자가 아니라면 자신의 돈과 시간을 낭비하면서 헌신한다는 자체가 허위라고 생각하고, 수고한 만큼 마땅히 그 대가를 보장해주어야 한다.

이것은 우리의 재산을 증식해주고 주거환경을 개선해주는 대표자 등에게 지불하는 고마움의 표시요, 부정을 방지하는 대책이라 할 것이다.

이 비용을 전 조합원이 나누어 부담하면 얼마 되지 않는다.

또한 아파트가 준공되고 난 후에 관리를 맡긴다는 조항을 조합 규정에 명문화하는 것도 좋을 것이다.

3) 조합원들의 적극적인 자세가 선행되어야 한다.

좋은 집을 지으려면 과학적인 설계와 성실한 시공, 엄격한 감리가 필요하지만 그 보다 더 중요한 것은 집주인들의 집에 대한 애착과 사랑이라는 말은 열 번을 강조해도 부족함이 없을 것이다.

재건축이 무엇인지 잘 알지도 못하고 장밋빛 꿈속에서 젖어 있다가 조합에서 모든 절차를 마친 다음 문제 발생시 이를 다시 회복하기란 엄청난 대가를 지불해야 하고, 또 회복된다는 보장도 없다.

진실을 밝히고 정당한 절차를 제시하는 곳이 법원이라고 생각하면 착각이다. 필자에게 말하라면 그곳은 대충 살라고 권유하는 기관이라고 생각한다.

조합에서의 갈등은 모두가 조합 비리와 문서의 비공개에서 비롯되는데 조합은 은폐하여 부정을 저지르려고 하고, 조합원은 이를 공개하여 바른 운영을 요구하는 것이다. 다른 조직을 결성하여 조합원의 입장을 대변한다는 명분으로 다른 시공사에서 지원 받고 대응하는 경우도 있다. 모두 자기들의 이익을 쟁취하려는 속내를 숨기고 이에 대한 희생은 조합원들이 감수하게 되는 것이다. 따라서 조합원 자력으로 바른 길을 성취하기란 우리 사회에서 불가능한 일이라고 생각한다. 그래서 조합원들은 항상 지속적인 관심을 갖고 지켜보며 그때그때 바로잡아 가는 것만이 예고된 사고를 막을 수 있고 실타래가 엉키기 전에 잘 사려야 된다고 강조하는 것이다.

아예 조합 설립에서부터 입주할 때까지의 모든 문서를 사정에 따라 내용이 변경될 수 있다고 전제하고 한 권의 책으로 만들어 조합원 모두에게 배포하고 규약에 명시하는 것을 권한다.

4) 넓은 지역을 사업부지로 조성하는 일이 공존하는 길이다.

사업부지가 좁으면 금융권에서 인정하는 유수한 시공사를 유치하기도 힘들고 입주 후에 재산 가치 상승을 기대하기도 어렵다. 그러므로 대단위 사업부지를 확보하여 대기업을 유치하면 좋은 결과를 기대할 수 있을 것이다.

사업부지가 작은 이유는 재건축 자체를 반대하는 사람도 있지만 추진하는 사람의 사욕과 능력에 따라 좌우되고 또 거주민들의 이기심에서 발생된다고 할 것이다. 조합원들이 경제 능력이 없으니 기존 건물을 비싸게 매입하라는 등 처음부터 조건을 제시하기도 한다. 하지만 대표자가 이런 사람들을 설득할 수 있는 능력이 있어야 한다. 또 재건축·재개발 가능성이 있는 장소에 일명 '알박이'를 하는 사람도 있는데, 이것은 법률로 금하고 있다.

이러한 것들은 서로가 공멸하는 단순한 이기심임을 알아야 하고 대단지로 조성하면 부가적인 이익 창출을 기대할 수 있다는 사실도 잊어서는 안 된다.

따라서 나는 조합원들에게 미리 입주금을 정하고 외상을 거래하는 '지분제' 보다는 금융권을 이용하고 조합원들의 지분을 담보로 대출을 일으켜 분담금을 완공 후에 분담하는 '도급제'를 권한다.

5) 추진 비용은 조합원들이 부담하고 공사 도급은 공정하게 공개해야 한다.

무보수와 공짜란 수탈이라는 더 큰 피해가 도사리고 있다.

이러한 약점을 이용하여 이것이 기득권 주장으로 발전하기도 한다. 실제로 사업 초기에 투자되는 돈은 큰 돈이 아니다. 나중에 돌아올 개발 이익을 생각하고 실비는 조합원들이 부담해야 한다. 십시일반 모으면 얼마 되지 않지만 개인이 부담하기에는 벅찬 금액이라서 대부분 시행사를 숨겨놓고 지원받는 것이 조합의 현실이다.

그래서 내 땅에 집을 지으면서 분양가로 입주한다는 말이 나오는 것이다.

조합 비리 등으로 문제가 발생하면 시행사는 기득권을 주장하거나 심지어 우리처럼 재건축사업 자체를 인수인계하기도 한다. 이것은 결코 공짜가 아니며 변경이 많을수록 쓸데없는 비용이 발생하고 조합원에게 경제적인 부담만 가중될 뿐이다.

2002년도 법정에 나가기를 60회 이상 경험한 필자가 볼 때 민사소송에서 재건축 관련 사건이 반 이상을 차지하는 것 같았다.

조합에서 소송을 제기하고 회사에서 비용을 지원하면 조합원이 승소하는 경우는 극히 드물다. 그래서 '유전무죄' '무전유죄' 라는 공생 관계가 성립된다고 생각해도 무리는 아니다.

간혹 조합원이 승소하여 회사를 교체한 경우도 있지만, 여기에는 다른 회사에서 지원 받았다는 것으로 마찬가지 결과가 아닐까 하는 생각을 해 본다.

조합이 설립되고 사업 승인을 받기 전에 시공사의 개입을 법률에서도 금하고 있다. 그러나 이것은 탁상공론에 불과하며 조합원들이 회사를 끌어들이기 때문에 법정에 서게 되면 묵인할 수밖에 없는 것이 현실이라 투명한 조합 운영으로 조합원이 협조하고 적극적으로 참여하는 것만이 성공적인 재건축사업을 완수할 수 있을 것이다.

다시 한번 강조하지만 조합은 모든 문서를 공개하고 조합원에게 배부하여 조합원들의 협조를 구하는 것이 가장 빠른 진행임을 알고 규약에 명시하고 지키도록 해야 한다.

6) 집행부의 비리가 발견되면 즉각 대처해야 한다.

'흰 개꼬리 3년 묻어도 황모꼬리 되지 않는다' 는 말이 있다.

도덕성이 그르면 고쳐지지 않는다고 생각하고 시행·시공사에서 조합장을 배제한 일방적인 부정이란 없다고 생각하는 게 좋다.

시행·시공사의 무리한 요구는 집행부라는 사실인데, 이것은 조합장을 비롯한 집행부에서 회사를 대변하는 곳이라고 추측할 수밖에 없다.

사업을 하려면 조합의 환심을 사야하고 조합을 매수하고 상당한 돈도 투입해야 한다. 이것은 분담금 인상으로 직결돼 바로 조합원의 몫으로 돌아오는데 이는 사업 승인 후 발생하는 경우가 대부분이다. 그래서 비리가 발견되면 지체하지 말고 조합원들이 이주하기 전에 즉시 법률 전문가를 찾아가 자문을 구하는 것이 좋다.

부탁하고 싶은 것은 법원에서 공정한 판결이 나오지 않을 수도 있으니 많은 사람이 흩어지기 전에 해결해야 하며 시간을 절대 오래 끌지 말아야 한다는 점이다. 시간을 끌면 조합장을 비롯한 극소수의 의견이 다수로 변한다는 사실을 인지하고 조합원들이 흩어지기 전에 빨리 대처해야 한다. 즉 조합은 시간이 흐를수록 힘이 강해지고 조합원은 약해진다.

이것을 이유로 법원은 다수를 위한다는 명분으로 법률 조항 적용이 다를 수도 있기 때문이다.

7) 시공감리사회사와 친분을 가지고 지내라!

재건축사업의 시공감리는 자치단체에서 최저가 공개경쟁입찰을 거쳐 지정하고 그 보수는 시행사에서 지불하게 되어 있다. 시행사란 조합인데 조합에서 감리비를 지불하는 경우는 거의 없다. 시행하는 회사에서 감리 비용을 지불하고 시행·시공사가 직·간접으로 연결되어 있어 엄정한 공사감리사의 인성에 의존할 수밖에 없는 게 현실이다.

자치단체에서의 감리회사 선정은 능력이나 공정성보다는 최저가라는 점에서 시공감리의 과당 경쟁으로 출혈을 감수하는 경우도 많다. 그러나 시공감리사와 좋은 인간관계를 맺는다면 전문성을 가진 주인의 입장에서 좀더 엄정한 감리가 이루어지도록 하는 원동력을 불어넣을 수 있을 것이다.

요약하면 조합원들은 임원 선출을 잘 하고 적극적인 참여 자세로 재건축에 임해야 하며, 조합은 투명하게 운영하고 조합원의 이익을 대변해야 한다. 재건축사업이란 개인(조합원)의 부동산에 대한 권리를 조합장이 대신하여 행사하는 만큼 이로 인한 경제적인 이익을 얻을 수도 있지만 자칫하면 낭패를 볼 수도 있다.

장밋빛 희망만으로 재건축사업에 참여했다가 우리처럼 알토란같은 부동산을 빼앗기고 삶의 터전에서 밀려나는 일은 반드시 없어져야 할 것이다.

재건축에 대한 전문지식은 없더라도 어느 항목에서 어떠한 부작용이 있을까 하는 정도는 알고 이 사업에 참여하는 것이 좋을 것이다.

그러면 남보다 좋은 품질과 가계에 보탬이 되는 사업을 성공적으로 추진할 수 있다.

도심에서도 시민들의 이해와 협조만 있다면 이상적인 대단위 아파트가 건설될 수 있고 개발 이익도 얻을 수 있다. 또 국가 차원에서 생각한다면 도심 공동화현상을 예방할 수 있으며 주거지가 변두리로 밀려나는 현상도 막을 수 있을 것이다.

그러나 말로는 쉽지만 재건축 정비사업이 추진하기 힘들고 어려워서 시공사는 손쉬운 방법으로 외곽지역에 새로운 아파트를 건설하여 분양하고 있다.

실타래는 일단 엉키면 풀기가 어렵다는 말을 다시 한번 상기하고 처음부터 잘 사려야 한다는 말을 다시 한번 깊이 새겨두기 바란다.

지금까지의 설명을 한 마디로 요약하면 칼을 휘두를 때는 칼날을 잡지 말고 칼자루를 잡으라는 것이다.

3. 우리 재판의 성격과 제도개선

정상적인 사람이라면 성실하고 근면한 사람이 마음놓고 살 수 있는 사회를 바란다. 그러나 수많은 사람들이 어울려 사는 사회에서 부정이란 근절될 수 없을 것이다. 하지만 적어도 범법자가 활보하는 일만은 없어져야 한다. 이것을 인정하고 보호하는 한 결코 편안한 삶을 기대할 수는 없을 것이다.

재건축 비리는 부유하고 지식인이 많은 지역보다 빈곤한 서민들이 모여 사는 지역에서 무지와 순진함을 빌미로 더 많이 자행되고 있다는 게 문제다.

어느 재판장의 글대로 나이, 성행, 환경 등이 양형의 조건에 해당되는지는 몰라도….

남의 도장을 위조하여 서민들을 우롱한 행위는 엄연한 범법행위다.

그런데 범법자가 보호받고 엄연한 사실을 공연하여 처벌을 받아야 하는 고무줄 잣대 같은 법률집행은 사법부에서 냉철하게 짚고 넘어가야 할 문제다.

한 행정 기관을 통해 위조·변조로 받아낸 인·허가는 전체 조합원의 반수에 달하는 사람을 상대로 자행한 너무나도 뻔한 부동산 사기사건이다.

정직하고 순진한 조합원들은 민사소송의 처음부터 위조 서류로 제기한 소송이라고 한 목소리로 법정에 억울함을 호소했었다. 그러나 피고의 이름만 다른 동일한 10개의 명도소송에서 재건축을 해야 된다며 조합원들에게 '말썽부리는 자들'이라고 매도한 재판장과 합의부의 결정을 보고 판결하자는 판사는 일찌감치 조합원 패소를 예약했다.

그들이 공무원이고 국민의 세금으로 살아가는 사람으로 생각했다면 감히 상상도 하지 못했을 것이다. 그래도 조합원의 80% 이상이 분담금 인상에 동의하지 않았고 조합장이 임으로 인상했다는 사실이 문서로 제출되자 재판부는 합의를 종용하다가 나중에는 소수라는 이유로 처음과 같은 결론을 내려버렸다.

개발 이익이란 입주를 선호하고 식자층이 모여 사는 일부 지역에 국한된 이야기지 일반서민들이 모여 사는 지역에서는 성립되지 않는 등식이다.

재건축으로 인한 경제적인 손해도 있고 내 땅에 집을 지으면서 분양가를 내는 경우가 대부분이라 할 것이다.

너무나 억울하고 분하여 재판에서의 문제들을 정리해 보았다.

법원을 좋게 평하자면 조합장 신문 등본을 제출하고 뒤늦게 허위 사실이 밝혀지자 판결을 미루면서 합의를 중재하다가 2건의 허위 판결을 제외하고 나머지 재판부는 불가피한 판결이었다고 인정하고 싶다. 그러나 법원을 비방하자면 건축 비리를 노린 업자들의 손에 매수되어 조합원들이 흩어지기를 기다리느라 판결을 미루었다고도 할 수 있을 것이다.

조합원 162인이 3,700여 만 원이라면 조합원 분담금만 60억 원, 일반 분양가는 적어도 50억 원, 설계 변경으로 인한 공사비도 10억 원이 넘는 돈을 합하면 100억 원이 넘는 돈이다. 만약 규모가 천가구, 만가구가 되면 그 액수는 천문학적인 수치다.

위조한 허위 자료로 인한 법원의 패소판결과 강제집행을 보고 무서워서 헐값으로 집을 팔고 나간 조합원들에게 누가 보상을 하며 패소판결을 받고 쫓겨난 사람들은 어떻게 해야 하는가. 또 병으로 사망한 노인의 사망 원인이 이 사건과 관련이 있다면 어떻게 보상할 것인가.

소송 초기부터 허위 사실을 인정하는 말들은 여러 번 나타났다.

"조합원들은 조합이 제출한 서류들을 전부 부정하고 있잖아요!"

"조합이 제출한 서류들은 처음부터 특정한 몇 사람이 계속해서 서명하고 있어요. 이사 전체의 확인도 없이 사실이라 할 수 있겠습니까? 말도 안 되는 소리하고 있어!"

"이 사건을 해결하려면 다른 방법으로 해야 합니다. 이것으로 사건을 해결할 수 없습니다."

"조합장이 너무 하는구먼!"

"지금이 어떤 세상인데 이런 발상을 하다니. 민사보다 형사처벌을 해야 겠네요?"

또 소송 말기에는,

"원고 변호사님, 처음부터 무리한 소송을 제기한 것은 인정하시죠!"

"피고의 안타까운 심정은 이해합니다만, 소송잖아요!"

"피고의 사정은 안타깝습니다만, 실정법이 이런 걸 어떻겠습니까? 앞으로 정상적인 총회 개최만을 주장하십시오."

그렇다!

민사소송에서 재판장의 첫 마디가 조합원을 '말썽부리는 자들'이라고 매도한 패소판결에 결과를 맞추기 위한 결정이었다고 생각한다.

법원은 우리 사회에서 정도를 측정하는 마지막 절차일 텐데 허위 소송임을 처음부터 알았음에도 불구하고 인정한다는 것은 모순이 아닐 수 없다.

민사소송이란 자신의 의견이 옳다고 주장하는 자리인데 한쪽에 '말썽부리는 자'라는 재판장의 말은 누가 들어도 도저히 용납할 수 없는 법정의 횡포다. 이러한 잘못된 자료를 법정에 제출했는데도 법원이 결과를 여기에 맞추었다는 것은 어불성설이다.

민사사건은 그렇다 하고 경찰, 검찰, 법원이 연계한 형사사건의 범죄 조작과 판결의 신출귀몰한 수법은 그야말로 혀를 내두르게 한다.

따라서 부동산 사기의 법률 인정에 용기를 얻은 조합장은 경찰·검찰의 보호를 받으면서 수 없이 고소를 단행하고 법원의 화해조항을 무시해 왔다.

지금도 불법을 자행하는 주도적인 역할은 경찰·검찰이 하고 배후에는 법원이라는 기관이 버티고 있기 때문이 아닐까?

경찰서 조사계의 경찰관은,

'(현행범도 아닌데) 전화로 고소를 접수했다.'

'경찰은 조서만 받아서 올리면 된다.'

'검사가 시키는 대로만 하니까 할 말이 있으면 검찰에서 하라.'

'지문이 나오는 손·발가락을 모두 찍고 가라.'

'변호사 선임료는 얼마나 주었느냐.'

'(변호사에게) 사건을 수임해주겠다.'

'때리지 않았다는 증거를 대라.'

경찰관의 말들은 누가 들어도 정상적인 조사가 아닐 것이다.

조합에서 허위로 고소한 사건 중 무혐의처리된 유일한 폭행사건이 있는데 조합원의 배우자인 감사가 폭행 당했다고 고소한 사건이다. 현장에서 목격한 조합원들의 일관된 진술과 고소인의 진술 번복이라고 하겠지만 그나마 검찰 사무직원(?)이 사건을 조사했기 때문이라고 생각한다.

사회 지도층이라는 어느 병원장도 뇌진탕 상해진단서를 아무런 검사도 받지 않고 전날 당직의사의 말을 듣고 발부했다. 그런데 건강보험공단에 입원 기간을 확인해보니 동네 다른 의원에서 감기치료를 받았다는 기록만 있었다고 했다.

이러한 내용을 열거하자면 끝이 없다.

국세청장님! 검찰청도 세금계산서를 발부해야 되지 않을까요? 업태는 중조세 강제 결정, 종목은 범죄 조작이라고….

책에 소개한 사건들은 우리나라의 수사 기관이나 법원처럼 엄연한 사실(事實)을 공연하면 처벌을 받고 엄연한 사기(詐欺)는 법률의 무한한 보호를 받는 사법(詐法)이 아닌지 의문을 떨칠 수가 없다.

얼마 전 양심 선언한 사람들을 소개한 TV 드라마를 보았다. 나중에 확인해보니 그 사람들의 말이 옳다고 했다. 그런데 그동안 그 사람들은 하나같이 불이익을 당했다고 증언했다.

거기에는 경찰과 검찰이 사건을 조사했고 법원은 판결했을 텐데 이것이 사회정의를 구현하는 관계 기관이라고 할 수 있을까?

그래서 우리나라의 사법제도는 공정하고 정의로운 것이 아니고 사실을 조작하고 판단하는 고무줄 잣대 같은 사법(私法)이나 허위를 정당화하는 사법

(詐法)이라는 생각이 지배적이다.

아무튼 2004년 7월부터 전체의 사건을 재조사한다는 검찰의 말을 믿어보고 어떻게 진행되는지 지켜보도록 하자.

자치단체의 개선사항
①행정 기관의 허위 서류를 근거로 한 인·허가는 반드시 근절되어야 한다.
②뒤늦게 이러한 사실이 밝혀지면 즉시 시정해야 한다.
③인·허가 조건에 나와 있는 사항이라도 철저히 점검해야 한다.
④반복되는 민원신청만이라도 당사자에게 한번쯤은 전달해야 한다.

경찰과 검찰의 개선사항
①모든 참고인들에게는 교통비를 지급해야 한다.
②독립 기관으로 개선하여 진상규명의 경쟁체제가 유지되어야 한다.
③허위 고소가 확인되면 허위 고소인을 처벌해야 한다.
④검사가 경찰에 사건 조작을 강요하는 관행은 근절되어야 한다.
⑤형사재판에서 사건을 조사한 검사와 고소인이 참석해야 한다.
⑥피의자의 의견도 경청하고 사건을 무마시키는 일은 없어야 한다.
⑦사건 조사과정에서 상대측의 진술내용도 열람하도록 해야 한다.

법원의 개선사항
①소송 당사자의 인권을 존중하는 정의로운 기관으로 거듭나야 한다.
②피고만 다른 동일한 사건은 하나로 병합하여 진행되어야 한다.
③사실이 입증되었는데 재판부가 교체되는 일은 없어야 한다.
④진행과정의 녹음을 의무화하여 진실이 은폐·왜곡되지 않도록 해야 한다.
⑤판결의 근거는 증언보다 증거 서류에 우선해야 한다.

⑥민·형사를 가리지 말고 판결문은 당사자에게 송달되어야 한다.
⑦국선변호인을 알선하려면 재판 전에 도움을 받도록 해야 한다.
⑧제출한 자료의 사실 입증을 우선하고 판결해야 한다.
⑨맞다, 틀리다는 이원론적 판결도 중요하지만 다르다는 조건부 판결도 도입, 검토되어야 한다.

법률이란 이를 연구하고 집행하는 사람들의 생활 수단으로 전락해서는 안 되고 사건의 진실을 밝혀 복리증진과 질서유지에 이바지하는 사회규범으로 거듭나야 할 것이다.

공직자가 국민복지와 질서를 무시하고 자신들의 권위와 사익만을 추구하여 국민의 희생을 강요한다면 공직자로서의 가치를 상실한 것이다.
 이 사건으로 경찰서의 청문감사실, 검찰청의 감찰 기능은 제구실을 하는가, 판사의 오판에 대한 제재(制裁)는 무엇인가를 생각해야 할 것이다.
 공직자의 비리가 밝혀지면 유야무야(有耶無耶) 넘기는 경우가 많아 이것을 '솜방망이 처벌'이라고 미화하여 부르고 있다. 공직자들이 바로 서지 않으면 국가의 미래는 없을 것이다.
 기업을 살린다고 국민들의 희생을 정당화한 판결은 '빈대 잡자고 초가삼간 태우는 격'이 아니고 무엇이란 말인가.
 절도한 물건을 취하면 장물 취득이라는 죄명으로 처벌받는다. 우리의 경우처럼 서민들의 도장을 수십 개나 위조하고 분담금을 대폭 인상하고 시행사를 두 번씩이나 교체한 이 사건은 누구에게 물어도 부동산 사기이며 시행사와는 사기 계약이다. 시행사는 이러한 사정을 몰랐다고 발뺌하지만, 그렇지 않다. 왜냐하면 사건이 일어나자 폭력배와 장애인 등을 동원했던 것이 시행사와 시공사의 공동 작품이기 때문이다.

폭력배들의 총회장 난입과 미행, 장애인들의 난동….

듣기만 해도 가슴이 섬뜩한 말들이다.

늦었지만 지금이라도 모든 사건을 재조사한다고 하니 천만다행이다. 하지만 믿음이 가지 않는데, 그 이유는 반복해서 담당 검사만 교체되고 있기 때문이다.

법치국가라면 사기 계약으로 취득한 서민들의 피땀어린 부당 이익금을 회수하여 쫓겨난 조합원들에게 변제해주고 범법행위로 취득한 부당 이익은 국고에 환수할 수 없는지도 재고해야 할 것이다.

4. 재건축에 참여하려는 사람들에게

일반인들은 재건축이나 재개발에 대한 지식이 거의 없어 주위의 말만 듣고 참여했다가 뒤늦게 불만으로 나타나는 경우가 많다.

아는 지식이란 재개발은 정부에서 추진하고, 재건축은 주민들이 모여서 시행하고 추가 분담금만 내면 된다는 정도가 고작이다.

그래서 재건축은 규모가 작고 중소건설회사에서 추진하고 있어 많은 문제가 내포되어 있음에도 불구하고 사회의 뒤안길에 사장되는 경우가 대부분이다. 특히 좁은 사업장일수록 비리가 기승을 부리고 있다.

조합원인 집주인들이 법률의 사각지대에서 희생물이 된다는 사실로 재건축이 무엇인지 알아차릴 때면 이미 문서로서 사전 공작이 끝나 원점으로 되돌리기란 거의 불가능하다. 더구나 법률에 호소해도 도움보다는 묵인으로 무마하는 게 현실이다.

조합원이 재건축 결의에 동의하면 재산권에 대한 많은 제약을 받는데, 이는 부동산 권리행사를 대표자에게 위임한다는 중차대한 사실임을 알고 자신의 권익과 불이익에 철저하게 대비해야 한다.

　여기에 만약 처음부터 대표자(조합장)가 의도적으로 처벌을 감수한다고 결심해버리면 정말 대책이 없다.

　합리적인 방법을 잘 생각해 보고 모른다면 문의해 보라.

　엉킨 실타래를 풀기보다 엉키지 않게 잘 사려놓는 방법을 서로 찾아보자는 뜻이다. 전화로 해결될 간단한 사항은 아니겠지만 필자의 그간의 경험으로 설명해 드릴까 한다.

　필자는 인쇄출판업을 하다보니 분양전단을 제작하는 동안 시공사 관계자로부터 많은 자문을 받아 이 책을 썼다.

　재건축과 관련하여 양심적인 시공, 시행, 금융, 기타 관련업에서 참여하고 싶은 업체는 팩스나 이메일(E-mail)로 올려주시면 시담을 하는 조합에 추천할 예정이니 많은 자문과 협조를 바란다. 그리고 재건축·재개발을 하려는 곳에 이 책을 선물코자 하는 사람은 E-mail에 내용을 올리고 책값을 보내주면 등기로 발송해주겠다.

재건축 아파트 반값이면 된다

초판 1쇄 찍은날 _ 2005년 1월 24일
초판 1쇄 펴낸날 _ 2005년 2월 1일

엮은이 _ 백남영
펴낸이 _ 서정임
펴낸곳 _ 도서출판 BG북갤러리
주소 _ 서울시 영등포구 여의도동 14-13번지 가든빌딩 608호
전화 _ 02)761-7005(代)
팩스 _ 02)761-7995
http _ // www.bookgallery.co.kr
인터넷 한글주소 _ 북갤러리
E-mail _ cgjpower@yahoo.co.kr

ⓒ 백남영, 2005

값 12,000원

ISBN 89-91177-05-0 03320